KB203521

금강삼매경의 선사상 연구

김호귀

머리말

『금강삼매경』은 일찍부터 그 출현에 대하여 진경(眞經)인가 의위경(疑僞經)인가 그 여부에 대하여 많은 논란이 있었다. 의위경이라는 것이 분명함에도 불구하고 이 경전이 지니고 있는 가치는 동아시아 불교의 역사에서 어떤 진경에 못지않게 중요한 역할을 해왔다.

그것은 『송고승전』 권2에 수록된 경전의 출현 이야기를 비롯하여, 신라에서 원효가 주석서를 냄으로써 한국불교의 역사에서 큰 족적을 새겨주었을 뿐만 아니라, 이후에도 중국의 명대에는 선종의 입장에서, 그리고 청대에는 천태종의 입장에서 각각 주석서가 출현하여 『금강삼매경』의 위상과 가치를 더욱 드높여주었다.

그동안 『금강삼매경』에 대한 이해가 지금까지는 주로 원효가 이해하고 있는 프리즘을 통해서 통용되고 있음에 비하여, 본서에서는 경전에 농후하게 녹아 있는 선사상에 주목하여 선사의 안목을 통하여 『금강삼매경』을 이해해보고자 노력하였다. 특히 원징의 『금강삼매경주해』에 주목하여 그로부터 『금강삼매경』과 선리(禪理)의 상관성에 천착하였다. 이런 점에서 본 경전이 선종의 사상과 수행의 측면에서 끼친 역할이 얼마나 지대하였는가 하는 점에 더욱 주목하였다. 우선 선수행의 방면으로 보자면, 적진은 『금강삼매경통종기』에서 다음과 같이 말한다.

「서품」은 발심에 해당하는 것으로 생신분(生信分)이다. 곧 일승의 묘법을 발기하여 불과(佛果)에 이르도록 하는데 이것은 처음의 인지(因位)이다. 「무상법품」은 지혜를 일으키는 반야분(般若分)이다. 곧 현전지(現前地)의 가르침을 설하여 반야의 현전을 증득하도록 해주는 지위이다. 「무생행품」은 법인품(法忍品)이다. 곧 원행지(遠行地)의 가르침을 설하여 무생법인(無生法忍)을 증득하도록 해주는 지위이다. 「본각리품」은 전식분(轉識分)이다. 곧 부동지(不動地)의 가르침을 설하여 전식성지(轉識成智)를 증득하도록 해주는 지위이다. 「입실제품」은 변재분(辨才分)이다. 곧 선혜지(善慧地)의 가르침을 설하여 지변무애(智辨無礙)를 증득하도록 해주는 지위이다. 「진성공품」은 만지분(滿地分)이다. 곧 법운지의 가르침을 설하여 불지(佛智)를 증득하고 수용하도록 해주는 지위이다. 「여래장품」은 실지분(實智分)이다. 곧 등각의 가르침을 설하여 구족실지(具足實智)를 증득하도록 해주는 지위이다. 「총지품」은 만각분(滿覺分)이다. 곧 묘각의 가르침을 설하여 불과인 구경을 증득하도록 해주는 지위이다. 그리고 마지막 유통분을 홍화분(弘化分)에 해당한다.

나아가서 선사상의 방면으로 보자면, 원징은 『금강삼매경주해』에서 다음과 같이 말한다.

「서품」은 무언과 침묵의 사상이다. 「무상법품」은 몸과 마음에 집착하는 경우에 십이지연기의 관찰을 통하여 분별을 벗어나는 사상이다. 「무생법품」은 여래장의 속성을 이해하는 수행을 통해서 집착을 벗어나는 사상이다. 「본각리품」은 본각과 본리인데, 본각은 여래장 곧 본래의 깨침으로 자리의 자각이고, 본리는 본각을 중생으로 하여금 자각하도록 해주는 이타의 실천을 설하는 사상이다. 「입실제품」은 육바라밀행을 마치고 실제에 들어가는 것 중생이 곧 허상으로부터 실제에 들어가는 사상이다. 「진성공품」은 진성과 진공의 공사상에 근거하여 분별이 없고 집착이 없이 일체의 수행을 전개해가는 사상이다. 「여래장품」은 적연부동한 무주(無住)의 경지인 본각의 여래장을 이해함으로써 집착이 없는 무생의 수행방식을 터득하게 해주는 사상이다. 「총지품」에서는 앞의 일곱 품에서 설명한 일체의 수행을 점검하는 사상이다.

이처럼 적진과 원징의 견해로부터 알 수가 있듯이 『금강삼매경』은 선의 수행과 사상의 양면에 걸쳐서 선경의 성격을 지니고 널리 의용되어 왔다. 더욱이 『금강삼매경』에 보이는 금강삼매는 금강이 햇빛에 노출되면 그 색상이 한 가지로 결정되어 있지 않는 것처럼 대중의 각각에 부응하는 공덕을 지니고 있음이 강조되었다. 한편 금강보배를 지니면 곤궁과 재액으로부터 벗어나듯이 금강삼매를 지니면 외부로부터 오는 번뇌와 내부로부터 오는 번뇌[魔事]를 멀리 벗어나는 가르침임을 보여주고 있다.

본서는 그동안 『금강삼매경』에 대하여 나름대로 천착해왔던 논문을 바탕으로 수정을 가하고, 필자가 주석한 『금강삼매경주해』에 보이는 선사상과 선수행의 요소를 탐색하면서 다음과 같이 전체를 8장으로 구성하였다.

제Ⅰ장은 선사상의 원류와 인도선법 및 중국선종의 형성에 대하여 살펴보았다. 제Ⅱ장에서는 「서품」의 무언과 침묵은 단순한 무언과 침묵이 아니라 부처님 금강삼매(金剛三昧)의 설법으로 선경의 성격에 부합함을 고찰하였다. 제Ⅲ장은 「무상법품」을 중심으로 연기법의 관찰을 통하여 몸과 마음에 대한 집착을 벗어나는 수행에 대하여 고찰하였다. 제Ⅳ장은 「무생행품」을 중심으로 하여 번뇌의 본래공을 깨우치는 무생으로 무생법인을 터득하는 수행에 대하여 고찰하였다. 제Ⅴ장은 「

본각리품」을 중심으로 하여 여래장의 본각을 깨우치고 중생으로 하여금 모든 정식을 굴려서 암마라식에 나아갈 수 있는 수행에 대하여 고찰하였다. 제Ⅵ장은 「입실제품」을 중심으로 오정심관(五停心觀)에 근거하여 달마의 수행과 결부하여 그 접점에 대하여 고찰하였다. 제Ⅶ장은 원효의 『금강삼매경론』에 보이는 선론을 중심으로 내행의 향상 및 외화의 향하의 두 가지 교화 방식[二利]으로 향상(向上)의 증도바라밀(證道波羅蜜)과 향하(向下)의 교도바라밀(敎道波羅蜜)에 대하여 고찰하였다. 제Ⅷ장은 『금강삼매경』이 궁극으로 선경임을 확인하는 몇 가지 근거에 대하여 살펴보았다.

2023년 10월

<목 차>

Ⅰ. 선사상의 형성과 전개

1. 붓다의 선정

붓다는 수행시대에 알라라 칼라마와 웃다카 라마풋다 등으로부터 선정을 닦았지만, 거기에 만족하지 않고 마침내 스스로 가야 할 길을 찾아 정각을 성취하였다.

성도 이후에도 낮과 밤으로 깊은 선정에 들어 법을 설하고, 입멸에 이르러서도 사선(四禪)을 순(順)과 역(逆)으로 행하여 반열반에 들었다고 한다. 붓다가 설한 수행덕목 가운데 선정을 떠난 것은 하나도 없다. 선정은 언제나 실천수행의 근본을 이루고 있었다.

붓다가 중도의 내용으로서 보인 팔정도 가운데 마지막의 정정(正定)은 일반적으로 사선(四禪)으로 알려져 있다. 초선(初禪)은 이(離)로부터 생기는 희(喜)와 락(樂)이 있는 선정이고, 제이선(第二禪)은 정(定)으로부터 생기는 희(喜)와 락(樂)이 있는 선정이며, 제삼선(第三禪)은 사(捨)가 되어 염(念)이 있는 악주(樂住)이고, 제사선(第四禪)은 사(捨)에 의하여 염(念)이 청정하게 된 선정이다.[1)]

그 기원은 불교가 발생하기 이전 요가수행의 수정주의에 기반하고 있었다. 이에 붓다는 그 형식을 빌려서 내용을 새롭게 채용하여 선정을 중심으로 불교적인 의미와 내용을 부여하였다. 이로써 사선의 내용은 거친 번뇌[尋]와 미세한 번뇌[思]를 초월하는 방식으로 활용하였다.

---

1) 『長阿含經』 卷4, (大正新脩大藏經1, p.23下)

2. 초기불교의 선정

1) 사선팔정과 구차제정

불교의 우주관은 기본적으로 원시선정에서 말하는 선정관의 단계와 밀접한 관계를 지니고 있다. 여기에서 우주관의 공간적인 세계는 곧 선정단계인 정신적인 세계를 나타내고 있다. 불교에서는 중생세간을 말하여 욕계(欲界)·색계(色界)·무색계(無色界)로 나누어 설명한다.

욕계는 탐욕과 성냄과 어리석음 아만 의심 등이 치성하는 욕망의 세계이다. 색계는 이 삼독심은 초월했지만 아직 물질이라는 개념 가운데 살고 있는 물질의 세계이다. 무색계는 삼독과 물질의 개념을 초월한 정신의 세계이다. 그러나 아직 무색계의 순수한 정신만의 세계라는 뜻이지 깨침을 터득한 세계는 아니다.

이 가운데 욕계는 여섯 세계가 있는데 곧 사왕천(四王天, 持國天·廣目天·增長天·多聞天)·도리천(忉利天, 이상 地居天)·야마천(夜摩天)·도솔천(兜率天)·화락천(化樂天, 自化自在天)·타화자재천(他化自在天, 이상 空居天)[2] 등이다. 이 욕계에서의 선정은 진정한 의미의 선정이라 할 수 없다. 단지 정신통일에 지나지 않는다. 곧 사왕천은 우리가 깃들어 사는 남섬부주(南贍部洲)보다는 뛰어난 세계로서 수미산의 중턱에 존재한다. 도리천은 수미산 정상에 존재하며, 그 위에 순서대로 야마천·도솔천·화락천·타화자재천으로 구성되어 있다.

---

2)『起世經』卷1, (大正新脩大藏經1, p.310中-下)

그러나 이 여섯 세계는 모두 욕계의 세계로서 삼독심이 치성하게 일어나는 세계여서 여기에서의 선정이라는 개념은 없다. 선정은 색계부터 시작되기 때문이다. 색계는 18천으로 구성되어 있다. 곧 색계의 18천은 초선천(初禪天)에는 범중천(梵衆天) · 범보천(梵輔天) · 대범천(大梵天) 등 셋이 있고, 제이선천(第二禪天)에는 소광천(少光天) · 무량광천(無量光天) · 극광천(極光天) 등 셋이 있으며, 제삼선천(第三禪天)에는 소정천(少淨天) · 무량정천(無量淨天) · 변광천(遍淨天) 등 셋이 있고, 제사선천(第四禪天)에는 무운천(無雲天) · 복생천(福生天) · 광과천(廣果天) · 무상천(無想天) · 무번천(無煩天) · 무열천(無熱天) · 선견천(善見天) · 선현천(善現天) · 색구경천(色究竟天. 阿迦膩吒天)[3] 등 아홉이 있어 18천이 된다. 이 18선천은 모두 선처천(禪處天)에 해당한다.

초선천에서는 훌륭한 스승 밑에서 공부하고 정사(精舍)에 거주하면서 모든 장애를 끊고 몸은 단정히 하여 마음을 집중하는 경지이다. 곧 욕악불선(慾惡不善)과 오개(五蓋, 食慾·瞋恚·昏沈·掉悔·疑) 등을 방지하는 것이다. 그러나 여전히 각(覺) · 관(觀) · 희(喜) · 락(樂) 등 네 가지의 거칠고 미세한 정신적인 요소가 활동하고 있는 단계이다.

제이선천에서는 신(信)을 얻어 명정(明淨)하게 되고 내적인 청정과 기쁨을 느끼고, 심신(心身)이 경쾌하고 편안하게 되는 심경의 단계이다. 여기에서는 각(覺) · 관(觀)은 벗어나지만 희(喜) · 락(樂)을 느끼면서 심신이 가벼워진다.

---

3) 『長阿含經』 卷20, (大正新脩大藏經1, p.133上)

제삼선에서는 기쁜 감정도 버리고, 마음이 평등해져 정념(正念) · 정지(正知)가 나타나는 단계이다. 여기에서는 심신(心身)에 쾌락을 느껴 머무는 경계로서 이희묘락(離喜妙樂)의 단계이다. 희(喜)마저 소멸한다는 것이 특징이다.

제사선은 불고불락(不苦不樂)으로 내면의 순화가 이루어지는 사념청정(捨念淸淨)의 단계로서 관찰지(觀察智)를 촉진한다. 이와 같은 네 단계의 선의 경지를 익히는 것을 드흐야나(dhyāna)라고 한다.

무색계는 공무변처정(空無邊處定) · 식무변처정(識無邊處定) · 무소유처정(無所有處定) · 비상비비상처정(非想非非想處定)[4] 등 네 정처(定處)이다. 이 4가지 정처(定處)는 앞의 사선천이 사선(四禪)인 것과는 달리 사무색정(四無色定)이라고 불린다. 사무색정은 무색계에서 닦는 선정으로서 물질의 관념과 물질에 대한 욕망을 떠나서 고도의 정신만 존재하는 경지이다.

곧 공무변처정은 유한한 형해(形骸)를 염리(厭離)하여 마음을 무한한 허공에 머물게 하고 일체대상의 형질을 초월하여 정신을 절대공에 노닐게 하는 것이다.

식무변처정은 마음을 외부의 허공에 연(緣)하는 것도 마음을 산란하게 하는 매개가 되기 때문에 마음을 일전(一轉)하여 심광(心光)을 내부로 향하게 하여 무형무상(無形無相)의 심식(心識)을 비추어 보배의 광명이 자체를 영롱하게 비추는 것처럼 하는 것이다.

무소유처정은 일체의 심식까지도 벗어나 밖으로 무변공(無邊空)도 아니고 안으로 무변식(無邊識)도 아닌 일체무

4) 『大集法門經』 卷1, (大正新脩大藏經1, p.228下)

소유로서 마음에 의거하는 바가 없는 것이다.

비상비비상처정은 식무변처정과 같이 유상(有想)이지도 않고, 무소유처정과 같이 무상(無想)이지도 않는 것으로 어떤 경지에서도 정심(定心)이 상속하여 단절됨이 없는 것이다. 초선을 수행하는 자는 사후에 초선천에 태어나고, 제이선을 수행하는 자는 사후에 제이선천에 태어나며 내지 비상비비상처정을 수행하는 자는 사후에 비상비비상처천에 태어난다는 것은 외도의 견해일 뿐이다.

그러나 이와 같은 욕계의 정신통일과 색계의 사선과 무색계의 사무색정은 모두 중생세간에서 이루어지는 선정의 경지 내지 단계로서 깨침의 경지는 아니다. 공간적인 삼계를 정신적인 선정의 삼계에 배대하여 나타낸 것이기 때문에 욕계 · 색계 · 무색계가 꼭 경계지어 있는 것은 아니다. 현재 욕계에 머물고 있다 하더라도 내 마음이 선과 정의 경지에 이르면 자신은 곧 색계에도 무색계에도 머물고 있는 셈이다. 이처럼 색계의 사선과 무색계의 사무색정을 합하여 사선팔정(四禪八定)[5]이라 한다. 이것은 원시선정설의 기본으로서 후에 제9 멸진정(滅盡定)이 가미되어 구차제정(九次第定)[6]으로 완성된다.

아비달마불교는 외도의 생천설(生天說)을 구경의 경지로 삼지 않는다. 이른바 외도의 선정을 수행하여 생천의 과보를 얻는다고 할지라도 올라가는 것은 반드시 내려가고 태

---

5) 『止觀輔行傳弘決』 卷9, (大正新脩大藏經46, p.411上) “故知事禪大小稱讚。言四禪八定者。四在八數重兼列者。若色無色二界相對。則色界名禪無色名定。若總以上界望於下欲。則上二界俱名定地下欲為散。自性等九。地持十地二論俱約六度明九。九名皆同”

6) 『大智度論』 卷21, (大正新脩大藏經25, p.216下) “九次第定」者，從初禪心起，次第入第二禪，不令餘心得入，若善若垢；如是乃至滅受想定”

어나는 것은 반드시 죽어야 하는 것이다. 이미 천상세계에 태어났다면 천상세계에서도 죽지 않을 수 없다. 이미 천상세계에 올랐다면 반드시 하계에 내려오지 않을 수 없다. 이와 같이 생사가 부침(浮沈)을 거듭한다면 아무래도 열반을 얻었다 할 수는 없을 것이다. 만약 열반을 구하려 한다면 이와 같은 외도가 설하는 삼계를 초월하여 생사를 멸하는 원적(圓寂)에 들어야 한다.

이에 아비달마선법에서는 사선팔정에 멸진정을 더하였다. 멸진정이란 외도의 경지로는 미칠 수 없는 것으로서 성자가 오르는 경지이다. 멸진정으로 비상비비상처정에 오르는 것은 외도가 말하는 무상정(無想定)과 다르다. 무상정(無想定)은 색계의 제사선에서 일어나는 것으로 심(心)과 심소(心所)를 멸하여 무상천(無想天)에 태어나는 것이다.

그에 비하여 멸진정은 무색계의 제사정(第四定)에서 일어나는 것으로 심(心)과 심소(心所)를 멸하여 성과(聖果)를 증득하는 것이다. 그래서 멸진정은 멸수상정(滅受想定)이라고도 하며, 마음의 작용 곧 안·이·비·설·신·의의 작용이 완전히 멸진된 선정의 경지로서 삼계의 선·정을 초월한 경지이다.

붓다가 출가하여 처음 찾은 두 선인이 닦았다는 무소유처정과 비상비비상처정의 경지를 넘어선 선정의 최고경지를 말한다. 붓다는 이 멸진정을 터득함으로써 안·이·비·설·신의 작용이 완전히 멸한 삼매이다. 욕망으로 가득한 범부의 세계에 다시 태어나지 않는, 또는 후퇴하는 일이 없는 단계의 삼매이기도 하다. 이것은 무색계의 제사정에 의지해서 일어나는 경지이다.

2) 지관균등의 선

붓다는 항상 선정에 들어 마음을 통일하였다. 걸을 때도 서 있을 때도 모로 누워 있을 때마저도 이야기하고 있을 때도 침묵하고 있을 때도 언제나 선정을 수행했다고 한다. 붓다는 수행시절에 당시 일반적으로 행해지고 있던 갖가지 선정과 고행을 배우고 최종적으로는 사선팔정이라 불리는 선정의 체계를 채용하여 항상 이 수행법을 실천하였다.

이를테면 선정의 명칭과 그 조직은 종래의 것을 답습하였지만 그 내용은 붓다에 의해서 독자적으로 재편된 것으로서 종래의 것과는 다른 것이었다. 붓다는 사선과 팔정의 선정에 의하였지만, 특히 성도 이외에 입멸 등의 중요한 장면에서는 제사선을 채용하고 있다.

제사선의 특질은 지(止)·관(觀) 균등의 선정이라는 점이다.[7] 지·관의 용어는 달리 예가 없는 불교 독자적인 용어이다. 지라는 것은 사마타의 의역이며, 관은 위빠사나를 의역한 용어이다. 지는 산란한 마음의 활동을 그치는 것이다. 다시 말하자면 마음을 불의 가르침에 머물러 두어 그 이외의 것을 사용하지 않는다는 정지(停止)의 뜻이며, 망념을 그친다는 지식(止息)의 뜻이다. 관은 마음을 고요하게 세밀하게 관찰하는 것이다. 다시 말하자면 관찰하고

---

7) 『瑜伽論記』卷10, (大正新脩大藏經42, p.529中) “於四修中第一第二別修。第三俱修未得成滿。第四樂修得成滿任運起也。景云。道理止觀但俱。以修止觀時勢有增減。止勢若增名修奢摩他。觀增名修毘鉢舍那。止觀均等即名雙習。淳熟名樂修”

있는 지혜의 작용이 일체의 사물의 진실에 계합하는 관달(觀達)의 뜻이며, 마음의 이 수승한 작용이 번뇌를 꿰뚫어 단절시키는 관천(貫穿)의 뜻이다.

『능가경』이라는 선경에서는 지(止)를 선정(禪定)으로, 관(觀)을 지혜(智慧)에 배대하고 있어 지관균등(止觀均等)은 정혜(定慧)의 상즉(相卽)하는 개념으로 논의되어 후세 선종의 성립에 큰 영향을 주었다. 『대승기신론』에서는 지관균등 내지 지관쌍운(止觀雙運)이 지(止)는 모든 미망의 상(相)을 그치는 것이고, 관(觀)은 인연에 의하여 생멸하는 현실의 일체사물의 존재양상을 분별하는 것으로 규정하고 있다.[8] 또한 『유마경』에서 나집삼장은 마음을 한 곳에 묶어 두어 멈추는 것이 지(止)이고, 고요해진 마음이 명명백백하게 작용하는 것이 관(觀)이라고 말하고 있다.

표현에는 미묘한 차이가 있지만 지와 관이 균형을 유지할 필요성을 말하는 것이다. 선정은 항상 지혜에 의하여 인도되고 지혜는 선정에 의하여 구체화되는 것으로서 어느 것 하나 없어서도 어느 한쪽에 치우쳐서도 안 된다는 가르침이다. 지와 관이 균등하다는 제사선의 모습은 마음이 올바르게 제어되어 본래면목이 이루어지고 그 마음에 내외의 모든 존재가 올바르게 인식되어 판단되는 것을 보여주는 것이라 할 수 있다.

물론 이것을 점검하는 측에서는 지와 관이 이와 같이 설명되겠지만 제사선에 있어서 마음의 작용은 지와 관이 별도의 것이 아니라 함께 마음이 마땅히 존재해야 할 경계를

8) 『起信論疏記』 卷1, (卍新續藏45, p.203上) "依真如門修止行。依生滅門而起觀行。止觀雙運。萬行斯備。入此二門。諸門皆達"

보여주는 것이다. 마음을 불의 가르침의 진실에 머물러 두면 망념은 자연히 멈추어지는 도리이므로 본연의 뛰어난 마음의 작용은 진실에 계합한 듯이 작용하여 번뇌에 생각이 이끌리는 것은 없어지게 될 것이다. 그러나 이제 여기에서 성급하게 결론을 맺는 것은 그만두고 지와 관의 균등한 방법이란 실제로 어떤 것인가를 붓다의 선정의 입장으로 돌아가서 재고하지 않으면 안 될 것이다.

3) 사선팔정의 구조

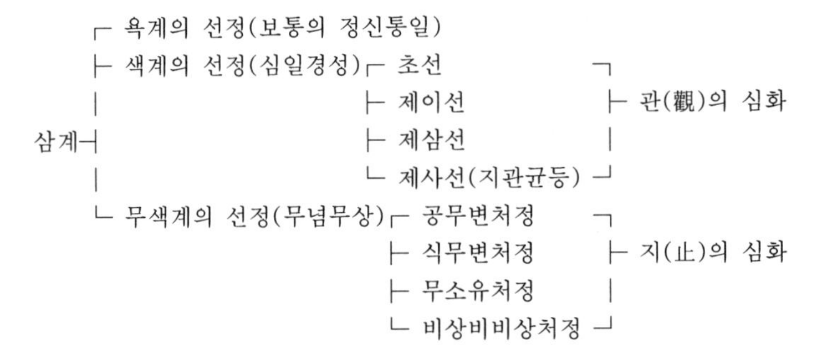

붓다는 깨침을 얻은 후에 3주일 정도 좌선을 계속하였다. 이를테면 오후(悟後)의 사유라 할 수 있다. 핍팔라 나무뿐만 아니라 니그로다나무 등 주위에 무성한 나무 아래서 생각하는 그대로 좌선을 하였다.

최초의 일주일 동안은 단지 얻었다는 것조차 말할 수 없는 환희 가운데 심신이 휩싸여 있었다.

둘째의 일주일 동안에 들어가면 그 분명치 않은 환희는 언어표현의 의욕을 수반하게 되어 중얼거리는 말을 하게 되었다. '이것이 있으면 저것이 있다. 이것이 생하면 저것이 생한다'와 같이. 이를테면 순관(順觀, 현실의 분석)의 연기이다.

셋째의 일주일 동안은 「이것이 없으면 저것이 없다. 이것이 멸하면 저것이 멸한다」와 같이 역관(逆觀, 이상의 실현)을 하였다.

3. 아비달마불교의 선정

아비달마불교는 상좌부와 대중부의 근본 두 부파에서 지말분파의 18분파를 합하여 일반적으로 아비달마 20부파로 불린다. 이 상좌부로부터 설일체유부가 나왔다. 실제로는 아비달마불교라 하면 이 설일체유부의 계통을 가리키는 것이다. 다른 계통의 부파는 거의 이 설일체유부에 의하여 대표된다고 보아도 좋다. 아비달마불교는 현실을 주(主)로 삼아 그로부터 향상하려 하기 때문에 저절로 자리적인 입장이 되었다. 또한 전통의 호지를 중시하였기 때문에 모든 것을 고정화시키는 경향이 강하여 일종의 상식적 실재론에 빠졌다.

아비달마불교의 선정은 사선(四禪) · 사무색정(四無色定) · 멸진정(滅盡定) · 삼등지(三等持) · 삼삼매(三三昧) · 삼종삼매(三重三昧)와, 이것들에 기초한 사무량심(四無量心) · 팔해탈(八解脫) · 팔승처(八勝處) · 십변처(十遍處) 등[9]의 공덕이 열거되고 있다. 기타 십수념(十隨念) · 십부

---

9) 또한 六妙門이란 安般에 六妙門이 있다. 數·隨·止·觀·還·淨이다. 數는 입식과 출식을 헤아려 정신이 산일한 것을 막고 방편으로 定에 드는 것이다. 隨는 수행자의 心.氣.息이 서로 좇아 여의지 않아 出해서는 시방에 달하고 入해서는 徧身에 미쳐 그것을 관찰하는 것이다. 止는

정관(十不淨觀) · 식염관(食厭觀) · 계차별관(界差別觀) · 오정심관(五停心觀) 등이 있다.

그 가운데 특히 삼삼매는 공(空, 我·我所의 공) · 무상(無相, 差別의 모습이 없음) · 무원(無願, 願求할 것이 없음)에 주하는 선관이다. 십변처는 지 · 수 · 화 · 풍 · 공 · 식의 육대와 청 · 황 · 적 · 백의 네 가지 색 하나하나를 취하여 일체처에 확산시켜 관찰하는 수행방법이다. 오정심관은 탐욕이 많은 사람은 부정관(不淨觀) · 성냄이 많은 사람은 자비관(慈悲觀) · 어리석음이 많은 사람은 연기관(緣起觀) · 아(我)에 집착한 사람은 계차별관(界差別觀) · 산란심이 많은 사람은 수식관(數息觀)을 수행하는 선관이다.[10]

빠알리불교에서는 선정의 대상을 업처(業處)로 분류하기도 한다. 곧 십변처(十遍處) · 사범당(四梵堂)[11] · 십부정

念을 코끝 등에 안주시켜 부단히 息을 관찰하는 것이다. 觀은 息風이 어떤 것인가를 관찰하여 점차 正智를 廻하여 五蘊 등의 경지를 實과 같이 요지하는 것이다. 還은 息을 觀하는 正智를 轉還하여 四念處를 닦고 내지 열반에 이르는 것이다. 淨은 일체의 번뇌를 淨除하여 聖果를 증득하는 것이다. 또한 16特勝(16勝·16勝行·16特勝行·16安那般那行)은 출입식을 念하여 행하는 16종의 관법으로 수식관을 분별확충한 것이다. 부정관법이 소극적인 것에 비하여 특별히 수승한 점이 있기 때문에 특승이라 한다. (『成實論』 卷14, 「出入息품」.『大乘義章』 卷16本)에서는 다음과 같이 말하고 있다. ① 念息短 ② 念息長 ③ 念息遍身 ④ 除身行 ⑤ 覺喜 ⑥ 覺樂 ⑦ 覺心行 ⑧ 除心行 ⑨ 覺心 ⑩ 令心喜 ⑪ 令心攝 ⑫ 令心解脫 ⑬ 無常行 ⑭ 斷行 ⑮ 離行 ⑯ 滅行 등이다. 특히 安般念은 安般十六特勝·安那般那念·安那般那·數息·數息觀이라고도 한다.

10) 『俱舍論頌疏記』 卷22, (卍新續藏53, p.491中) “五謂多貪者不淨觀多嗔者慈悲觀多癡者緣起觀著我者界差別觀尋伺者持息觀”

11) 四梵堂(四梵住·四無量)은 慈·悲·喜·捨(護)를 수행함으로써 대범천에 나는 과보를 얻는다.

관(十不淨觀)·십수념(十隨念)·사무색정(四無色定)·식염관(食厭觀, 食厭想·食不淨想)[12]·계차별관(界差別觀)의 40가지를 열거한다.[13] 이와 같은 사십업처(四十業處)는 근행정(近行定, upacāra-samādhi)과 안지정(安止定, appanā-samādhi)으로 나뉜다. 근행정은 유부(有部)의 근분정(近分定)에 해당하는 것으로 근본정(根本定)에 나아가는 준비정(準備定)이고, 안지정은 유부(有部)의 근본정(根本定)에 해당된다.[14]

---

12) 十想의 하나이다. 十想은 無常想·苦想·無我想·食不淨想·一切世間不可樂想·死想·不淨想·斷想·離欲想·盡想이다. 『대지도론』 권23 참조. 食厭想은 먹는 음식이 부정한 인연으로 이루어진 것이라고 관찰하는 것이다. 곧 고기는 精血로 이루어진 것으로 膿虫이 깃들어 사는 것이고, 酥乳酪은 血이 변하여 이루어진 것으로 피고름과 다름이 없으며, 주방에서 갖가지 더러운 것이 섞인 것으로 그 음식이 입에 들어가면 갖가지 병이 생긴다는 등 갖가지를 관찰하는 것이다.

13) 『攝阿毘達磨義論』, (漢譯南傳大藏經70, p.185上) "四十業處 地徧、水徧、火徧、風徧、青徧、黃徧、赤徧、白徧、虛空徧、光明徧，此名為十徧。膨脹〔相〕、青瘀〔相〕、膿爛〔相〕、斷壞〔相〕、食殘〔相〕、散亂〔相〕、斬斫離散〔相〕、血塗〔相〕、蟲聚〔相〕、骸骨〔相〕，此名為十不淨。佛隨念、法隨念、僧隨念、戒隨念、捨隨念、天隨念、寂止隨念、死隨念、身至念、安般念，此名為十隨念。慈、悲、喜、捨，此名為四無量，亦言為〔四〕梵住。食厭想，名為一想。四界差別名為一差別。空無邊處等，名為四無色。如斯解徧止者為四十業處"

14) 『清淨道論』 卷3, (漢譯南傳大藏經67, p.148上) 八定根本을 가리키는 것으로서 4선과 4무색정 8정에 각각 根本과 近分의 2종이 있다. 根本定은 저 욕계의 修惑을 여의고 색계의 初禪定을 얻으며, 내지 無所有處地의 修惑을 끊고 非想非非想處의 禪定을 얻는 것이다. 모두 아래 단계의 修惑을 여의고 윗 단계의 선정을 얻는 것이다. 그러나 만약 단지 아래 단계의 修惑을 끊는 것으로만 끝나는 것은 近分定이라 한다. 곧 根本定은 아니지만 근본정의 공능과 근사하기 때문에 近分이라 한다. 따라서 순서로 보면 먼저 近分定을 얻고 나중에 根本定을 얻는다. 이와 아울러 中間定(中間三昧.中間靜慮.中間禪)은 大梵天王이 얻는 선정이다. 곧 色界와 無色界를 통틀어 八地가 있어 매 一地마다 각각 近分定과 根本定이 있다. 그 가운데 初禪地의 경우 近分定과 根本定은 尋과 伺의 心所가 相應한다. 그러나 제2선 이상 七地의 近分定과

4. 대승불교의 선정

번쇄한 아비달마불교의 학설은 본래의 종교적인 목적을 낮추어 소홀히 하여 현저하게 스스로 형식불교 · 해석불교에 떨어져 세간의 대중을 떠나서 거의 전문가들만의 위안물이 되어 불타의 참된 정신을 상실하게 되었다. 이러한 폐풍을 일소하고 붓다의 근본정신을 시대에 되살리려고 일어난 것이 대승불교이다. 대승불교는 새로운 물결로서 모두가 부처가 되어야 한다는 기치를 내걸고 흥기하였다.[15]

『반야경』을 선구로 하는 대승불교가 대두된 것은 기원전 1세기 무렵이었다. 『반야경』은 600권의 일대총서(一大叢書)이지만 그 주요 핵심은 제법개공(諸法皆空)을 설하고 있다. 제법개공이란 모든 존재의 고정적인 실체관념과 거기에 고집하는 태도를 타파하는 것이다. 인도의 제1기 대승경전은 『반야경』 · 『유마경』 · 『법화경』 · 『화엄경』 등이다.

『반야경』 속의 『금강경』은 반야의 불가득공(不可得空)을 설하여 응무소주이생기심(應無所住而生其心)의 뜻을 설명하고 있다. 응무소주는 반야개공을 가리키고, 이생기심은 공관을 매개로 한 자기의 각성(覺醒) 곧 불성의 현전을 말한다. 따라서 이 경전은 선문(禪門)과 깊은 관계를 지니게 되었다.

根本定은 尋과 伺가 모두 不相應으로 極寂靜에 이른다. 그 중간에는 오직 伺의 心所만 相應할 뿐이지 尋의 心所는 不相應하는 선정이기 때문에 中間定이라 한다. 이 중간정을 닦는 자는 초선천의 정상에서 대범천왕이 되어 항상 그 선정에 주한다.

15) 마스다니 후미오 지음, 박경준 옮김, 『근본불교와 대승불교』, 서울: 대원정사, 1988, pp.98-103.

『유마경』은 소승적인 자리(小乘自利)의 독선을 파하고 이타(利他)를 기본으로 하는 불법의 생활화를 강조한다. 그리고 묵묵히 문자언어라는 것도 없다고 하여 직심(直心)이 곧 도량(道場)임을 말하고, 좌(坐)하는 것도 반드시 연좌(宴坐, 坐禪)에만 있는 것이 아니라고 설하며, 불이법문(不二法門)의 실천적 파악을 보여주고 있는 점 등은 진실로 선을 뒷받침하는 것이라 할 수 있다.

『화엄경』은 불타의 자내증(自內證)에 기초하여 광대한 妙有의 세계관을 전개하여 일즉다(一卽多)·다즉일(多卽一)·주반구족(主伴具足)·중중무진(重重無盡)의 연기관계를 보여 유록화홍(柳綠花紅)의 절대현실에 철저하고, 전일(全一)한 불법생활을 역설한 경전이다. 그리고 정(淨)의 일심(一心)을 앙양하여 전일(全一)한 생활을 강조하여 보리심에 기초한 편참(遍參)을 중시하는 점은 그대로 선을 뒷받침하고 있는 것이라 할 수 있다. 그러므로 선과 화엄의 결합은 일찍부터 행해져 화엄선이라는 것도 출현하였다.

제2기 대승경전으로서는 『열반경』·『승만경』·『해심밀경』 등이 있다. 열반경은 법신(理法)은 영원하여 변역(變易)되지 않는다고 하며, 일체의 중생에게 성불의 선천적 근거(불성)가 있다는 것을 보이고, 단선근(斷善根)이라는 일천제(一闡提)까지도 또한 성불할 수 있다고 역설하는 경전이다. 그 실유불성설(悉有佛性說)이 선문의 즉심시불(卽心是佛) 내지 견성성불(見性成佛)의 사상적 근거가 되었다는 것은 말할 나위도 없다. 그것은 여래장을 설하고 있는 『승만경(勝鬘經)』·『무상의경(無上依經)』·『부증불감경

(不增不減經)』에 있어서도 하등의 차이가 없다.[16]

제3기 대승경론은 『능가경』·『기신론』 등이다. 능가경은 대승의 제교설을 비망적(備忘的)으로 잡록한 것이지만 아뢰야식과 여래장을 조화시키려고 시도한 경전이다. 그 불심과 여래장을 설하여 네 종류의 선을 말한다. 특히 여래선을 설명하여 여래의 불설일자(不說一字) 혹은 불설즉불설(不說卽佛說)의 이치를 설명하고, 불립문자를 강조하며, 사돈사점(四頓四漸)을 설명하고 있는 점은 선과 밀접한 관련을 지니고 있는 근거이다. 달마는 4권 『능가경』을 혜가에게 주고 그것을 심요(心要)로 삼을 것을 부탁하였다.

대승불교는 가르치는 입장에 서서 무애자재를 중시하기 때문에 우선 그 근본정신을 취하고, 다시 이상을 주(主)로 삼는 불위(佛位)에 기초하여 향하(向下)하려고 하기 때문에 저절로 이타적인 되었다. 그것이 목표로 하는 것은 한결같이 불타의 근본정신으로 살아가며 그것을 우리네 인격에 구현하여 사회에 그 이상을 실현하려는 점에 있다. 그 때문에 대승의 제경전은 불타의 체험내용을 보여주려는 문학적 표현이라 하지 않을 수 없다. 그리고 불교정신을 그 근저에서 취하고, 그 정신으로 살아가려는 데에는 선정 이외에는 취해야 할 길이 없을 것이다. 대승의 제경전이 한결같이 입정 또는 출정이라는 설법의 형식에 의하여 나타나 있는 이유도 확실히 여기에 있다.

주로 대승경전에 나타난 삼매를 중심으로 수행되는 선정

16) 金岡秀友 편저, 안중철 옮김, 『대승불교총설』, (서울: 불교시대사, 1992) pp.13-54.

을 말한다. 곧 『반야경』 계통의 공삼매(空三昧), 『법화경』의 무량의처삼매(無量義處三昧), 『화엄경』의 해인삼매(海印三昧), 『열반경』의 부동삼매(不動三昧) 등이다. 이들을 중심으로 하는 대승의 선관으로는 관불삼매(觀佛三昧)·법화삼매(法華三昧)·수릉엄삼매(首楞嚴三昧)·일행삼매(一行三昧)·제법실상관(諸法實相觀)·관무량수경법(觀無量壽經法, 般舟三昧) 등이 그 일례이다.

원효는 『금강삼매경론』에서 삼매의 종류에 대하여 다음과 같이 분류하였다.[17]

삼마희다(三摩呬多)는 평등하게 이끈다는 등인(等引)으로서 혼침과 도거에 치우치는 것을 여읜 상태[等]로서 신통의 경계를 이끌어낸다는[引] 것이다. 그리고 등인은 후회가 없이 환희를 이끌어낸다는 뜻이다.

삼마지(三摩地)는 등지(等持)라 한다. 등(等)은 혼침과 도거에 치우치는 것을 여읜 상태로서 마음을 평등하게 지녀 산란하지 않게 하므로 등지라 한다. 또한 정(定)과 혜(慧)를 평등하게 지닌다는 뜻이기도 하다. 그래서 삼마제(三摩提)라고도 한다.

삼마발제(三摩鉢提)는 등지(等至)라 한다. 등지(等至)로써 평등한 경지에 이르기 때문에 등지(等地)라고도 한다.

태연나(駄演那)는 고요히 생각한다[靜慮]는 뜻이다. 흩어진 생각을 고요히 한다. 그래서 선나(禪那) 혹은 지아나(持阿那)라고도 하는데 의역으로는 정려(靜慮)이다.

사마타(奢摩他)는 그친다[止]는 뜻이다. 경계에 대하여

17) 『金剛三昧經論』 卷上, (韓國佛教全書1, p.606下 ; 大正新脩大藏經 34, p.962中-下)

마음을 쉬기 때문이다.

심일경성(心一境性)은 마음을 하나의 경계에 전념케 하여 성품이다. 줄여서 일심(一心)이라 하기도 한다.

정(定)은 일정한 경계에 대하여 고요히 머물러 있으므로 정(定)이라 한다.

정사(正思)는 경계를 자세하고 바르게 생각하는[審正思察] 것이다.

원효는 위의 여덟 가지 내용을 갈래지어 정(定)과 등지(等持)가 가장 뛰어나서 세간 출세간 및 삼계에 두루 통하고, 심일경성(心一境性)과 삼매(三昧)가 다음으로 욕계에 두루 통하며, 삼마희다(三摩呬多)와 정려(靜慮)가 그 다음으로 욕계에도 통하지 못하고 경안(輕安)에만 통하고, 삼마발제(三摩鉢帝)와 사마타(奢摩他)가 맨 아래 단계로서 선정의 지위에도 부분적으로만 통한다고 말한다.

5. 중국선과 심법의 전수

선가의 특징이기도 한 이심전심의 심심상인(心心相印)은 염화미소(拈花微笑)의 일화에서 그 연원을 찾기도 한다.18) 곧 세존의 염화와 가섭의 미소라는 상징적인 에피소드를 통하여 깨침의 전법을 드러낸 것이다. 이것은 이후 선가에서 스승과 제자 사이의 상면수수(相面授受)하는 방식으로 전승되어 왔다. 그 단적인 일례를 보리달마와 양나라 무제 사이의 일화에서도 찾아볼 수 있다.

이심전심의 선법을 전승하기 위해 인도로부터 수천 리

18) 『大梵天王問佛決疑經』, (卍新續藏經1, pp.418中-440下)

떨어진 중국에까지 건너 온 보리달마에게는 불조혜명(佛祖慧命)의 계승이라는 분명한 목표가 있었다. 그러나 막상 중국에 와서 부딪친 것은 그것과는 너무나 다른 유루공덕(有漏功德)의 모습이었다. 무제와 보리달마의 문답에서 달마는 무제의 불사(佛事) 행위에 대하여 「그것은 단지 인천의 작은 공덕으로서 유루의 인일 뿐입니다. 그래서 마치 형체를 따라 나타난 그림자와 같은 것이라서 진실한 것이 아닙니다」 라고 말하면서 '정지(淨智)는 미묘하고 원만하여 체성이 공적하니 그 공덕은 세간에서는 얻을 수 없습니다.'[19]라고 말했다.

이것은 바로 달마의 무루법과 무제의 유루법 사이의 괴리 때문이었다. 달마가 추구한 것은 사탑의 조성, 경전의 유포, 도승, 구복신앙과 같은 유형적인 공덕이 아니었다. 사람마다 제각기 지니고 있는 불성의 현현이었다. 달마는 그것을 「이종입(二種入)」에서 '곧 모든 중생이 동일한 진성을 지니고 있음을 믿고, 그것을 밝히기 위해서는 달리 언어문교(言語文敎)를 방편삼아 종지를 깨치는 것일 뿐 그것에 얽매이지 말며, 벽관(壁觀)을 통해 진리에 계합해야 한다.'[20]고 말하고 있다. 이와 함께 보리달마의 태도는 한결같이 간결직지(簡潔直指) 그것이었다. 그 까닭은 마음의 깊은 심연을 직지하는 방법으로 달마가 선택한 최선의 방법이었기 때문이다.

---

19) 『傳燈錄』 卷3, (大正新脩大藏經51, p.219上) 宏智正覺은 이 내용을 『宏智拈古』 제2칙에 두어 제1칙의 世尊陞座에 이은 心法傳授로서 心心相印의 중요성을 부각시키고 있다. 또한 『歷代法寶記』 (大正新脩大藏經51, p.180下)에서도 달마의 心法傳授에 관한 것을 싣고 있다.
20) 『少室六門』, (大正新脩大藏經48, p.369下)

한편 양나라 무제와 나눈 대화와는 달리 달마와 혜가를 비롯한 제자들과의 피육골수(皮肉骨髓)의 문답은 달마의 마음을 충족시키기에 부족함이 없었다. 거기에서 달마는 도부(道副) · 총지(總持) · 도육(道育) · 혜가(慧可) 등 네 제자와의 문답을 통하여[21] 곧 부집문자(不執言語) 불립문자(不立文字) 일체개공(一切皆空)을 갈무리한 불이법문을 네 제자를 통해 점검하고 인가하여 마침내 혜가를 통하여 불조의 혜명을 전수하고 있기 때문이다. 여기에서는 앞의 양나라 무제와의 대화를 통해 달마의 심지법문이 더한층 부각되어 있다. 이것은 이후 태조혜가(太祖慧可)의 사상에 대해서도 암시하는 바가 있다.

혜가에게는 달리 저술이 없다. 그의 이름을 가탁하여 지은 것마저도 없을 만큼 철저한 심법의 소유자로서 공의 실천에 힘썼다. 단지 달마로부터 전수받은 4권 『능가경』을 감지승찬(鑑智僧璨)에게 전했을 뿐이다. 그러나 전등역사를 통해 나타난 그의 사상은 『능가경』 뿐만이 아니라 『반야경』과 『열반경』에 기초하고 있음을 알 수 있다. 그것에 대해 『전등록』에서는 달마와 마찬가지로 죄의 성품에 관해 승찬과 주고받는 대화 가운데 죄의 성품이 본래 공하다는 것을 말하고, 그것을 삼보에 대한 그의 견해로 압축하고 있다.[22]

이것은 승찬이 몸에 풍양을 앓고 있었던 차에 혜가를 친

---

21) 『傳燈錄』 卷3, (大正新脩大藏經51, p.219中-下) 또한 『歷代法寶記』(大正新脩大藏經51, p.161上)에는 道副를 제외한 세 사람을 언급하고 있다. 한편 『祖堂集』에서도 道副를 제외한 세 사람을 언급하고 있다. 기타 『祖堂集』에 관한 柳田聖山의 譯註(역주번호 168)가 있다.(『大乘佛典』13, 中央公論社. 1990)

22) 『傳燈錄』 卷3, (大正新脩大藏經51, p.220下)

견하고 나눈 대화의 내용이다. 곧 죄의 성품은 본래 공하기 때문에 내 · 외 · 중간의 어느 곳에서도 찾을 수 없다는 것이었다. 그것은 본질적으로 참죄와 병고라는 실체가 있는 것이 아니기 때문이다. 그래서 마치 불과 법이 다르지 않고 마음도 또한 다르지 않다고 말한다.[23] 이와 같은 유형의 사자상전의 전통은 은밀하게 실중(室中)에서 상면수수(相面授受)의 형태로 전승되었다. 이러한 전통은 전법의 대대상전(代代相傳)이라는 선종의 특징이기도 하다. 특히 이후 조동종의 기본 교의 가운데 하나인 동산양개의 「편정오위」의 전수방식을 생각나게 한다. 또한 '사중에서 열반경을 강의하자 스님의 법을 듣는 학도들이 점점 늘어났다.'[24]고 하여 『열반경』도 설하였음을 알 수 있다.

혜가가 『열반경』을 설함에 있어 사람들이 구름처럼 모여들었으며, 가담항설이 다 그를 칭송하는 말들이었다. 이때 변화법사(辯和法師)라는 스님이 있었다. 그는 이러한 사실에 대해 분을 참지 못하여 혜가를 비난하였다. 이에 대해서도 혜가는 진실을 아는 사람은 자기를 알아준다고 하여 변화법사에 대해 태연히 응수하였다. 이러한 사실들을 통해서 혜가의 성품과 사상의 기조를 어느 정도 가늠해 볼 수 있을 것이다.

혜가에게서 사법한 승찬은 당대에 아직 선종이 본격적인 형태를 갖추기 이전에 나타난 운문형태의 최초의 저술이라 할 수 있는 『신심명』을 남기고 있다. 『신심명』은 4언 146

---

23) 이러한 「萬法皆如 身佛無差」의 사상은 이후 동산의 어록인 『洞山錄』, (大正新脩大藏經47) 속의 「五位顯訣」·「寶鏡三昧歌」·「玄中銘」·「新豊吟」 등에 잘 나타나 있다.

24) 『傳燈錄』 卷3, (大正新脩大藏經51, p.221上)

구 584자로 구성된 단편이다. 그러나 이 속에는 불법의 요지 및 불조의 신(信)과 심(心)이 명료하게 압축되어 있다. 특히 '신심'이라는 두 글자는 이 『신심명』의 강령으로서 초심자에게 대기(大機)를 발하여 불이(不二)의 대도를 체득하게 함으로써 신과 심이 다르지 않다는 종지를 강조하는 내용으로 주목된다. 곧 「신심명」에서는 일체의 상대적인 분별심을 단절하는 내용으로서 지(止)와 동(動), 일(一)과 이(二), 일(一)과 일체(一切), 대(大)와 소(小), 유(有)와 무(無), 그리고 능(能)과 경(境) 등의 열린 관계[回互]를 일심의 원리로 다음과 같이 전개하고 있다.

> 동을 그쳐 지에 돌아가지만 지가 더욱 크게 동한다. (중략) 이는 일을 말미암아 있으나 그 일마저도 지키지 말라. (중략) 능은 경을 따라 멸하고, 경은 능을 따라 없어진다. 경은 능을 말미암아 경이 되고, 능은 경을 말미암아 능이 된다. 능과 경의 둘을 알려고 할진대 원래 그 둘은 하나로서 절대공이다. (중략) 극소가 대와 같으니 망을 끊은 경계이고, 극대가 소와 같으니 변과 표를 보지 않는다. 유가 곧 무이고 무가 곧 유이다.[25]

위에서 보듯이 그 내용은 상즉상재 호섭호융(相卽相在互攝互融)이라는 일심의 원리로 전개되고 있다. 그 일심이 바로 다름아닌 신(信)이고 일체이다.

이것이 다시 쌍봉산의 대의도신에게 전해지고 있다. 도신의 사상은 곧 마음의 체를 알고, 마음의 작용을 알며, 항상 부지런히 깨어 있고, 항상 몸이 공적함을 관찰하며,

---

25) 『信心銘』, (大正新脩大藏經48, pp.376中-377上) "止動歸止 止更彌動 (中略) 二由一有 一亦莫守 (中略) 能隨境滅 境逐能沈 境由能境能由境能 欲知兩段 元是一空 (中略) 極小同大 妄絶境界 極大同小 不見邊表 有卽是無 無卽是有"

하나를 지켜 변함이 없게 하는 것을 강요로 삼으면서 그 원리는 좌선관심에 두고 있다.[26] 여기에서 승찬의 「신심」이 수일(守一), 곧 일심의 진여를 지키는 원리로 바뀌어 있을 뿐이다. 심의 본체가 불성임을 알아 불성이 동과 정의 이변에 흔들리지 않는 평등일미임을 관찰한다. 이 일심의 진여[佛性]를 지킨다는 것은 저 『금강삼매경』의 골자이기도 하면서,[27] 이후 대만홍인에게 전해져 홍인의 사상의 바탕을 이룬다.[28]

홍인은 『금강반야경』을 수지하면서 심성의 본원(本源)에 철저함을 본지로 삼아 수심(守心 곧 守本眞心)의 참학을 강조하였다. 이것을 설명하기 위해서 『기주인대사도범취성오해탈종수심요론(蘄州忍大師導凡趣聖悟解脫宗修心要論)』을 저술하였다.[29] 이것은 홍인이 범부를 깨달음으로 인도하기 위해 수심(修心)의 도를 보여 준 요론으로서 그 근본사상은 수심(守心)에 있다.

홍인의 이 '수본진심'의 사상은 혜능의 '견성'으로 이어진다. 혜능은 후에 무상계(無相戒)의 수계를 중심으로 한 「마하반야바라밀법」을 설하는데 이것이 『육조단경』으로 편집되었다. 그러나 그 중심은 '견성성불'이다. 홍인은 『수심요론』에서 '우선 진심(眞心)을 지킨 후 성불을 얻는다.'고

---

26) 『楞伽師資記』, (大正新脩大藏經85, p.1288上) "知心體.知心用.常覺不停.常觀身空寂.守一不移"

27) 『金剛三昧經』「入實際品」, (大正新脩大藏經9, p.370上) 참조.

28) 弘忍 사상의 골자는 대표적으로 『最上乘論』에서 볼 수 있는데 『金剛經』과 『涅槃經』의 사상을 엿볼 수가 있다.

29) 줄여서 「修心要論」이라 하며, 달리 「最上乘論」, 「一乘顯自心論」이라고도 한다. 한편 「修心要論」은 그의 제자 혜능이 스승인 홍인의 이름을 빌려 저술했다는 설도 있다. 中川 孝, 「楞伽宗と東山法門」 (『講座敦煌』8, pp.159-160)

하는데, 이것은 혜능의 견성성불의 다른 표현이다. 그것은 양자가 자성(自性)의 원만하고 청정한 마음을 수심(守心)으로 지켜갈 것인가, 아니면 그 자체로 인정할 것인가의 차이이다. 혜능의 '견성'은 홍인의 '수심'에 의해 개화했으며, 혜능은 홍인의 수심(修心) · 수진심(修眞心) · 수본정심(修本淨心)을 고양시킨 것이다. 곧 심(心)의 종교적 개념을 성(性)으로 완성한 것이다.

이러한 예는 『단경』의 여러 곳에서 찾아볼 수 있다. 우선 혜능이 홍인을 처음 친견하는 곳에서 주고받은 이야기도 바로 불성의 문제였다.[30] 그 대화에서는 이전과 같은 심의 추구라든가 간심(看心)의 문제가 아니라 본래성품의 현현이 이야기되고 있다.[31] 누구나 이미 구족하고 있다는 불성의 개현은 바로 그의 오도송(悟道頌)에 잘 나타나 있다. 이미 견성은 수선(修禪)의 의미를 넘어 절대경계의 차원으로 나타나 있다.

신수와 혜능의 오도송[32]의 대비는 바로 이 점을 더욱 극명하게 상징하고 있다. 이 게송을 계기로 하여 혜능은 홍인으로부터 은밀히 깨침을 인가받고 후에 가사를 전수받았다. 혜능의 본래무일물(本來無一物)은 일체의 형용적인 언설과 작위적인 기관(機關)을 떠난 자성의 모습을 표현한 말이다. 조동오위 가운데 조산본적의 정위(正位)에 대한 설명인 「정위는 공계로서 본래무물이다」[33] 와도 통한다.

---

30) 『壇經』, (大正新脩大藏經48, p.348上)

31) 心을 고요하게 단지 무념으로만 삼는 看心的인 좌선은 배제하고 있다. 곧 혜능과 志誠의 대화(『壇經』, 大正新脩大藏經48, p.358中)에서 볼 수 있다.

32) 『壇經』, (大正新脩大藏經48, pp.348中-349上)

33) 『曹山錄』, (大正新脩大藏經47, p.527上)

혜능의 이 묵시적인 선풍은 청원행사를 통해 이어지고 있다. 『전등록』에는 청원행사에 대한 기록이 전하고 있다.[34]

한편 수(修)와 증(證)의 분별을 부정하고 본증(本證)에 대한 자각이라는 입장인 혜능의 본래무일물의 사상은 이러한 청원행사의 사상을 이어받은 석두희천의 「참동계」에서 이(理) · 사(事) 그리고 명(明)·암(暗)이라는 대립의 초극으로 승화하고 있다. 석두는 육조혜능에게서 득도했지만 가르침을 받을 겨를도 없이 혜능이 시적하자, 그 뜻을 따라 행사를 따라 가르침을 받았다고 한다.[35]

석두는 마음[心]과 부처[佛]과 중생(衆生)과 보리(菩提)와 번뇌(煩惱)의 본체는 같지만 이름만 다를 뿐이며, 영묘한 마음의 체는 구경원만(究竟圓滿)하다고 말한다. 그리고 현상의 세계도 모두 자기 마음의 모습이라고 한다. 『전등록』에서는 그의 종풍에 대하여 다음과 같이 말한다.

> 내 가르침은 선대부터 부처님께서 전해주신 것으로서 선정과 정진을 논하지 않는다. 다만 부처님의 지견을 통달하면 곧 마음이 부처이다. 마음과 부처와 중생 그리고 보리와 번뇌는 명칭은 다르나 본체는 같다. 자기 마음의 신령한 체성은 단상을 떠나 있어서 곧 성품은 더럽고 깨끗함이 없고, 담연하고 원만하여 성인과 범부가 같으며, 응함에 방소가 없어 심 · 의 · 식(心·意·識)을 여의었다. 삼계와 육도가 오직 마음에서 나타난 것이다. 그러니 어찌 물속의 달과 거울 속의 그림자에 생멸이 있으랴. 그대들이 그것을 인식만 한다면 두루 갖추지 않은 바가 없는 것이다.[36]

---

34) 『傳燈錄』, (大正新脩大藏經51, p.240上)

35) 『傳燈錄』, (大正新脩大藏經51, p.309中). 이에 대한 자세한 내용은 같은 책 '靑原行思章' (大正新脩大藏經51, p.240上-中)에 전하고 있다.

36) 『傳燈錄』, (大正新脩大藏經51, p.309中-下) "心佛衆生菩提煩惱名異體一 汝等當知 自己心靈體 離斷常性非垢淨 湛然圓滿凡聖濟洞 應用無方離心意識 三界六道唯自心現 水月鏡像豈有生滅 汝能知之無所不備"

한편 석두는 『참동계』를 통해 이것을 더욱 구체적이고 조리정연하게 전개하고 있다. 『참동계』는 그 제목에서도 볼 수 있듯이 차별현상[參]과 평등일여[同]의 실제가 상즉원융함을 말한 것이다. 여기에 나타난 상즉과 열린 관계[回互]의 원리는 조동오위의 사상적인 기초가 되어 있다.[37] 영원(靈源) · 지파(枝派), 이(理) · 사(事), 본(本) · 말(末), 명(明) · 암(暗) 등이 각각 일체의 경계에서 열린 관계[回互]와 닫힌 관계[不回互]를 이룬다. 그러면서도 한 차원 높게 이원적인 대립으로 끝나는 것이 아니라 열린 관계의 논리로 통하고 있다. 마치 그것은 걸음을 걸을 때의 왼발과 오른발처럼 서로 전후가 없이 앞선 듯 뒤선 듯 함께 진행해 나아간다. 이러한 원리가 그냥 논리에 그치지 않고 주체적으로 실천적인 계기로 나아갈 것을 요구한다. 곧 『참동계』의 마지막 부분에서 그 '사(事)는 함과 개가 부합하듯 하고, 이(理)는 화살 끝이 서로 맞닥뜨리듯 한 치의 오류도 없으니, 부디 참학인들은 허송세월하지 말라.'[38]고 권장한다.

이와 같은 석두의 열린 관계와 닫힌 관계의 실천논리는 그의 제자 약산유엄(藥山惟儼: 751-834)에게 전해져 간명직절(簡明直截)한 일구에 의한 단적인 접화방법으로 나타나 있다.[39] 곧 약산의 선풍은 좌선에 있어서 아무것도 하지 않는 무사량(無思量)의 좌선이 아니라 사량분별을 초

37) 『參同契』, (『傳燈錄』 卷30, 大正新脩大藏經51, p.459中 ; 『明覺禪師語錄』 卷4, 大正新脩大藏經47, p.697上-中)

38) 『參同契』, (大正新脩大藏經51, p.459中) "事存函蓋合 理應箭鋒拄 承言須會宗 勿自立規矩 觸目不會道 運足焉知路 進步非近遠 迷隔山河固 謹白參玄人 光陰莫虛度"

39) 『傳燈錄』 卷14, (大正新脩大藏經51, p.312上-中)

월한 비사량(非思量)의 입장에서 진리를 드러내고 있다. 또한 제자들의 질문에 대해 간결하게 일구로 답변하고 있는 것도 바로 비사량의 입장으로 끌어들이려는 접화방법이다. 이러한 흐름은 바야흐로 당시의 선계에 만연해 있던 교의를 실천적인 입장에서 제자를 접화하려는 새로운 지도원리의 출현을 암시해 주고 있다.[40]

40) 당시 臨濟義玄의 喝·德山宣鑒의 棒·雲門文偃의 一字關으로 대표되는 선가의 독특한 지도원리도 맥락을 같이 하고 있다. 따라서 潙仰宗의 圓相과 洞山良价의 五位 및 그에 대한 후학들의 오위에 대한 도해도 이러한 맥락에서 이해할 수 있다.

Ⅱ. 무언과 침묵의 선론

1. 도입

원효는 일찍이 『금강삼매경』을 통하여 중국에서 형성되고 발전해가고 있던 조사선법에 대하여 그 기본적인 교의 및 수행론에 대하여 자신의 의견을 제시하였다. 원효에 의하면 『금강삼매경』에서 「무상법품(無相法品)」에서는 무분별을 설하고, 「무생행품(無生行品)」에서는 망념이 없음을 설하며, 「본각리품(本覺利品)」에서는 본래성불의 도리를 드러내고, 「입실제품(入實際品)」에서는 허상을 버리고 실제로 나아가며, 「진성공품(眞性空品)」에서는 진성과 진공에 근거하여 일체의 수행을 설하고, 「여래장품(如來藏品)」에서는 이미 무량한 수행이 성취되어 있다고 설하며, 「총지품(總持品)」에서는 모든 수행을 점검하는 것이라고 말한다.

이 가운데 「무상법품」에서 제시하는 무상의 의미는 무분별상(無分別相) 내지 무차별상(無差別相)으로 나타나 있다. 곧 선수행의 입장에서 보자면 번뇌가 본래 공임을 자각하는 근거로서 시작하여 그 결과 집착과 분별을 벗어나는 것으로 진행되어 있다. 그 때문에 「무상법품」은 선수행의 기초이면서 본 『금강삼매경』에서 제시된 다양한 선론의 출발점이기도 하다.

곧 심왕보살(心王菩薩)이 무생(無生)의 뜻에 대하여 질문한 것은 삼행 곧 삼무루학(三無漏學)을 알고서 자심은 무주로서 법신에 거래가 없음을 보여주려는 것이었다. 그리고 대력보살(大力菩薩)이 과덕에 증(證)도 있고 수(修)도 있음에 대하여 여쭌 것은 사리불(舍利弗)이 거듭하여 한 게송의 인연을 듣고서 진공에 사덕(四德)과 범행(梵行)이 포함되어 있음을 통달하고 진수(眞修)의 일미를 지켜서 곧 속제(俗諦)로서 사연(四緣)을 모두 구비하도록 해주려는 것이었다. 이어서 지장보살(地藏菩薩)은 일곱 가지 품에 대한 나머지 의문을 제시하였고, 아난(阿難)은 경전의 제목을 청하였다.

그렇지만 『금강삼매경』의 「서품」의 경우에 그 설법내용이 구체적으로 드러나 있지는 않다. 다만 설법이 끝난 이후에 부처님이 금강삼매에 들어있는 모습으로 설정되어 있다. 그 때문에 아가타(阿伽陀) 비구가 찬탄한 게송에는 부처님이 했던 설법에 대하여 일실제(一實際)의 도리가 언설을 초월해 있는 것으로 드러나 있다. 그 때문에 「서품」에 제시된 짤막한 대목은 무언과 침묵의 설법 곧 삼매의 경지로 간주되기도 한다.

이에 「서품」에 제시된 가르침에 대하여 무언과 침묵의 선론을 고찰함에 있어 명대의 담연원징(湛然圓澄: 1561-1626)의 『금강삼매경주해』의 견해를 중심으로 하고,[41] 기타 청대의 인산적진(仁山寂震: 1631-1697)의 『금강삼매경통종기』를 참고하고 기타 선록(禪錄)과 결부시켜 살펴보고자 한다.

---

41) 원효의 『金剛三昧經論』에는 「序品」의 대목이 거의 생략되어 있는 까닭에 「序品」의 내용에 대한 원효의 견해를 고찰하는 것은 무리가 있다.

2. 「서품」의 성격과 선론

1) 「서품」과 일미·진실·무상·무생·결정·실제·본각·리행

「서품」은 형식상으로 『금강삼매경』 제일품에 대한 명칭으로 구성되어 있지만, 이것은 단순한 「서품」이 아니라 오히려 독립된 하나의 경전으로서 기능을 지니고 있다. 곧 「서품」 속에는 일반적으로 경전의 구성에서 통서(通序) 가운데 증신서(證信序)에 해당하는 다음의 대목이 온전하게 구비되어 있다.

> 다음과 같이 저는 들었습니다. 어느 때 부처님께서 왕사대성의 기사굴산에서 대비구중 일만 명과 함께 계셨다. 그들은 모두 아라한도를 터득하였다. 그들의 이름은 사리불 · 대목건련 · 수보리 등 아라한이었다. 또한 보살마하살 이천 명과 함께 계셨다. 그들의 이름은 해탈보살 . 심왕보살 . 무주보살 등의 보살이었다. 또한 장자 팔만 명과 함께 계셨다. 그들의 이름은 범행장자 . 대범행장자 . 수제장자 등의 장자였다. 또한 천룡 . 야차 . 건달바 . 아수라 . 가루라 . 긴나라 . 마후라가 . 인비인 등 육십 만 억이 있었다.42)

그런데 원효의 『금강삼매경론』에는 「서품」 가운데 증신서에 해당하는 위의 대목이 생략된 모습으로, 다음과 같이 짤막하게 요약된 뒤에 바로 이어서 아가타 비구가 찬탄하는 게송이 등장한다.

---

42) 『金剛三昧經』「序品」, (大正新脩大藏經9, pp.365下-366上) "如是我聞 一時 佛在王舍大城 耆闍崛山中 與大比丘衆 一萬人俱 皆得阿羅漢道 其名曰 舍利弗 大目犍連 須菩提 如是衆等阿羅漢 復有菩薩摩訶薩二千人俱 其名曰 解脫菩薩 心王菩薩 無住菩薩 如是等菩薩 復有長者八萬人俱 其名曰 梵行長者 大梵長者 樹提長者 如是等長者 復有 天龍夜叉 乾闥婆 阿修羅 迦樓羅 緊那羅 摩睺羅伽 人非人等 六十萬億"

> 그때 존자께서 사부대중에 둘러싸여 모든 대중에게 대승경전을 설하였다. 경전의 명칭은 『일미·진실·무상·무생·결정·실제·본각·리행』이었다. 만약 이 경전을 듣거나 내지 하나의 사구게만이라도 수(受) . 지(持)한다면 곧 불지(佛智)의 경지에 들어가 방편으로 중생을 교화하고 일체 중생의 대선지식이 된다.43)

곧 「서품」에는 구체적인 언설의 설법이 보이지 않는 까닭에 부처님의 설법이 침묵으로 구성되어 있다는 것을 보여주고 있다. 이 침묵이야말로 가장 함축적인 설법으로서 『금강삼매경』이 왜 선경으로 분류되는가를 잘 보여준다. 이런 점에서 『금강삼매경』은 먼저 『일미 · 진실 · 무상 · 무생 · 결정 · 실제 · 본각 · 리행』이라는 제명을 통해서 무언의 침묵으로 설해진 것을 삼매상태로 보여주고 있다. 이것은 본 『금강삼매경』이 먼저 상근기를 위한 설법으로 설해진 것을 의미하고, 나아가서 제이 「무상법품」의 대목부터는 중하근기를 위한 언설의 설법으로 다시 설해진 것을 보여준다. 그 때문에 「서품」의 대목이야말로 하나의 독립된 경전의 모습이기도 하다.

이와 같은 모습은 『금강경』의 경우와도 마찬가지이다. 『금강경』에 대한 다양한 분과 가운데 함허득통(涵虛得通: 1376-1433)은 『금강반야바라밀경윤관(金剛般若波羅蜜經綸貫)』을 통하여 그것을 잘 보여주고 있다.44) 함허는 수보리의 경우에 여래가 언설로 설법을 하기도 전에 이미 여래의

---

43) 『金剛三昧經』「序品」, (大正新脩大藏經9, p.366上) "爾時尊者大衆圍遶 爲諸大衆說大乘經 名一味眞實無相無生決定實際本覺利行 若聞是經乃至受持一四句偈 是人則爲入佛智地 能以方便敎化衆生 爲一切衆生作大知識"

44) 涵虛堂 得通, 『金剛般若波羅蜜經綸貫』, (韓國佛敎全書7, p.116中) "此未徹證而然歟 自己徹證方便爲機而然歟 若道自未徹證而然 其爲人穎悟特達早向敷座處 徹見如來心肝 出來道希有"

의도를 알아차린 까닭에 '희유하십니다.'라고 찬탄한 것으로 파악하고 있다. 이 경우 수보리는 상상근기의 소유자로서 삼매 속에서 침묵으로 설법한 것을 터득하여 총명한 이미지로 부각되어 있다. 여기 서분에서 삼매와 침묵에 해당하는 대목이 『금강경』의 경우에도 마찬가지로 적용된다.45)

이와 같이 무언과 침묵이 상징하는 삼매로 이루어진 설법은 선록 가운데 『굉지송고』 제1칙에 잘 드러나 있다.

> 세존께서 어느 날 대중을 불러모았다. 그리고는 설법을 하려고 법좌에 올랐다. 그런데 한참동안 아무런 말씀도 없이 침묵만 지켰다. 그러자 곁에 있던 문수가 몇 차례 북을 치고나서 말했다. "자, 이것으로 세존의 설법을 자세히 들어보았습니다. 여기에서 들어보니 세존의 설법은 역시 세존다운 설법으로서 참으로 훌륭했습니다. 여러분, 어떻게 들으셨습니까." 거기에 모인 대중들은 아무런 말도 하지 못했다. 이에 세존께서는 아무런 말도 하지 않고 그만 법좌에서 내려왔다.46)

이것으로 세존의 설법은 썩 훌륭하게 끝이 났다. 이 밖에 달리 언설의 설법이 필요하지 않다. 다만 세존께서 아무런 말도 하지 않고 그저 조용히 앉아만 있었다고 간주한 경우는 그 설법을 알아듣지 못한 사람의 수준에서 평가한 것에 불과하다. 정작 문수는 세존의 설법을 잘 알아들었다. 이에 그 설법을 듣고나서 세존의 설법에 대하여 찬탄한 것이다.

---

45) 鳩摩羅什, 『金剛般若波羅蜜經』, (大正新脩大藏經8, p.748下) "爾時 世尊 食時著衣持鉢 入舍衛大城乞食 於其城中次第乞已 還至本處 飯食訖 收衣鉢洗足已 敷座而坐 時 長老須菩提 在大衆中 卽從座起 偏袒右肩 右膝著地 合掌恭敬 而白佛言 希有世尊 如來善護念諸菩薩 善付囑諸菩薩"

46) 『宏智禪師廣錄』 卷2, (大正新脩大藏經48, p.18中-下) "擧 世尊一日陞座 文殊白槌云 諦觀法王法 法王法如是 世尊便下座"

여기에서 세존이 침묵으로 행한 설법은 침묵의 의미를 이해하고 세존이 법좌에 올라가는 것과 내려오는 위의(威儀)를 알아보는 자를 위한 것이었다. 그 때문에 언설을 통한 설법은 수준이 보통이거나 그 이하의 사람들을 위한 분별의 행위이다. 여기에서 세존의 침묵은 그와 같이 분별하는 사람들을 위한 제접방식에 대한 부정이었다. 곧 세존의 침묵과 그에 대한 문수의 적절한 대응방식은 상상근기를 교화하기 위한 행위였기 때문이다.

그러나 그 상상근기라는 것이 대단한 무엇을 필요로 하는 것이 아니다. 다만 자신의 선입견을 없애고 있는 그대로 바라볼 줄 아는 여실지견(如實知見)을 갖추는 것이다. 나아가서 아예 처음부터 지니고 있는 여실지견을 인정하고 수용(受用)하는 것이다. 여기에서 세존의 가르침은 언설을 초월한 침묵이고 침묵을 통한 설법으로서 굳이 문수의 군더더기 해명이 더 이상 필요가 없다.

2) 「서품」의 무언과 침묵의 선관

원징은 「서품」에 대하여 『금강삼매경』의 선론을 강하게 부각시키고 있다. 따라서 이 대목에 대하여 우선 여시(如是)는 법을 가리키는 용어이고, 아문(我聞)은 법이 의거하는 바로서, 여시아문에 대하여 잘못 들은 바가 아니라는 것을 강조한다. 그리고 일시(一時)는 다양하여 동일하지 않는 것을 널리 언급한 것으로 간주하여 그 전체는 오시(五時)로서 소위 화엄시 · 아함시 · 방등시 · 반야시 · 법화열반시라고 해석한다.[47] 이로써 『금강삼매경』을 반야시와 법화 · 열반시의 중간의 시(時)에 해당하는 것으로 간주하고 있다.

그리고 부처님은 곧 설법주이고, 기사굴산은 법을 펼친 장소로 설정되어 있는데, 사상(事相)에 의거하여 말하자면 진리에는 흔적이 없고 형체가 없으며 모습이 없기 때문에 문자(文字) · 언어(言語)로 추구할 수가 없고, 유(有) · 무(無)로 터득할 수도 없으며, 말의 설명으로 기재할 수가 없고, 심(心) · 식(識)으로 판별할 수도 없어서 일체가 금지되어 있으므로 단지 여시(如是)라고만 말했을 뿐이다.

그 자리에 모인 대중들은 언외의 뜻을 암묵적으로 이해하였고 언전(言詮)의 소식을 터득하였지만 노파심(老婆心)에서 아난은 대중들이 믿지 못하고 의심하여 잘못 담론하지나 않을까 염려한 까닭에 위의 '여시'와 '아문'과 부처님과 기사굴산이라는 용어를 나열하여 직접 부처님을 가리켜서 증명으로 삼아 대중으로 하여금 반드시 믿게끔 했던 것이다.[48]

이것은 사구분별에 대한 근본적인 방지책으로서 세존이 삼매에서 진행했던 침묵의 의미에 걸맞는 행위를 보여준 것이기도 하다. 그 때문에 삼매 속에서 진행되었던 세존의 설법이 끝난 이후에 삼매의 침묵으로 설해진 경전의 제명에 대하여 그 도리를 터득한 까닭에 아난은 '경전의 명칭은 일미(一味) · 진실(眞實) · 무상(無相) · 무생(無生) ·

---

47) 圓澄, 『金剛三昧經註解』 卷1, (卍新續藏經35, p.219下)

48) 이 대목은 일찍이 동산양개가 正法眼藏의 전수방식인 以法印法의 방식을 보여주고 있는 『보경삼매』의 내용에 통한다. "불조가 은밀하게 전승한 정법안장을, 그대들은 이제 그것을 터득하였으니, 마땅히 단절되지 않도록 하라. 如是之法 佛祖密付 汝今得之 宜善保護" 『筠州洞山悟本禪師語錄』, (大正新脩大藏經47, p.515上)

결정(決定) · 실제(實際) · 본각(本覺) · 리행(利行)이었다.'고 말한다.

여기 제명 가운데 '일미(一味)'에 대하여 원징은 소위 오미(五味)에다 비유하여 "이 『금강삼매경』은 순일한 제호미로서 이보다 더한 맛이 없다. 더한 맛이 없다는 것은 곧 진실한 자심을 말한다. 중생과 부처가 본래 동일하지만 중생은 전미(全迷)이고 제불은 전오(全悟)이며 성현은 미(迷)· 오(悟)의 양간(兩間)에 거주한다. 그 때문에 우리의 본사 석가모니부처님께서는 곧바로 금강삼매로써 그 미혹을 남김없이 타파하여 구경을 획득하도록 해주셨다."[49]고 말한다. 이것은 바로 세존이 중생을 위하여 문자(文字) 및 언표(詮表)를 열어 중생을 교화하는데 힘쓰는 까닭에 짐짓 명칭을 내세웠는데 그 뜻에 계합하여 언전으로는 끝내 불가득하다는 것을 알게 되면 결정코 그것이야말로 곧 일미진실상이라는 것을 보여준다.

그리고 '리행(利行)'은 본각(本覺)의 리행(利行)으로서 본각묘명(本覺妙明)이기도 하다. 그 때문에 무상(無相)과 무생(無生)에 집착이 없으면 그 경우에 곧 법신은 무상(無相)이지만 불상(不相)이 아니고, 법성은 무생(無生)이지만 불생(不生)이 아니며, 진심은 무위(無爲)이지만 불위(不爲)가 아니고, 반야는 무지(無知)이지만 부지(不知)가 아닌 줄을 아는 리행(利行)이다. 그래서 눈으로 여시견(如是見)하고 귀로 여시문(如是聞)하므로 이에 심사(心思) 및 언의(言議)로는 미칠 바가 아니다. 집착에 빠져서 생각하

49) 圓澄, 『金剛三昧經註解』 卷1, (卍新續藏經35, p.220上) "此經純一醍醐 更無餘味 無餘味者 即是真實自心 生佛本同 眾生全迷 諸佛全悟 聖賢居於迷悟兩間 故我本師直以金剛三昧 盡破其迷 使獲究竟"

면 그것은 망상만 될 뿐이지 본각이 아니다. 그래서 위에서 언급한 바처럼 세존이 법좌에 올라갔을 때 아무런 말도 하지 않고 그대로 법좌를 내려왔던 것이다.

이 경우에 '여시'는 세존이 말한 일미 · 진실 · 무상 · 무생 · 결정 · 실제 · 본각 · 리행의 전체로서 곧 그것을 설명한 것이다. 만약 문수가 그 도리를 알아차리지 못했다면 법회의 대중은 착각에 빠졌을 것이다. 그렇지만 어떤 사람이 가령 세존이 입을 열기 이전의 한마디 곧 진경(眞經)을 수지한다면 그 사람은 곧 불지(佛智)의 경지에 들어가 소위 실상을 자증한 사람으로 간주되어 이미 실상을 증득하여 곧 방편을 터득하고 베풀어 중생의 대선지식으로 간주된다. 왜냐하면 오직 진실만 있고 방편이 없으면 곧 중생을 널리 거둘 수가 없고, 오직 방편만 있고 진실이 없으면 끝내 구경에 도달할 수가 없기 때문이다. 이에 경문에서는 "만약 이 경전을 듣거나 내지 하나의 사구게만이라도 수(受) · 지(持)한다면 곧 불지(佛智)의 경지에 들어가 방편으로 중생을 교화하고 일체중생의 대선지식이 된다."[50]고 말한다.

나아가서 경문에서는 "부처님께서는 이 경전을 설하시고 결가부좌하여 곧 금강삼매에 들어가 몸과 마음이 부동하였다."[51]고 말한다. 여기에서 아가타 비구는 제법개공을 자리[座]로 삼기 때문에 법공이라는 자리로부터 일어난 것으

50) 『金剛三昧經』「序品」, (大正新脩大藏經9, p.366上) "若聞是經 乃至受持一四句偈 是人則為入佛智地 能以方便教化眾生 為一切眾生作大知識"

51) 『金剛三昧經』「序品」, (大正新脩大藏經9, p.366上) "佛說此經已 結跏趺坐 即入金剛三昧 身心不動"

로, 이 대목은 언어문자로써 언어문자가 없는 도리를 드러낸 것이다. 앞의 내용이 『일미·진실·무상·무생·결정·실제·본각·리행』이라는 법문으로서 금강삼매의 작용이라는 측면을 드러낸 것이라면, 이 대목은 무언과 침묵의 좌선으로서 금강삼매의 본체의 측면을 드러낸 것이다. 곧 법성신으로서 실상(實相)이고 무상(無相)의 모습에 해당한다. 그래서 그 작용이 일체지지(一切智智)로서 종통(宗通)이고 설통(說通)이라면, 그 본체의 경우는 대원경(大圓鏡)과 같아서 거울 바탕이 사물을 비추어주는 작용을 일으키는 것으로서 수사응현(隨事應現)의 입장이다.

그 때문에 원징은 "여기에서 말한 언설(言說)은 곧 불언설(不言說)이다."[52]고 말한다. 그 까닭은 곧 마음으로 헤아릴 수도 없고 언어로 표현할 수 없어 신통이 아니면 도달할 수가 없기 때문이다. 가령 이와 같은 경우는 비일비재하다. 먼저 문수가 여자의 선정을 깨울 수가 없었던 경우[53] 그것은 삼매로 도달할 수 없는 경지였다. 그리고 보안이 보현의 몸을 볼 수가 없었던 경우[54] 그것은 언어로 변별할 수 없는 경지였기 때문이다.

이것은 정명이 비야리에서 입을 다문 경우[55] 그것은 몸으로 어찌할 수 없는 경지이기도 하였다. 유마는 불이법문

---

52) 圓澄 註, 『思益梵天所問經簡註』 卷3, (卍新續藏經20, p.815下)

53) 『諸佛要集經』 卷下, (大正新脩大藏經17, pp.763上-770上) 참조.

54) 李通玄 譔, 方澤 纂, 『大方廣佛華嚴經合論纂要』 卷中, (卍新續藏經5, p.29上) "普賢菩薩入師子奮迅定 而普眼菩薩三入三昧渴仰求覓 竟不得見普賢身者" 참조.

55) 本嵩 述, 『華嚴七字經題法界觀三十門頌』 卷下, (大正新脩大藏經45, p.702中) "摩竭掩室毘耶杜口 … 佛於茲成道 三七日內 不說法也 表名言路絶 狀若掩室也毘耶離 … 淨名默然無言 名爲杜口也" 참조.

(不二法門)으로 보살들과 문답하였는데 보살들은 언설을 통하여 불이의 뜻을 표현하였지만, 최후로 문수가 유마에게 불이(不二)에 대하여 질문하자 유마는 입을 다물어 침묵으로 응대했던 유마일묵(維摩一默) 또는 일묵여뢰(一默如雷)의 경우이다. 곧 불이법문은 언전불급(言詮不及)이므로 일묵(一默)이야말로 보살들의 언설보다 뛰어나다는 것을 보여준 일화다. 또한 세존이 마갈타에서 몸을 감춘 경우[56] 그것은 금강삼매로도 어쩔 수 없는 경지였기 때문이다.

3. 무언과 침묵의 선론

무문혜개(無門慧開: 1183-1246, 송대 임제종 선사)의 『무문관』에는 무언과 침묵이라는 선론과 관련하여 다음과 같은 문답이 수록되어 있다.

> 어떤 외도가 세존에게 다음과 같이 물었다. '유언(有言)으로도 묻지 않고 무언(無言)으로도 묻지 않겠습니다. (자 이럴 때 어찌하시겠습니까.)' 이에 세존은 (유언으로 답하지도 않고 무언으로 답하지도 않으면서 침묵을 지키면서) 자리에 그대로 있을 뿐이었다. 그러자 외도는 (세존의 그와 같은 침묵에 대하여 극구) 찬탄하면서 말했다. '세존께서는 대자대비로써 마침내 저의 어리석음을 일깨워 주셨습니다.' 이에 예배

---

56) 掩跡於摩竭은 掩關之時節과 통한다. 掩關之時節은 마갈타국의 적멸도량에서 정각을 성취하였을 때 깨침의 소식을 맛보면서 삼매에 잠겨 있던 모습을 가리킨다. 掩關은 이후에 일체의 반연을 물리치고 수행에 전념하는 安居의 의미로도 널리 쓰이게 되었다. 『續傳燈錄』 卷32, (大正新脩大藏經51, p.687中) "所以淨名杜口早涉繁詞 摩竭掩關已揚家醜" 摩竭掩關은 摩竭掩室 또는 摩竭掩室이라고도 하는데, 磨竭은 磨竭陀國으로 붓다의 설법지역이고 掩關은 설법을 하지 않는다는 뜻이다. 곧 진실한 불법은 언설로 드러낼 수 없다는 것으로 言語道斷을 가리킨다.

를 드리고 물러갔다. 아난이 부처님에게 여쭈었다. '외도는 무엇을 깨쳤길래 찬탄하고 물러난 것입니까.' 세존이 말했다. '세간에서 훌륭한 말은 채찍의 그림자만 보고도 달려나가는 경우와 같다.'[57]

무언과 침묵이 선법과 통하는 까닭은 거룩한 침묵이고 무분별의 언설로서 세존의 무언이고 달마의 침묵으로서 조사선사상의 바탕으로 간주되는 본래성불의 존재방식이기 때문이다. 그래서 상상근기의 경우에 무언과 침묵에서 정사유(正思惟)에 의하여 무상(無常)의 도리를 터득하여 방일하지 않는 것은 마치 사마(四馬)의 비유 가운데 가장 기민하게 움직이는 말의 경우에 비견된다.[58] 무언은 단순히 말이 없다는 것이 아니라 침묵으로서 분별이 없는 말에 해당한다. 그 때문에 이 경우에 침묵의 말씀이라는 묵언(黙言)에 통한다.

『금강삼매경』의 경문에서는 세존의 묵언에 해당하는 삼매설법에 대하여 아가타 비구가 게송으로 찬탄을 한다. 여기 "그때 대중 가운데 이름이 아가타라는 한 비구가 있었다. 자리에서 일어나 합장하고 호계하여 경전의 뜻을 펴려고 게송을 설하여 말씀드렸다."[59]는 대목은 세존이 설법을

---

57) 無門慧開, 『無門關』, (大正新脩大藏經48, p.297上) "世尊因外道問不問有言 不問無言 世尊據座 外道贊歎云 世尊大慈大悲 開我迷雲 令我得入 乃具禮而去 阿難尋問佛 外道有何所證贊歎而去 世尊云 如世良馬見鞭影而行"

58) 『雜阿含經』 卷33, (大正新脩大藏經2, p.234中) 곧 채찍의 그림자만 보고도 주인의 의도를 알아차리고 속도를 내는 말과 채찍이 피부에 닿는 것을 느끼고 속도를 내는 말과 채찍의 아픔이 몸에 느껴지는 것을 통하여 속도를 내는 말과 철추로 몸속 깊이 상처를 받고서 속도를 내는 말의 경우처럼 비구의 경우 無常을 절감하고 불법을 공부하고 계율을 지키는 네 부류를 비유한 것이다.

59) 『金剛三昧經』 「序品」, (大正新脩大藏經9, p.366上) "爾時 眾中有一比丘 名曰阿伽陀 從座而起 合掌胡跪 欲宣此義 而說偈言"

마치고 삼매에 들어간 모습으로서 비록 아가타 비구의 유언(有言)이지만 궁극에는 세존의 무언(無言)으로 귀결한 것이다. 이 대목에 대하여 원효는 다음과 같이 해석한다.

> 이 부분은 넷째의 중송으로 설법을 드러내는 부분이다. 이전에 설한 『일미·진실·무상·무생·결정·실제·본각·리행』의 경전이 나중에 설하는 『금강삼매경』의 대의와 다르지 않음을 드러내기 위한 까닭에 게송으로 이전의 경전을 요약한 부분이다.[60]

비구 아가타는 여러 가지로 번역이 되는데 그 가운데 하나는 무언(無言)이다. 무언은 곧 무설(無說)인데 무설이면서도 부처님을 상대하여 게송을 설하는 데 장애가 없다. 소위 설(說)이 곧 무설(無說)이고 무설(無說)이 곧 설(說)로서 치우치거나 그치지 않고 스며들거나 새지도 않으며 원융과 중도에 자재하기가 이와 같다.

아가타의 의미에 대하여 적진(訹震)은 "아가타(阿伽陀)는 약명(藥名)으로 번역하면 보거(普去)로서 모든 병을 제거한다는 뜻이다. 또한 아(阿)는 무생(無生)에 들어간다는 뜻으로서 번역하면 무래(無來) · 무거(無去) · 무저(無底)이다. 이처럼 뜻이 다양하기 때문에 굳이 번역하지 않고 음사한 것이다."[61]고 해석한다. 그리고 원효는 아가타에 대하여 "아가타는 번역하면 없앤다[無去] 혹은 소멸한다[滅去]는 말인데 약의 명칭이다. 모든 병을 다 없애주기 때문에 무거(無去)라고 말한다. 아가타보살도 역시 중생의

60) 元曉, 『金剛三昧經論』, 卷上, (大正新脩大藏經34, p.963上-中)"是第四重頌分 爲顯前說一味之經與後所說大意不殊 故以略偈頌前廣經"
61) 仁山寂震, 『金剛三昧經通宗記』 卷1, (卍新續藏經35, p.265上) "阿伽陀 藥名 此云普去 能去眾病 又云 阿者入無生義 又翻無來無去 又云無底 此以多義 故不翻"

모든 번뇌와 병을 치료하기 때문에 약명으로 제목을 삼았다."[62]고 하여 번뇌의 소멸이라는 측면에 맞추어 해석을 하였다. 원효가 중생의 번뇌를 제거해준다는 결과의 측면으로 해석을 한 것임에 비하여 적진(謫震)은 번뇌를 없애주는 방편의 차원으로 보아 무언설법의 측면으로 간주하였다.

이것은 『금강삼매경』의 내용에 대하여 앞으로 전개되어 가는 해석의 방향 곧 선수행의 측면을 강하게 반영한 것으로서 『금강삼매경』 전체에 대한 성격을 선수행을 설한 경전으로 이해하려는 점이 엿보인다.[63] 그 구체적인 내용은 『일미·진실·무상·무생·결정·실제·본각·리행』의 결게(結偈)에 해당하는 이하 여덟 게송의 내용에 잘 드러나 있다.

여기에서 아가타 비구가 읊은 게송은 전체적으로 여래의 삼매를 깊이 터득하여 자비심으로 중생을 제도하려는 행원을 일으켜서 권문(勸問)을 펼쳐서 일승실단(一乘悉檀)의 법익(法益)을 발기하려는 내용이다. 아가타 비구가 찬탄한 여덟 게송의 경우 제1 게송부터 제3 게송의 세 게송은 대중을 상대하여 칭양한 것이고, 이하의 다섯 게송은 대중을 상대하여 널리 질문할 것을 권장한 것이다.

대자 대비를 만족한 세존께서는
지혜에도 통달하여 걸림이 없네
널리 중생을 제도하려는 까닭에
일실제의 도리를 설해 주셨다네

62) 元曉, 『金剛三昧經論』, 卷上, (大正新脩大藏經34, p.963中) "阿伽陀者此云無去 或言滅去 此是藥名 能令諸病皆悉滅盡故名無去"

63) 곧 원징은 『金剛三昧經註解』를 통하여 이후의 무상과 무생과 입실제와 여래장과 본각리와 진성의 의미에 대하여 선수행과 결부시켜 해석을 가하고 있음을 볼 수가 있다.

모든 도리는 오로지 일미뿐으로
끝끝내 소승의 도리가 아니라네
말씀하신 평등과 일미의 도리는
모두 다 진실 아닌 것이 없다네
일체제불이 터득한 지혜 경계인
궁극의 제일 실제에 들어갔으니
그 법을 듣는 자 모두 출세하고
해탈 얻지 못한 자 아무도 없네[64)]

그 가운데서 제1 게송은 일심제실(一心諦實)의 뜻을 설한 것으로 부처님의 덕을 찬미한 것이다. 제2 게송과 제3 게송은 이것은 대승을 칭송한 것으로 모두 일미의 제호로써 無上의 뜻을 보인 것이다. 이와 같은 제1 - 제3의 게송의 내용에 대하여 원징은 무언으로 제시된 설법의 성격에 대하여 "세존의 지혜는 무애의 일승으로서 무량승이 되어 구경을 설하므로 곧 일제(一諦)이다. 일제는 곧 일심이다."[65)]고 말한다.

여기에서 일심은 중생과 부처가 똑같이 부여받은 것으로 그 맛은 진정(眞正)하여 마치 제호와 같아서 앞의 유(乳)·락(酪)·생소(生酥)·숙소(熟酥)처럼 대·소에 서로 차이가 있는 것과는 다르다는 의미로 제시되었다. 그 때문에 이제(二諦)가 없는 일제(一諦)와 잡미(雜味)가 없는 제호미(醍醐味)는 이미 부실(不實)을 벗어나 있으므로 어떤 곳이든지 나아가고 실제에 나아가서 불지(佛智)의 자리에 들어갈 수가 있다.

---

64) 『金剛三昧經』 序品, (大正新脩大藏經9, p.366上) "大慈滿足尊 智慧通無礙 廣度衆生故 說於一諦義 皆以一味道 終不以小乘 所說義味處皆悉離不實 入諸佛智地 決定眞實際 聞者皆出世 無有不解脫"

65) 圓澄, 『金剛三昧經註解』 卷1, (卍新續藏經35, pp.220下-221上) "世尊智慧 無礙一乘 作無量乘說究竟 秖是一諦 一諦即是一心"

한량이 없는 모든 보살마하살도
그처럼 모두 중생을 제도하려고
중생위해 넓고 심오한 질문하여
제법의 적멸한 모습을 알려주어
궁극적인 도리에 들도록 하였네
여래가 사용하는 지혜와 방편은
마땅히 실제에 드는 설법이라네
때문에 모두 일승법만 수순하여
그 밖의 뒤섞인 맛 전혀 없다네
같은 구름에서 뿌리는 비이건만
갖가지 초목이 제각각 무성하네
모든 성품마다 제각기 다르지만
일미의 법으로 똑같이 적셔주어
빠짐없이 일체를 덮어주는 것이
마찬가지로 똑같은 비 맞았건만
죄다 보리의 새싹을 길러준다네
금강과 같은 일미법에 들어가서
법을 깨치니 진실한 선정이라네
의심과 미련을 영원히 단절하여
대승의 일승을 완전히 성취했네[66]

여기 제4 게송 및 제5 게송의 제1구는 중생에게 일체의 법성은 본래적멸상(本來寂滅相)임을 알려서 결정적으로 실제에 들어가도록 한 내용이다. 제5 게송 제2구부터 제6 게송까지는 부처님의 가르침을 청한 대목이고, 제7 게송과 제8 게송은 득법전리(得法轉利)를 설명한 대목이다. 그래서 법우를 맞은 중생은 보리지혜의 싹을 틔워서 모두 금강삼매에 들어가도록 하여 반드시 법신 · 진여 · 실제를 증

66) 『金剛三昧經』「序品」, (大正新脩大藏經9, p.366上) “無量諸菩薩 皆悉度眾生 為眾廣深問 知法寂滅相 入於決定處 如來智方便 當為入實說 隨順皆一乘 無有諸雜味 猶如一雨潤 眾草皆悉榮 隨其性各異 一味之法潤 普充於一切 如彼一雨潤 皆長菩提芽 入於金剛味 證法真實定 決定斷疑悔 一法之印成”

득하도록 해준다는 것이다. 원징은 제4 - 제8 게송에 대해서 「서품」의 설법을 일승의 적멸법(寂滅法)으로 간주하여 다음과 같이 말한다.

> 널리 질문을 말미암은 까닭에 법이 적멸함을 안다. 법이 적멸함을 알기 때문에 결정처에 들어가는데 이것이 곧 실지(實智)를 증득하는 경우이다. 이미 실지를 증득한 까닭에 마땅히 여래의 권지(權智)를 묻는다. 권지(權智)를 분명하게 알기 때문에 여래의 선교방편과 아주 똑같다. 모든 방편을 알기 때문에 다 실제에 들어가서 일승에 수순하여 잡미가 없다.[67)]

그렇지만 여래의 일음설법에 대하여 중생은 부류에 따라서 각각 이해를 달리한다. 그 때문에 이 금강삼매에 들어가야 비로소 의심을 단제하고 신심을 낼 수가 있다는 것이다. 그러나 아가타 비구가 중생을 위하여 널리 질문한 것은 정법을 굴림으로써 중생을 교화하려는 것으로서 곧 이것이야말로 제일의실단(第一義悉壇)이었다. 여기에서 아가타 비구가 찬탄한 제일의실단이 곧 무언과 침묵이다. 나머지 세 가지 실단은 세제(世諦)로서 심소행처(心所行處)이다. 그러나 제일의실단은 일도(一道)의 진제(眞諦)로서 언어도단(言語道斷)이고 심행처멸(心行處滅)이다. 만약 상근이지(上根利智)라면 조금만 들어도 깊이 깨치고 바로 제일의제를 터득한즉 앞의 세 가지 실단은 굳이 필요가 없다.

그러나 중하근기의 경우는 이해하지 못하므로 스승이 노파심절(老婆心切)하게 몸소 입니(入泥)하고 입수(入水)하

---

67) 圓澄, 『金剛三昧經註解』 卷1, (卍新續藏經35, pp.220下-221上) "由廣問故 知法寂滅 知寂滅故入決定處 此證實智也 既證實智當問如來權智 了明權智 當如如來善巧方便 會諸方便皆為入實 而隨順一乘無有雜味"

는 까닭에 앞의 세 가지 실단을 벗어날 수가 없다. 그 때문에 적진(寂震)은 이에 대하여 염화미소와 직지인심을 제외하고는 오직 이 『금강삼매경』만이 무언과 침묵의 제일의 실단에 딱 계합될 뿐이라고 말한다.68) 『금강삼매경』에서 말해주는 이와 같은 무언과 침묵의 가르침은 이후 선록(禪錄)에도 자주 보인다.

> 한 승이 풍혈에게 물었다. "언어와 침묵은 이(離)와 미(微)에 대응된다고 합니다. 그러면 어찌해야 언어와 침묵이 이(離)와 미(微)를 범하지 않고 통할 수 있는 겁니까." 풍혈이 말했다. "오랫동안 강남의 봄날을 그리워했지. 그곳은 자고새가 지저귀고 만화방초가 향기로웠지." 설두가 말했다. "배를 갈라 심장을 도려내는구나."69)

자칫하면 언어[語]는 방(謗)이 될 수 있고 침묵[默]은 광(誑)이 될 수 있다. 그러나 언어와 침묵이 삼매로 통할 경우에는 깨침의 상징이고 실상의 존재양상이다. 이(離)・미(微)는 『보장론(寶藏論)』에 나오는 말이다. 이(離)는 일

68) 仁山寂震, 『金剛三昧經通宗記』 卷1, (卍新續藏經35, p.265下) "入門하면 곧장 방을 내리고 進門하면 곧장 곤을 구사하여 직접 제일의실단을 활용한다. 그 때문에 중론에서는 수도인을 위하여 사구를 설하는데 마치 쾌마는 채찍의 그림자만 보아도 곧바로 正路에 들어가는 것과 같다는 것이 이런 의미라고 말한다. 앞의 세 가지 실단은 이에 자상하게 인도하여 이끌어들인다는 것으로 有를 설하고 空을 설하며, 漸을 설하고 頓을 설하며, 始를 설하고 終을 설하며, 勸을 설하고 實을 설한다. 그런 연후에 비로소 제일의실단을 설하여 일심법을 직접 드러낸다. 그 때문에 염화미소와 직지인심을 제외하고는 오직 이 금강삼매경만이 딱 계합될 뿐이다. 如入門便棒 進門便「口+昆」 直用第一義悉檀 故中論云 為向道人說四句 如快馬見鞭影 即入正路 亦此意也 又前三悉檀 乃善誘曲導之教 如說有說空 說漸說頓 說始說終 說權說實 後第一義 直顯一心之法 故除拈華直指外 唯此經契同耳"

69) 『宏智禪師廣錄』 卷3, (大正新脩大藏經48, p.28中) "舉僧問風穴 語默涉離微 如何通不犯 穴云 長憶江南三月裏 鷓鴣啼處百花香 雪竇云 劈腹剜心"

체의 속박을 벗어난다는 뜻으로 번뇌와 작위적인 행위를 활달하게 떨쳐버린 것이고, 미(微)는 만물 속에 감추어져 만물과 하나가 되는 것으로 자타의 구별이 없으면서 묘용으로 작용하는 것이다. 그래서 입리(入離)를 알면 밖으로 경계에 이끌리지 않고, 출미(出微)를 알면 안으로 마음에 분별심이 없다. 안으로 분별심이 없으면 모든 견해에 얽매이지 않고 밖으로 경계에 이끌리지 않으면 만유에 걸림이 없다.

이로써 언어[語]는 미(微)에 통하고 침묵[黙]은 이(離)에 통한다. 이것이 곧 어(語)·묵(黙)이 이(離)·미(微)와 통하고, 자고새가 지저귀는 소리에서 강남의 백화난만한 봄날을 생각하는 풍혈의 도리이다.

이에 대하여 설두는 배를 갈라 심장을 도려내는 격이라 하여 정곡을 찌르고 있는 모습을 말하였다. 제일의(第一義)에 통하면 추언(麤言)과 세어(細語)가 통하는 법이다. 본래모습이 훤칠하게 드러나 있어 조금도 부족함이 없이 원만하여 어떤 조작도 없는 모습이다. 그래서 어떤 때는 조삼모사(朝三暮四)이고 어떤 때는 조사모삼(朝四暮三)이겠지만 무언과 침묵의 입장에서는 언제나 조칠모칠(朝七暮七)일 뿐이다.

4. 맺음

『금강삼매경』의 「서품」은 부처님의 침묵과 무언으로 설정되어 있다. 그 침묵과 무언이 단순한 묵언이 아닌 것은 부처님이 삼매에 들어있는 까닭이다. 그 때문에 삼매에 들어있는 모습이 아가타 비구에 의하여 부처님 설법의 찬탄의 게송으로 드러나 있다. 그 게송에 의하여 부처님의 묵언설법은 삼매이고 일미법문으로서 실제도리에 의거한 것임을 파악할 수가 있다. 그 내용은 구체적으로 『금강삼매경론』을 비롯한 『금강삼매경주해』 및 『금강삼매경통종기』 등의 주석서를 통하여 살펴볼 수가 있다.

곧 부처님의 설법이 무언의 침묵으로 구성되어 있다는 것을 보여주고 있다. 이 침묵이야말로 가장 함축적인 설법으로서 『금강삼매경』이 왜 선경으로 분류되는가를 잘 보여준다. 이런 점에서 『금강삼매경』은 먼저 『일미·진실·무상·무생·결정·실제·본각·리행』이라는 제명으로 무언의 침묵으로 설해진 것을 삼매상태로 잘 보여주고 있다.

이것은 본 『금강삼매경』이 먼저 상근기를 위한 설법으로 설해진 것을 의미한다. 그 때문에 「서품」의 대목이야말로 하나의 독립된 경전으로서 무언과 침묵의 설법으로 간주된다. 『금강삼매경』은 일승(一乘), 일법(一法), 일우(一雨), 일미(一味)를 보여주는 일승의 돈교에 속하는 것으로 설정되어 있어서 『금강삼매경』이야말로 일시에 인간과 천상의 대중 앞에 범부와 부처를 가리지 않고 금강삼매의 침묵을 통하여 돈설(頓說)되어 있다. 그 때문에 만약 대중이 일념지간에 그 제호미의 가르침을 개오함으로써 본각 · 리행을 터득하여 문득 불체(佛體)와 동일하게 된다는 선리를 보여주고 있다.

Ⅲ. 무상·무생·무위의 선론

1. 도입

『금강삼매경』에서 「서품」의 성격이 믿음을 불러일으키는 생신분(生信分)으로서 인위(因位)에 해당한다면 제이 「무상법품」은 대승불교의 수행계위에 배대하면 본격적인 수행의 계위로서 반야분(般若分)에 해당한다. 곧 반야는 제불의 모(母)이고 제법의 왕(王)으로서, 일체제불이 반야로부터 출생하였고 일체만법이 반야로부터 건립되었다. 이처럼 비록 제불을 출생하고 만법을 건립할지라도 반야법은 본래 무상(無相)이므로 이 대목을 무상법이라 말한다.[70)]

이 「무상법품」은 금강삼매에서 출정하여 자술(自述)한 대목으로서 여래가 방편으로 개화하는 단서에 해당한다. 삼매가 종(宗)이라면 언설은 교(敎)이다. 종(宗)은 교(敎)가 없이는 드러나지 않고, 교(敎)는 종(宗)이 없이는 성립되지 못한다.

그 때문에 이제 특별히 제이의문(第二義門)을 열어서 언설로써 무언(無言)의 경지를 드러낸다. 곧 「서품」에서는 불지지(佛智地)에 들어있었지만 이제 여기 「무상법품」에서는 언설을 통하여 설법을 일으키는 것이다. 그 설법이 곧 십이지연기의 관찰을 통하여 연기의 도리로써 무아를 이해함으로써 분별을 벗어나고, 여래장의 본유성을 이해함으로

---

70) 仁山寂震, 『金剛三昧經通宗記』 卷2, (卍新續藏經35, p.266中) “此為般若分 夫般若為諸佛之母 諸法中王 一切諸佛 從茲出生 一切萬法 從茲建立 雖則能生能立 而般若之法 本自無相 故謂之無相法也” 참조.

써 중생이라는 선입견에 대한 집착을 벗어나며, 육바라밀을 닦음으로써 보살의 대승심을 이해하여 중생에 대한 교화의 상(相)을 벗어날 수가 있다는 것에 해당한다. 이런 점에서 「무상법품」에 제시된 무상과 무생과 무위야말로 선의 수행론에 부합된다.

이에 「서품」에서 삼매를 통하여 제시된 가르침을 이해하지 못한 중 · 하근기 내지 상법시대(像法時代)의 중생들을 위하여 구체적으로 수행의 방법에 대하여 「무상법품」을 통하여 제시하고 있다. 이를 위해서 중 · 하근기가 먼저 고려해야 할 행상으로서 무분별과 무집착의 설법을 보여주고 있다. 곧 「무상법품」에서는 어째서 무분별이고 무집착이며, 또한 그 행상이 무생이어야 하는가를 말해주고 있다.

그 가르침이 「무상법품」에서는 몸과 마음에 집착하는 경우에는 십이지연기의 관찰을 통하여 분별을 벗어나는 무상법의 수행으로 제시되어 있고, 여래장의 속성을 이해하는 수행을 통해서는 집착을 벗어나는 무생법의 수행으로 제시되어 있으며, 나아가서 무상(無相) 및 무행(無行)을 육바라밀의 실천을 통해서는 일심(一心)의 부동경지(不動境地)를 터득한 깨침의 분별 및 중생에 대하여 교화했다는 집착마저 벗어나야 한다는 무위(無爲)의 선론으로 제시되어 있다. 이와 같은 무상과 무생과 무위가 각각 「무상법품」에서는 십이지연기의 관찰과 여래장을 이해할 것과 육바라밀을 수행할 것으로 드러나 있다. 이와 같은 삼무(三無)의 선론에 대하여 그 구체적인 수행방식이 어떻게 제시되고 있는가를 고찰해보고자 한다.

2. 무분별의 수행과 십이지연기의 무상(無相)

「서품」에서 금강삼매를 통하여 제시된 침묵과 무언의 설법은 분별상이 없는 이익으로서 일각(一覺)과 요의(了義)로서 이승의 지견으로는 이해하기 어렵고 들어가기도 어려운 까닭에 오직 불·보살만이 그 경계를 이해하는 일미법으로 설정되어 있다.71) 곧 「서품」에서는 결집한 무리들의 우두머리에 대하여 서술하였는데, 이제 「무상법품」에서 세존은 그들을 상대로 일미(一味) · 진실(眞實) · 무상(無相) · 무생(無生)의 법문을 설하고 있다.

그 「무상법품」의 품명에 대하여 원효는 “무상(無相)이란 말하자면 무상관(無相觀)이다. 모든 형상을 타파하기 때문이다. 다음으로 법(法)이란 말하자면 관찰되는 법[所觀法]이다. 곧 일심법을 가리킨다.”72)고 말한다. 바로 그것에 대하여 이근인의 경우에는 채찍의 그림자만 보고도 달려가는 말과 같기 때문에 다시 설법할 필요가 없었다.

이에 청익(請益)하는 보살을 따로 내세우지 않고 실제의 법상 및 결정의 자성에 들어갔는데, 그것이 곧 제불의 자각성지(自覺聖智)의 경계로서 오직 부처와 부처끼리만 상응하는 것으로 다른 사람이 엿볼 수가 없으므로 곧 실지(實智)임을 보여주고 있다. 그렇지만 설법의 뜻은 언설로 표현되어야 하는 까닭에 중 · 하근기의 경우에는 행여나

71) 『金剛三昧經』「無相法品」, (大正新脩大藏經9, p.366中) “皆無相利 一覺了義 難解難入 非諸二乘之所知見 惟<唯=>佛菩薩 乃能知之 可度衆生 皆說一味”

72) 元曉, 『金剛三昧經論』 卷上, (韓國佛教全書1, p.609中) “言無相者謂無相觀 破諸相故 次言法者謂所觀法 一心法故”

믿음이 없고 이해가 없을 것을 염려한 나머지 세존이 선정에서 일어나 무문자설(無問自說)한 것이었다.

「서품」에서 아가타 보살이 말한 일미 · 진실 · 무상 · 무생 등은 자분(自分)의 경지로서 본래 언설로 설할 수가 없는 것이었지만, 중생을 위한 까닭에 진실로부터 방편을 시설하고 무애의 지혜와 신통으로 방편에 통달하여 갖가지 개념과 뜻[名·相][73]을 설하였다. 이와 같은 개념과 뜻은 비록 방편일 뿐이지 진실은 아닐지라도 방편이 없이는 그 진실로 인도할 수가 없다. 그러나 그 방편과 진실은 모두 제불의 자각의 경지에서 유출되는 까닭에 무상(無相) · 일각(一覺) · 요의(了義)로서 삼승의 견해와는 차별이 된다. 이처럼 방편과 진실은 융화되기 어려운 까닭에 이해하기도 어렵고 들어가기도 어렵다고 말한다.

바로 이에 대하여 해탈보살은 세존에게 그에 이르는 방법을 질문을 통하여 제시하고 있다. 그 질문의 총론적인 내용은 후세의 중생을 위하여 일미 · 결정 · 진실법을 설하여 그들 중생으로 하여금 해탈하도록 해주는 방법에 대한 것이다.[74] 곧 말법시대(末法時代)의 중생에게는 구원해줄 사람도 없고 귀의할 대상도 없으며, 의지할 것도 없고 믿을 것도 없으며, 아울러 오탁악세(五濁惡世)가 농후하고 투쟁견고(鬪爭堅固)하여 이미 의지할 수 있는 스승과 법이 없으므로 악업을 지어 윤회를 반복한다. 그 때문에 세존을

---

73) 名·相은 일체의 사물에 있는 명칭과 형상이다. 귀로 들을 수 있는 것을 名이라 하고, 눈으로 볼 수 있는 것을 相이라 하는데 이것은 모두 虛假로서 제법의 實性에는 계합되지 못한다. 그러나 범부는 늘상 이와 같은 虛假의 名相을 분별하여 갖가지 妄惑을 일으킨다.

74) 『金剛三昧經』「無相法品」, (大正新脩大藏經9, p.366中) “為後<世+?>眾生 宣說一味決定真實 令彼眾生 等同解脫”

청하고 법경(法鏡)을 높이 내걸어 저 장래를 밝혀서 바른 길을 알아 다같이 해탈토록 질문을 한다. 그에 대하여 세존의 답변은 직접적으로 다음과 같이 제시되어 있다.

> 선남자여, 만약 중생을 교화하려면 교화한다는 분별상이 없어야 하고 교화하지 않았다는 분별상도 없어야 한다. 그래야 그 교화가 훌륭하다. 그리고 저 중생들에게도 모두 심(心)과 아(我)를 벗어나도록 해야 한다. 왜냐하면 일체의 심(心)과 아(我)는 본래공적하기 때문이다. 그래서 만약 공한 심(心)을 터득하면 그 심(心)은 환(幻)도 아니고 화(化)도 아니며 환(幻)도 없고 화(化)도 없어 곧 무생을 터득한다. 왜냐하면 무생의 심(心)은 화(化)가 없는 곳에 있기 때문이다.75)

해탈보살의 질문에 대한 근본적인 답변이 이 대목에 모두 드러나 있다. 보살의 입장에서는 말세중생을 교화하기 위한 자세가 그대로 수행의 문제로 귀결되어 있다. 곧 보살의 경우는 중생을 교화하는 경우 교화한다는 분별상이 없어야 하고, 중생의 입장에서는 심(心)과 아(我)가 공적한 줄을 알아서 그것을 벗어나는 것임을 말하고 있다. 보살에게 만약 교화를 한다는 마음과 교화를 받는 중생이 남아있으면 곧 애견에 걸려서 그 교화는 유한하기 때문에 대자(大慈)라고 말할 수가 없다.

그 때문에 이에 대하여 원효는 방편관행(方便觀行)으로 간주하여 "교화한다는 분별상이 없어야 한다는 것은 처음 방편관을 닦을 경우부터 모든 유상(有相)을 타파하여 교화한다는 미혹한 분별상까지도 마음에 생겨나지 못하게 하는 것이고, 교화하지 않았다는 분별상도 없어야 한다는 것은

75) 『金剛三昧經』「無相法品」, (大正新脩大藏經9, p.366中) "善男子 若化衆生 無生於化 不生無化 其化大焉 令彼衆生 皆離心我 一切心我 本來空寂 若得空心 心不幻化 無幻無化 即得無生 無生之心 在於無化"

이미 교화한다는 분별상을 타파하고 이어서 교화하지 않았다는 공상(空相)마저 버린 것이다. 그것은 교화하지 않았다는 공에 대해서도 역시 마음을 내지 않기 때문이다."[76]고 말한다. 이것은 마치 "모든 보살은 다음과 같이 '존재하는 일체중생과 중생이 속하는 경계 곧 알에서 생겨난 것, 태에서 생겨난 것, 습기로 생겨난 것, 의탁한 바 없이 화(化)하여 생겨난 것, 유색으로 생겨난 것, 무색으로 생겨난 것, 유상으로 생겨난 것, 무상으로 생겨난 것, 비유상비무상으로 생겨난 것의 모든 중생과 중생이 속하는 경계를 내가 다 무여열반에 들도록 멸도하리라. 이와 같이 무량 · 무수 · 무변한 중생을 멸도해도 실로 중생으로서 멸도를 얻는 자는 없다.'고 마음을 일으켜야 한다. 왜냐하면 수보리야, 만약 보살에게 아상 · 인상 · 중생상 · 수자상이 있으면 곧 보살이 아니기 때문이다."[77]고 말한 경우와 마찬가지이다.

이것은 곧 분별상을 내지 말아야 할 것을 가리킨 것이면서, 나아가서 분별상은 공인 까닭에 그에 대하여 집착하지 말 것을 강조한 경우에 해당한다. 가령 "사대가 본래자신이고 육진에 투영된 그림자가 자기의 본래마음인 줄로 잘못 인식하는 것과 같다."[78]는 말처럼 신9身)은 마치 허깨

---

76) 元曉, 『金剛三昧經論』 卷上, (韓國佛教全書1, p.611上-中)

77) 鳩摩羅什 譯, 『金剛般若波羅蜜經』, (大正新脩大藏經8, p.749上) "所有一切衆生之類 若卵生若胎生若濕生若化生 若有色若無色 若有想若無想 若非有想非無想 我皆令入無餘涅槃而滅度之 如是滅度無量無數無邊衆生 實無衆生得滅度者 何以故 須菩提 若菩薩有我相人相衆生相壽者相 卽非菩薩" 이 대목은 보살이 중생에 대한 분별상을 지녀서는 안된다는 내용을 이루러져 있다.

78) 『大方廣圓覺修多羅了義經』, (大正新脩大藏經17, p.913中) "妄認四大爲自身相 六塵緣影爲自心相"

비와 같고 물거품과 같아서 연을 만나면 형성되지만 연이 다하면 곧 사라지고, 심(心)은 마치 석화(石火)와 같아서 찰나도 머물지 않지만 일념에 요달하면 그 당체는 공적하기 때문이다. 이것은 심(心)과 아(我)는 연기된 결과이기 때문에 허망하다는 것을 말한 것이다.

이에 대하여 원효는 정관행(正觀行)에 분별상이 없음을 설명한 것으로 간주하고, 아울러 여기에서 시리(始利)의 능취(能取)는 시각(始覺)의 뜻이고, 본리(本利)의 공적심(空寂心)은 본각(本覺)의 뜻이라고 말한다.[79] 이에 만약 중생심의 자성이 본래 공적하여 수(修)·증(證)할 필요가 없음을 이해하였음에도 불구하고 현실적으로는 그렇지 못하고, 몸과 마음에 대한 집착이 현전한다면 세존은 어떤 법을 개시하여 그들을 일깨워 그 결박에서 벗어나게 해주는가를 묻는다.[80] 이에 대한 수행법으로 제시된 것은 다음

---

79) 元曉, 『金剛三昧經論』 卷上, (韓國佛敎全書1, pp.611中-612上) 정관행으로 所取와 能取를 벗어나도록 하기 때문이라는 것이다. 곧 소취를 벗어난다는 것은 일체의 인상과 아상을 벗어나는 것으로 遣離와 泯離가 있는데, 견리는 이전에 집착한 분별상을 지금 없애는 것으로 '저 중생들에게도 모두 心과 我를 벗어나도록 해야 한다.'는 것이고, 민리는 이전에 집착한 분별상이 본래 공한 것으로 '일체의 심과 아는 본래 공적하기 때문이다.'는 것이다. 능취를 벗어난다는 것은 일체의 능취하는 분별을 벗어나는 것으로 本離와 始離가 있는데, 본리란 심과 아가 본래 공한 줄을 터득할 경우 바로 본각의 공적한 심을 터득하는 것으로 '만약 공한 심을 터득하면 그 심은 幻도 아니고 化도 아니다.'는 것이고, 시리란 본각의 공적심을 터득할 경우 능취하는 분별이 다시는 생겨나지 않는 것으로 '환도 없고 화도 없어 곧 무생을 터득한다.'는 것이다.

80) 『金剛三昧經』 「無相法品」, (大正新脩大藏經9, p.366中) "해탈보살이 부처님께 사뢰어 여쭈었다. 존자이시여, 일체중생에게 我가 있거나 心이 있으면 어떤 법으로 중생을 일깨워 그 결박에서 벗어나도록 해야 합니까. 解脫菩薩 而白佛言 尊者 一切眾生 若有我者 若有心者 以何法覺 令彼眾生 出離斯縛"

과 같다.

> 아(我)가 있는 자에게는 십이인연을 관찰토록 하라. 십이인연은 본래 인(因)과 과(果)에서 도출된다. 그런데 인과 과가 일어나는 것도 마음의 작용[心行]에서 일어난다. 그러나 마음도 없는데 어찌 몸이 있겠는가. 그러므로 만약 아가 있으면 그 유견(有見)을 없애주고, 만약 아가 없으면 그 무견(無見)을 없애줘야 한다. 그래서 만약 마음이 발생하는 경우에는 멸성(滅性)으로 없애주고, 만약 마음이 소멸하는 것이라 한다면 생성(生性)으로 없애줘야 한다. 없애주는[滅] 것이야말로 곧 견성으로서 실제에 들어가는 것이다. 왜냐하면 본생(本生)은 불멸이고 불멸은 불생이기 때문이다. 불멸은 불생이고 불생은 불멸인데 일체의 법상도 또한 그와 같다.[81]

여기에서 실제(實際)를 터득함에 있어서 십이지인연의 관찰법이 제시된 것은 곧 심(心)과 아(我)가 본래 공적한 줄을 터득하도록 해주는 인연관(因緣觀)의 수행일 뿐만 아니라 심(心)과 아(我)에 대한 그 집착을 대치해주는 대치관(對治觀)의 수행이기도 하다.[82] 그런데 여기에 보인 십이지인연의 수행방식이 독특하다. 철저하게 대치관의 성격으로 제시되어 있다. 이와 같은 대치관의 모습은『단경』에서 혜능이 보여준 교화방식의 경우와 매우 흡사하다. 가령 36대법(對法)과 관련하여 혜능은 소위 십대제자를 불러놓고 다음과 같이 말했다.

---

81) 『金剛三昧經』「無相法品」, (大正新脩大藏經9, p.366中-下) “若有我者 令觀十二因緣 十二因緣本從因果 因果所起興於心行 心尙不有何況有身 若有我者令滅有見 若無我者令滅無見 若心生者令滅滅性 若心滅者 令滅生性 滅是見性 卽入實際 何以故 本生不滅本滅不生 不滅不生不生不滅 一切諸法亦復如是”

82) 仁山寂震, 『金剛三昧經通宗記』 卷2, (卍新續藏經35, p.271上) “此言對治方便以明實際” 이것은 아비달마불교시대의 선론 이후로 五停心觀에서 어리석음을 다스리는 대치관법으로 널리 제시되어온 것이기도 하다.

먼저 모름지기 삼과법문(三科法門), 동용(動用)의 삼십육대(三十六對), 출(出) . 몰(沒) 및 즉(卽) . 리(離)의 양변을 들어서 일체법을 설하는 경우에 결코 자성을 벗어나지 말라. 말하자면 누가 그대한테 교법을 물으면 언제나 상대적인 법을 내세워 모든 경우에 상대적인 입장에서[雙] 답변해야 한다. 그러면 오고 감이 서로 인유(因由)하여 구경에 상대적인 두 가지 법이 모두 사라져서 더이상 나아갈 것이 없다.[83]

여기에서 혜능이 무엇보다도 중요시한 것은 일체법을 설하는 경우에 결코 자성을 벗어나지 말라는 것이었다. 자성법문은 혜능의 법문을 일관하는 특징으로서 『단경』의 서두에서는 "보리의 자성은 본래 청정하다. 그러므로 무릇 그 청정한 마음을 활용한다면 곧바로 성불한다."[84]고 말하여 그 성격을 잘 보여주고 있다. 혜능은 이와 같은 방식을 모든 설법교화의 원칙으로 제시한다. 곧 36가지 상대법은 무정물의 경우 5대, 법상(法相)의 어언(語言)은 12대, 자성(自性)의 기용(起用)은 19대이다.[85]

혜능은 이와 같은 상대성을 잘 이해하면 모든 경법에 통달하기 때문에 출(出) · 입(入) 및 즉(卽) · 리(離)의 양변은 자성의 동용으로서 남과 더불어 이야기할 경우 밖으로는 상(相)에 대하여 상(相)을 벗어나고 안으로 공(空)에 대하여 공(空)을 벗어나야 한다고 말한다. 그런데 여기에

---

83) 『六祖大師法寶壇經』, (大正新脩大藏經48, p.350下) "先須擧三科法門 動用三十六對 出沒卽離兩邊 說一切法 莫離自性 忽有人問汝法 出語盡雙 皆取對法 來去相因 究竟二法盡除 更無去處"

84) 『六祖大師法寶壇經』, (大正新脩大藏經48, p.347下) "菩提自性 本來淸淨 但用此心 直了成佛"

85) 『六祖大師法寶壇經』, (大正新脩大藏經48, p.360中) 참조. 無情의 五對는 세간을 기준으로 형체를 지니고 있어 감각적으로 인식되는 것을 가리키고, 法相의 語言은 불법에서 말하는 제법의 상대적인 범주에 대한 것을 가리키며, 自性의 起用은 자성 그 자체가 그대로 二相으로 현현한 것을 기준하여 자성의 속성에 대한 것을 가리킨다.

서 자성에 바탕하지 못하여 그대로 상(相)에 집착한다면 곧 사견이 증장하고, 그대로 공(空)에 집착하면 곧 무명(無明)이 증장한다[86]고 지적한다.

> 만약 그대들이 지금 내가 가르쳐준 그대로 설법하고 그대로 수용하며 그대로 실천하고 그대로 작법할 줄 안다면 곧 본래의 종지를 상실하는 일은 없을 것이다. 만약 누가 그대들한테 교의(敎義)에 대하여 질문할 경우, 곧 유(有)에 대하여 물으면 무(無)를 가지고 응대하고 무(無)에 대하여 물으면 유(有)를 가지고 응대하며 범(凡)에 대하여 물으면 성(聖)을 가지고 응대하고 성(聖)에 대하여 물으면 범(凡)을 가지고 응대하라. 그러면 그 두 가지가 서로 인유(因由)하여 중도(中道)의 뜻이 발생한다.[87]

이에서 혜능은 마치 하나의 질문에 하나로써 응대하듯이 그 밖의 질문에 대해서도 동일하게 그처럼 응수해가면 곧 도리에서 벗어나는 일은 없을 것이라고 말한다. 여기에서 혜능이 말한 교의(敎義)의 뜻은 구체적으로는 중도실상(中道實相)의 뜻이고 진여(眞如)의 뜻으로서[88] 곧 36대법의 활용방식에 대하여 전체적으로 종합해서 말한 것으로 자성에 근거하여 중도의 뜻을 벗어나서는 안 된다는 것을 말한다.

그래서 누가 '무엇을 어둠이라 말하는가.' 라고 물으면

---

86) 曇無讖 譯, 『大般涅槃經』 卷36, (大正新脩大藏經12, p.580中) "若人信心無有智慧 是人則能增長無明 若有智慧無有信心 是人則能增長邪見" 참조.

87) 『六祖大師法寶壇經』, (大正新脩大藏經48, p.360下) "汝等若悟 依此說 依此用 依此行 依此作 卽不失本宗 若有人問汝義 問有將無對 問無將有對 問凡以聖對問聖以凡對 二道相因 生中道義" ; 『大智度論』 卷43, (大正新脩大藏經25, p.370上) "復次 常是一邊 斷滅是一邊 離是二邊行中道 是爲般若波羅蜜" 참조.

88) 鳩摩羅什 譯, 『金剛般若波羅蜜經』, (大正新脩大藏經8, p.751上) "如來者 卽諸法如義" 참조.

'밝음은 인(因)이고 어둠은 연(緣)으로서 밝음이 사라지면 곧 어둠이다.'고 답변해주듯이 밝음으로 어둠을 드러내고 어둠으로 밝음을 드러내면 오고 감이 서로 인유하여 중도의 뜻이 성립된다고 말한다. 이로써 혜능의 36대법을 통하여 중도의 뜻을 현실에서 구현하는 방식을 구체적으로 드러냄과 더불어 중도의 성격을 무집착의 활달한 선기로 승화시켜 주었다.

이처럼 십이지인연의 관찰은 연기법칙의 관찰에 대한 좋은 일례이다. 이에 대하여 원효는 다음과 같이 말한다.

> 이승인의 경우 마음에 법집이 남아있어 생멸하는 무상한 마음이 있다고 간주한다. 그 때문에 생멸을 타파하여 존심(存心)에 대한 견해를 없애준다. 만약 존심이 발생하여 병이 되는 자에게는 위의 멸성(滅性)으로 타파해준다. 요컨대 저 멸성에 의거하여 지금 발생한다는 마음이 있기 때문이다.[89]

여기에서 업을 연(緣)하는 것은 인(因)이고 보(報)를 받는 것은 과(果)이다. 이와 같이 인 · 과는 모두 무명 때문에 깨치지 못하여 허망한 마음으로 취·사를 말미암은 것으로 유아에 집착하는 범부에 대하여 타파해준 것인데, 곧 아견이 있는 사람의 경우에는 십이지연기를 관찰하도록 한 것이다. 그러나 그 인 · 연도 무생인데 더군다나 마음을 말미암아 허망하게 발생한 것이기 때문에 만약 마음에 생 · 멸이라는 견해가 있는 경우에 그 허망한 마음을 소멸시

---

89) 元曉, 『金剛三昧經論』 卷上, (韓國佛教全書1, p.613中) "二乘人等法執存心 計有生滅無常之心 故破生滅滅存心見 若存心生而成病者破前滅性 要依彼滅存今生故"

켜주려는 것이다.

그런 까닭에 만약 법이 생겨난다 또는 법이 소멸한다는 분별견해가 발생하는 경우에 대하여 경전에서는 "법은 생겨난다고 보는 경우에는 무견(無見)으로 없애주고, 법은 소멸한다고 보는 경우에는 유견(有見)으로 없애줘야 한다. 이에 법에 대한 생견과 멸견이 사라지면 법의 진무(眞無)를 터득하여 결정성에 들어가 결정무생이 된다."[90]고 답변한 것이다. 여기에서 십이지연기의 관찰이야말로 분별이 공한 줄 터득하는 무상(無相)의 수행방식으로 제시되어 있음을 보여주고 있다.

3. 무집착의 수행과 여래장의 무생(無生)

위의 십이지연기를 관찰하는 대목에서는 십이지연기의 도리를 관찰하는 수행으로 양변을 벗어난 무분별의 수행이 설명되었다. 그런데 바로 어설프게 관행을 수학한 자가 의언분별(意言分別)로 심법의 무생을 관찰하고 산란심을 섭수하여 무생의 경계에 머물러서 '이것이야말로 진정한 무생이다.'고 간주하고, 나중에 출정해서는 증상만을 일으켜서 '나는 이미 무생법인(無生法忍)[91]을 터득하였다.'고 생각하는 경우가 있다. 진정한 무생법인 경문에서는 본생이 되고 불생이 되어 마음이 늘상 공적하다고 말한다.

---

90) 『金剛三昧經』「無相法品」, (大正新脩大藏經9, p.366中-下) "菩薩若有衆生 見法生時令滅無見 見法滅時令滅有見 若滅是見得法眞 無入決定性決定無生"

91) 無生法忍에는 무생의 법리에 안주하는 不動心을 가리키는데, 『金剛三昧經』의 이 대목에서는 제칠지부터 제구지에까지 해당하는 경우로서 제법이 무생하는 도리에 悟入하는 位를 가리킨다.

이런 까닭에 이하의 「무생법품」에서는 다시 무상(無相)에 이어서 진정한 무생(無生) 곧 무집착의 수행에 대하여 제시해준다. 무집착의 경계인 무생에 머무는 것은 곧 무생이라는 분별심이 발생한 경우에 해당하지만, 만약 마음이 무생의 경계에 머물지 않으면 모든 분별을 벗어난 것으로 그것이 곧 무생법인이라는 것이다. 이에 경문에서는 해탈보살에게 다음과 같이 말한다.

> 보살이여, 그렇다고 만약 무생이 발생한다면 그것은 생멸의 발생이다. 생멸이 모두 소멸되면 본생이 되고 불생이 되어 마음이 항상 공적하다. 공적한 무주야말로 마음에 집착이 없는데 이것이 무생이다.[92)]

이로써 진정한 무생의 마음에 해당하는 공적한 무주의 경지에 대하여 그 마음에 나고[出] · 듦[入]이 없는 본각의 여래장으로서 그 자성이 적연부동(寂然不動)하다는 것을 제시해준다. 그래서 여래장의 적연부동한 자성의 질문에 대하여 "여래장이 생멸려지(生滅慮知)의 모습이 되어 여래장의 도리가 감추어진 채 드러나지 않고 있는 그것이 여래장의 적연부동한 자성이다."[93)]고 답변한다. 무생심의 경우 안에도 없고 바깥에도 없는 본래의 여래장을 말미암는데도 불구하고 사람들이 그것을 모르고 전도를 반연하여 내 · 외 및 유 · 무 등의 견해를 일으키는 까닭에 여래장의 속성에 대하여 설명을 한다.

---

92) 『金剛三昧經』「無相法品」, (大正新脩大藏經9, p.366下) "菩薩 若生無生 以生滅生 生滅俱滅 本生不生 心常空寂 空寂無住 心無有住 乃是無生"

93) 『金剛三昧經』「無相法品」, (大正新脩大藏經9, p.366下) "如來藏者 生滅慮知相 隱理不顯 是如來藏 性寂不動"

이런 까닭에 해탈보살은 중생의 심성은 본래 공적하여 심체에는 색(色)과 상(相)이 없다면 어떻게 수습해야 본래 공적한 심을 터득할 수 있는가에 대하여 묻는다.94) 곧 중생의 심성은 본래 공적하지만 무시이래로 망념을 움직여 유전하는데 어떤 방법으로 수행해야 그 본래심을 터득할 수 있겠느냐는 것이다. 여기에서 말한 중생심은 『능가경』에서 말한 "적멸이란 일심을 말한다. 일심이란 여래장을 말한다."95)는 것에 해당한다. 그에 대한 구체적인 수행론은 다음과 같이 제시되어 있다.

> 보살이여, 일체의 심(心)과 상(相)에 본래 근본이 없고 본래 본처가 없어서 공적하고 무생이다. 이에 심을 무생케 하면 곧 공적에 들어간다. 왜냐하면 공적한 심지야말로 곧 심공(心空)이기 때문이다. 선남자여, 무상(無相)한 심에는 심(心)도 없고 아(我)도 없다. 일체의 법상도 또한 이와 같다.96)

이것은 공적한 심지야말로 모든 중생이 본래부터 유전하여 항상 유상에 집착할지라도 이 공적문을 추구하고 관찰함으로써 본래의 공적한 심을 터득할 수 있기 때문이다. 그러므로 『금강삼매경』에서는 일체중생이 아(我) 및 심(心)의 결박에서 벗어나는 방법은 두 가지로 설명을 한다. 먼저 아(我)에 대해서는 "아(我)가 있는 자에게는 십이인연을 관찰토록 하라."97)고 말한다. 그런데 여기에도 다시

---

94) 『金剛三昧經』「無相法品」, (大正新脩大藏經9, p.366中) 내용 요약.

95) 『入楞伽經』 卷1, (大正新脩大藏經16, p.519上) "寂滅者名爲一心 一心者名爲如來藏"

96) 『金剛三昧經』「無相法品」, (大正新脩大藏經8, p.366中) "菩薩一切心相本來無本 本無本處空寂無生 若心無生卽入空寂 空寂心地卽得心空 善男子 無相之心無心無我 一切法相亦復如是"

97) 『金剛三昧經』「無相法品」, (大正新脩大藏經8, p.366中) "若有我者

무작연생(無作緣生)을 관찰하는 것으로 작자(作者)에 대한 집착을 대치하는 방식이 있다. 마치 '이것이 있으므로 저것이 있다.'고 설하는 경우와 같다. 또한 무상연생(無常緣生)을 관찰하는 것으로 상주(常住)에 대한 집착을 대치하는 방식이 있다. 마치 '이것이 생겨나므로 저것이 생겨난다.'고 설하는 경우와 같다. 아(我)에 대한 집착이 남아있는 것은 작자와 상주가 근본이 된다. 그 근본이 없어지기 때문에 모든 지말도 따라서 멸한다.

이에 대하여 원징은 "아공의 심안을 터득하면 생·멸을 원만하게 비추어보고, 법공의 몸을 터득하면 사·려에 걸림이 없다. 대저 공적한 법을 닦는 것이란 삼계의 유위법에 의지하지 않고, 소승의 유위계를 수지하지 않는 것이다. 또한 청정한 자성의 증득이란 욕(欲)·념(念)이 없고, 섭수함도 없으며, 방탕(放蕩)도 없고, 초연하고 자재하여 금강과 동등한 것을 말한다."[98]고 말한다. 이에 연려(緣慮)에 수순하면 곧 생·멸이 완연하지만, 진리에 수순하면 곧 자심(自心)이 불가득인 줄을 요해한다. 중생은 허망한 것을 자기라고 간주하기 때문에 곧 모든 망념이 발생한다. 내지 천만 가지 사·려가 모두 생멸이 된다.

그러므로 『능엄경』에서 말한 "자심으로 자심을 터득하고자 하면 환(幻) 아닌 것마저 환법(幻法)이 되고 만다."[99]

令觀十二因緣"

98) 圓澄, 『金剛三昧經註解』「無相法品」, (卍新續藏經35, p.224下) "得心空眼<得空心眼?> 能圓鑒生滅 得法空心<得法空身?> 則不礙思慮 夫脩空法者 不依三界有為之法 不持小乘有為之戒 證得清淨自性 則無欲無念 無有攝心 無有放蕩 超然自在 等於金剛"

99) 『首楞嚴經』卷5, (大正新脩大藏經19, p.124下) "自心取自心 非幻成幻法"

는 것은 모두 마음이 대상[事]을 따라 그것에 부림을 당한 까닭이라는 것이다. 중생은 대상[事]을 따르므로 곧 안으로 사 · 려가 일어나고 밖으로 생 · 멸이 성취된다. 그러나 보살은 이(理)를 관찰하므로 곧 안으로 사 · 려가 사라지고 밖으로 생 · 멸이 없어진다. 곧 여실하여 안팎으로 사 · 려와 생 · 멸이 일어나지 않아 곧 제식이 안적하고 유주(流注, 번뇌)가 발생하지 않는데, 이 경우에 제식은 곧 사 · 려이고 유주는 곧 생 · 멸로서 사(思)는 곧 의식(意識)이고 려(慮)는 곧 식식(識識)이기 때문이다.

그러므로 곧 사 · 려의 팔식도 생 · 멸의 유주로서 곧 오식임을 알고나면 그 오식은 팔식과 마찬가지로 세간과 출세간의 생멸종자가 모두 포함된다. 그 때문에 내 · 외로 생멸이 일어나지 않아서 어떤 모습도 형상이 없다. 그러므로 오법[100]이 청정함을 터득한다. 바로 경문의 "보살이여, 망상은 본래 불생이므로 멈출[息] 망상이 없다. 심에 망심이 없는 줄 알면 없앨[止] 망심도 없다. 그래서 나뉨도 없고[無分] 차별도 없어[無別] 현식(現識)이 불생이다. 없어

100) 오법은 제법의 자성을 분별한 것으로 이 경우에는 相名五法 또는 三性五法이라 말한다. 첫째, 相은 삼라만상의 유위법으로서 각자 인연으로 발생하여 각종 相狀을 드러내는 것이다. 둘째, 名은 相과 마찬가지로 인연에 의하여 호칭되는 相으로서 낱낱의 명칭이 발생된 것이다. 대체적으로 相은 所詮에 해당되고 名은 能詮에 해당된다. 相과 名은 범부의 유루심으로 말미암아 변현된 所變境이다. 셋째, 分別은 妄想이라고도 한다. 소변의 二相 곧 名과 相을 분별하는 능변심이다. 이상 셋은 유루심 차원의 능변과 소변이다. 넷째, 正智는 無漏心과 일체망상이 뒤섞여 있다. 이상 넷은 유위법과 무위법 및 유루와 무루를 차별한 것이다. 다섯째, 如如는 正智를 말미암아 증득하는 진여와 如理智를 말미암아 증득하는 진여이므로 如如라 말하는데, 이것은 무위법이다. 이 다섯 가지는 유위와 무위의 일체법을 該收하여 一事도 남겨두지 않는다.

질[止] 망상의 발생이 없으므로 곧 없앨 것[止]도 없고, 또한 없애지 않음[無止]도 없다. 왜냐하면 없앨 것이 없다[無止]는 것마저도 없애야[止] 하기 때문이다."101)는 대목은 이를 말해주고 있다. 이와 관련하여 원징은 다음과 같이 말한다.

> 심(心)이 없으면 곧 안으로 사 · 려가 일어나지 않고, 망(妄)이 없으면 곧 밖으로 생 · 멸에 집착하지 않으며, 망이 없으면 곧 밖으로 생 · 멸에 집착하지 않고, 사 · 려가 일어나지 않으면 곧 분별이 없으며, 생 · 멸에 집착하지 않으면 곧 현식이 불생한다. 내 · 외가 이미 그와 같으면 곧 생 · 멸과 사 · 려가 없어서 그치려고[止] 해도 그칠[止] 것이 없는데 그것은 곧 본래부터 그칠 것[止]이 없는 그침[止]이지 유(有)를 인하여 무(無)를 드러내는 그침[止]이 아니다. 왜냐하면 그칠[止] 것이 없는 것마저도 그쳐야[止] 하기 때문이다.102)

이로써 마음이 무생이므로 반드시 무주(無住)에 의거하여 주(住)해야 한다. 안으로는 사 · 려의 마음에도 주(住)하지 않고, 밖으로는 생 · 멸의 법에도 주(住)함이 없이 주(住)해야 한다. 이에 대하여 적진(訴震)은 청정하여 무념한 공적심의 부동한 경지에는 반드시 육바라밀이 구비되어 있다고 말한다.

> 이것은 공적한 법에 육바라밀이 구비되어 있음을 설명한 것이다. …… 다만 자성의 일심 가운데 있다. 만약 이것이 일체삼보(一體三寶)임을 믿는다면 곧 공적한 마음이 부동한 경지를 터득하여 육바라밀을 구비

---

101) 『金剛三昧經』 「無相法品」, (大正新脩大藏經9, pp.366下-367上) "菩薩 妄本不生 無妄可息 知心無心 無心可止 無分無別 現識不生 無生可止 是則無止 亦非無止"

102) 圓澄, 『金剛三昧經註解』 卷1, (卍新續藏經35, p.224上-中) "無心則內不起思慮 無妄則外不著生滅 不起思慮則無分別 不著生滅則現識不生 內外既如則無生滅思慮 可止無可止即是無止之止 非因有顯無之止 若因有顯無則非無止 何以故 止無止故"

하게 된다.[103]

이와 같은 십이지연기의 관찰을 통한 무분별심의 터득과 적연부동한 무주의 경지인 본각의 여래장을 이해함으로써 집착이 없는 무생의 수행방식을 터득하게 된다. 그럼에도 불구하고 외도 · 이승의 경우는 유공심(有空心)을 가지고 추구하는 까닭에 실제로부터 벗어나 있지만, 대승보살의 경우는 이 청정심(淸淨心)에 본래 삼보를 구족하고 있어서 자성을 깨치는 것이 곧 불보(佛寶)이고, 만유를 원만하게 비추어보는 것이 곧 법보(法寶)이며, 공 · 유가 불이한 것이 곧 승보(僧寶)임을 이해하여 실제에 진입한다. 그것은 본래 일심이 방탕하지 않고 일심이 부동한 것으로서 이미 그 속에 육바라밀을 구족하고 있기 때문이다. 그 때문에 공적한 무주에 해당하는 여래장의 적연부동한 경지를 터득하기 위하여 반드시 육바라밀의 실천을 수행할 것을 말한다.

4. 분별·집착의 초월과 육바라밀의 무위(無爲)

『금강삼매경』에서 육바라밀은 곧 해탈일 뿐만 아니라 또한 열반으로 드러나 있다. 그것은 곧 육바라밀의 수행에는 전혀 기(起) · 동(動)도 없고 또 산(散) · 란(亂)도 없기 때문이다. 그래서 원효는 다음과 같이 말한다.

---

103) 仁山寂震, 『金剛三昧經通宗記』 卷2, (卍新續藏經35, p.277中-下) “此明空法具攝六度 …… 只在自性一心之中也 若信此一體三寶 即得空心不動 具六波羅蜜”

이쯤에서 육바라밀과 해탈과 열반은 처음 초지로부터 시작하여 마침내 불지에 이르게 된다. 여기에서 말한 열반이란 사종열반 가운데 본래자성청정열반을 가리킨다. 바로 이것은 불가사의해탈로서 자재하여 걸림이 없다는 뜻이다.104)

이로써 보살에게 관행이 성취될 경우 저절로 관심을 알아 순리로 수행하되 발생하는 유생의 심도 없고 무생의 심도 없으며 또한 유행도 없고 또한 무행도 없다. 다만 증익변(增益邊)을 떠나기 위하여 무생이라 가설한 것으로서 유생에 대해서도 마음을 발생하지 않고 무생에 대해서도 마음을 발생하지 않는다. 그리고 손감변(損減邊)을 떠나기 위하여 또한 유생을 가설한 것으로서 비록 유행의 행은 없을지라도 무행의 행까지 없는 것은 아니다.

그래서 「무생행품」에서 말하는 무생법인은 법이 본래 무생하다는 것이다. 제행이 무생이지만 무생이라는 행이 없어야 한다. 그러므로 무생법인을 터득한다는 것도 곧 허망이다.105) 달리 진여불성 곧 법성에 의거하여 설하므로 보리라고 말하는 것이고, 증득하여 보기 때문에 보리를 터득했다고 말하는 것이다. 무생이란 무생행으로 능증과 능득이 없음을 말한 것이다. 이에 『금강삼매경』에서는 이 무생을 터득하기 위한 방식을 좌선으로 내세운다.

보살이여, 좌선은 곧 좌선을 한다고 말하면 곧 움직임[動]이 된다. 그래서 움직임[動]도 아니고 고요함[禪]도 아니어야 곧 무생선이다. 좌선의 자성은 무생으로서 유생을 떠나 있는 것이 좌선의 모습이다. 좌선

---

104) 元曉, 『金剛三昧經論』 卷上, (韓國佛教全書1, p.620上-中) "此中六度解脫涅槃 始從初地乃至佛地 言涅槃者 四種之中卽是本來淸淨涅槃正是不可思議解脫 依其自在無障礙義"

105) 졸고, 『金剛三昧經論』의 선수행론 고찰, 『佛教學報』 제58집. (동국대 불교문화연구원. 2011.4) p.113.

> 의 자성은 무주로서 집착을 떠나 있는 것이 좌선의 작동이다. 좌선의 자성에는 동과 정이 없음을 아는 것이 곧 무생법인의 터득이다. 무생법인의 반야도 역시 집착에 의지하지 않고, 무생법인의 마음도 역시 움직임에 의지하지 않는다. 좌선은 바로 이러한 지혜이기 때문에 무생법인의 반야바라밀을 터득한다.[106)]

이리하여 원효는 망상이 공적한 법을 닦는 자는 보시바라밀을 갖추어 삼계에 의지하지 않고, 지계바라밀을 갖추는 자는 계상(戒相)에 집착하지 않으며, 인욕바라밀을 갖추는 자는 청정하여 무념(無念)하고, 정진바라밀을 갖추는 자는 섭수함도 없고 방기(放棄)함도 없으며, 선정바라밀을 갖추는 자의 성품은 금강과 같고, 반야바라밀을 갖추는 자는 삼보를 저버리지 않는다고 말한다.[107)] 육바라밀을 수행하는 근거에 대하여 경문에서는 다음과 같이 말한다.

> 공적한 법을 닦는 자는 삼계에 의지하지 않고, 계상에 집착하지 않으며, 청정하여 무념하고, 섭수함도 없고, 방기함도 없으며, 성품은 금강과 같고, 삼보를 저버리지 않는다. 이와 같이 공적심의 부동경지에서 육바라밀을 구비한다.[108)]

이것으로 보면 육바라밀의 수행은 무주(無住)·무생(無生)·불심(不心)·불법(不法)의 가르침으로서 십이지연기의 관찰을 통한 분별의 초월과 더불어 무생행의 적연부

---

106) 『金剛三昧經』「無生行品」, (大正新脩大藏經9, p.368上) "菩薩禪卽是動 不動不禪是無生禪 禪性無生 離生禪相 禪性無住 離住禪動 若知禪性無有動靜 卽得無生 無生般若 亦不依住 心亦不動 以是智故 故得無生般若波羅蜜"

107) 元曉, 『金剛三昧經論』卷上, (韓國佛教全書1, p.620中)

108) 『金剛三昧經』「無相法品」, (大正新脩大藏經9, p.367上) "修空法者不依三界 不住戒相 淸淨無念 無攝無放 性等金剛 不壞三寶 空心不動具六波羅蜜"

동한 여래장의 이해를 통한 집착의 원리(遠離)에 대한 실천으로 제시되어 있다. 경문에서는 육바라밀에 대하여 무상(無相)이고 무위(無爲)로 간주하여 곧 해탈이고 열반임을 말한다.

> 선남자여, 이 육바라밀이야말로 모두 본각의 이익을 획득하는 것이고, 결정성에 들어가는 것이며, 출세에 초연하는 것이고, 걸림이 없는 해탈이다. 선남자여, 이와 같이 해탈의 법상은 전혀 상(相)도 없고 행(行)도 없으며, 또한 해(解)도 없고 불해(不解)도 없으므로 해탈이라 말한다. 왜냐하면 해탈의 모습은 무상(無相)이고 무행(無行)이며 무동(無動)하고 무란(無亂)하여 적정한 열반이지만, 또한 열반의 모습에도 집착하지 않기 때문이다.[109]

이에 대하여 경문에서는 육바라밀에 대하여 낱낱이 설명을 붙여서 보다 구체적으로 설명을 한다.

> 이욕(離欲)의 경지에 잘 들어가서 마음이 항상 청정하고, 실어(實語)로 방편을 삼으며, 본각의 이익으로 사람을 이롭게 하기 때문이다. 이것이 곧 보시바라밀이다."[110]

보시바라밀에 대해서는 일체중생이 지니고 있는 유일의 본각을 통하여 모든 중생으로 하여금 일각에 함께 돌아가도록 하는 출세간의 바라밀이라는 것이다. 곧 심(心)이 무생임을 알아서 유위와 무위의 둘에 집착이 없으므로 곧 바라밀이다. 왜냐하면 유위와 무위는 모두 집착하지 말아야

---

109) 『金剛三昧經』, 「無相法品」, (大正新脩大藏經9, p.367上-中) "我所說六波羅蜜者 無相無為 …… 善男子 是六波羅蜜者 皆獲本利 入決定性 超然出世 無礙解脫 善男子 如是解脫法相 皆無相行 亦無解不解 是名解脫 何以故 解脫之相 無相無行 無動無亂 寂靜涅槃 亦不取涅槃相"

110) 『金剛三昧經』「無相法品」, (大正新脩大藏經9, p.367上) "善入離欲心常清淨 實語方便 本利利人 是檀波羅蜜"

하는 줄 알면 그대로 이욕(離欲)의 경지에 들어가기 때문이다.

이와 같이 유위에 집착하지 않으면 심(心)이 항상 청정하고, 무위에 집착하지 않으면 유위와 무위의 둘에 이미 집착이 없어진다. 그러면 곧 중도에 초연하여 중도를 증득한다. 그 때문에 실제이지(實際理地)에는 일진(一塵)도 받을 것이 없고 불사문중(佛事門中)에는 이럽ㅂ(一法)도 집착할 것이 없는[111] 줄을 잘 이해하여 반드시 실리(實利)를 베풀어야 할 처지에서는 실제를 설하고 권리(權利)를 베풀어야 할 처지에서는 방편을 설한다. 그 실제와 방편의 둘은 모두 본각 가운데 본래부터 구비되어 있는 리(利)이다. 또한 무리(無利)로써 리(利)를 삼는데 그것이 곧 본각리이다.[112] 이것은 곧 위의 경문에서 말한 교화한다는 분별상이 없어야 하고 교화하지 않았다는 분별상도 없어야 그 교화가 훌륭하다는 것이기도 하다.

> 지념(至念)이 견고하고, 마음은 늘상 머묾이 없으며, 청정하여 염오되지 않고, 삼계에 집착이 없다. 이것이 곧 지계바라밀이다.[113]

이것은 범부와 성인의 계상(戒相)에 집착함이 없음을 설명한 것으로, 계는 그릇된 것을 막고 악을 그치는 것으로 지(志) · 념(念)이 견고하여 세간법에 침해받지 않고 심

---

111) 『龍舒增廣淨土文』 卷11, (大正新脩大藏經47, p.284上) ; 『宗鏡錄』 卷51, (大正新脩大藏經48, p.720中)

112) 圓澄, 『金剛三昧經註解』 卷1, (卍新續藏經35, p.224下) "是二者 皆本覺中 本具之利也 又以無利為利 是為本利"

113) 『金剛三昧經』 「無相法品」, (大正新脩大藏經9, p.367上) "至念堅固 心常無住 清淨無染 不著三界 是尸波羅蜜"

(心)이 선 · 악에 집착하지 않는 것이다. 집착이 없으므로 청정하고, 청정하므로 유위에 염착하는 범부와 같지 않고 무위에 염착하는 이승과도 같지 않다. 범부는 유위에 염착하여 곧 삼계를 벗어나지 못하고, 이승은 무위에 염착하여 곧 삼계에 들어오지 못한다. 그러나 보살은 심(心)이 중도에 계합되어 삼계에 집착하지도 않고 삼계를 벗어나지도 않아서 초연하게 자득(自得)한다.114)

> 공을 닦아 번뇌[結使]를 단제하고, 제유(諸有)에 의지하지 않으며, 적정한 삼업으로 몸과 마음에 집착이 없다. 이것이 곧 인욕바라밀이다.115)

이것은 공의 도리에 안착하여 번뇌를 단제하고, 삼업이 적정해져 몸과 마음의 집착이 없어진 무생법인(無生法忍)의 뜻을 가리킨다.116) 삼승문에서 닦는 인욕은 신(身) · 심(心)이 아직 공하지 못하지만, 대승문에서 닦는 인욕은 근본번뇌가 이미 타파되어 제유(諸有)에 의지함이 없어서 안으로 능인(能忍)의 신(身) · 심(心)에 집착이 없고, 밖으로 소대(所對)의 삼업을 잊음을 가리킨다.

> 명칭[名]과 법수[數]를 멀리 떠나고, 공견과 유견을 단제하며, 오음의 공에 깊이 들어간다. 이것이 곧 정진바라밀이다.117)

---

114) 圓澄, 『金剛三昧經註解』 卷1, (卍新續藏經35, p.224下)

115) 『金剛三昧經』 「無相法品」, (大正新脩大藏經9, p.367上) "修空斷結 不依諸有 寂靜三業 不住身心 是羼提波羅蜜"

116) 元曉, 『金剛三昧經論』 卷上, (韓國佛教全書1, p.621上) "上二句者 安空理離有結 下二句者靜三業泯身心 皆是無生法忍之義 卽是上言淸淨無念"

117) 『金剛三昧經』 「無相法品」, (大正新脩大藏經9, p.367上) "遠離名數 斷空有見 深入陰空 是毗梨耶波羅蜜"

여기에서 공에 들어간다는 말은 정진한다는 뜻인데, 해태를 버리고 정진을 닦는다는 것이 곧 망상일 뿐이라는 것을 가리킨다. 달리 명칭[名]과 법수[數]를 멀리 벗어나서 공(空) · 유(有)가 모두 사라지고 오음은 실유가 아님을 알아서 정진도 없고 정진 아님도 없는 것이 곧 정진의 진정한 뜻임을 말하다.[118]

> 공적을 모두 떠났으면서도 모든 공에 집착이 없고, 마음이 무주의 경지에 처하여 대공에도 머물지 않는다.[119] 이것이 곧 선정바라밀이다.[120]

여기에서 대공이란 시방의 전체모습[大相]이 공한 것이다. 이것은 불법을 성취한 선정을 드러낸다. 몸에는 비록 기(起)와 작(作)이 있지만 마음은 적연부동한 것으로 시방의 모습이 공한 것을 대공이라 말한다. 이에 원징은 "소승의 경우처럼 동(動)을 버리고 정(靜)을 추구하며 유(有)를 타파하고 공(空)에 들어가는 것은 이변(二邊)이 상적(相敵)하는 것으로서 유위선이다. 그러나 대승의 경우처럼 공적하고 상리(尚離)하면 어떤 것이 기동에 집착하겠는가. 이처럼 공도 공에 집착하지 않고 선도 선이라는 분별상이

---

118) 圓澄, 『金剛三昧經註解』 卷1, (卍新續藏經35, p.224下) "捨懈怠而修精進 是名妄想 遠離名數 空有齊泯 了陰非有 非精進非不精進 是精進義"

119) 이 대목에 대하여 원효는 『金剛三昧經論』에서 "心處無 在大空"으로 경문과는 다르게 인용한다. 따라서 이에 대하여 "마음이 無의 경지에 있어 大空에 머문다."고 해석을 한다. 원효의 이와 같은 입장은 이승의 偏空에 상대하는 보살의 大空을 간주한 것으로 보인다.

120) 『金剛三昧經』 「無相法品」, (大正新脩大藏經9, p.367上) "具離空寂 不住諸空 心處無住 不住大空 是禪波羅蜜"

없는 것이 곧 무위선이다."[121]라고 말한다. 그 때문에 법성은 늘상 정(定)이고 체(體)에는 동란(動亂)이 없는 줄을 아는 까닭에 선나(禪那)를 닦는다.

> 마음에 마음이라는 분별상이 없어서 허공처럼 집착하지 않고 제행도 발생하지 않으며 적멸도 증득하지 않는다. 또 마음에 출입이 없어서 자성은 평등하고 제법은 실제로서 모두 결정성이다. 이처럼 제지(諸地)에 의지하지 않고 지혜에도 머물지 않는다. 이것이 곧 반야바라밀이다.[122]

범부의 경우는 마음에 분별상이 있어서 혹 제유에 집착하기도 하고, 혹 공·유를 모두 벗어났어도 적멸에 집착한다. 그러나 대승의 경우는 심·법이 모두 공적한 줄을 요달하여 취·사가 없고 출·입도 없는 평등실제에서 근본을 선달(善達)하여 결정코 미혹이 없어 밖으로 깨침에도 집착이 없다. 그 때문에 제지(諸地)에 의지함이 없어 안으로 자심(自心)에도 집착이 없으므로 지혜에도 집착이 없다.

여기에서 반야바라밀은 모든 공덕을 두루 지니고 모든 법을 빠짐없이 담고 있어서 원융하고 불이하여 불가사의한 것으로 대신주이고 대명주이며 무상주이고 무등등주이다. 이에 대하여 원효는 "바라밀을 분별하면 두 가지 바라밀이 있다. 곧 등각위에서는 만행의 피안에 도달하는 바라밀이고, 묘각위에서는 만덕의 피안에 도달하는 바라밀이다

---

121) 圓澄, 『金剛三昧經註解』 卷1, (卍新續藏經35, pp.224下-225上) "小乘捨動求靜 破有入空 二邊相敵 是有為禪 大乘空寂尚離 誰住起動 空不住空 禪非禪相 是無為禪"

122) 『金剛三昧經』 「無相法品」, (大正新脩大藏經9, p.367上) "心無心相 不取虛空 諸行不生 不證寂滅 心無出入 性常平等 諸法實際 皆決定性 不依諸地 不住智慧 是般若波羅蜜"

."[123]고 말한다.

바로 선정바라밀의 내용은 구체적으로는 대공(大空)의 터득이다. 대공(大空)은 소승의 편공(偏空)에 상대되는 말로서 대승구경의 공적을 말한다. 공(空)도 또한 공(空)이다는 것이 구경의 대공이다. 곧 대승의 열반을 가리킨다. 이에 대공의 성취는 반야바라밀인데 반야바라밀은 열반이고 열반은 해탈로서 반야와 열반과 해탈이 서로 통하는 모습이다.[124] 이에 『금강삼매경』에는 육바라밀이 다음과 같이 설정되어 있다.

> 선남자여, 이 육바라밀이야말로 모두 본각의 이익을 획득하는 것이고 결정성에 들어가는 것이며 출세를 초연하는 것이고 걸림이 없는 해탈이다. 선남자여, 이와 같이 해탈의 법상은 전혀 상(相)도 없고 행(行)도 없으며, 또한 해(解)도 없고 불해(不解)도 없으므로 해탈이라 말한다. 왜냐하면 해탈의 모습은 무상(無相)이고 무행(無行)이며 무동(無動)하고 무란(無亂)하여 적정한 열반이지만 또한 열반의 모습에도 집착하지 않기 때문이다.[125]

이 경우 반야바라밀은 텅빈 마음의 공성에 집착하지 않는 증도(證道)의 지혜이고, 일체행이 본래 발생이 아님을 통달하여 무생에 집착하지 않고 늘상 밖으로 교화하는 교도(敎道)의 지혜를 가리킨다. 그리고 이 경우의 열반은 사

---

123) 元曉, 『金剛三昧經論』 卷下, (韓國佛敎全書1, p.656中) "別而言之 有二種到 在等覺位到萬行之彼岸故 在妙覺時到萬德之彼岸故"

124) 육바라밀은 곧 해탈이고 해탈은 곧 열반임을 설명하는 대목으로서 조사선의 가풍에서 수행과 증득과 열반의 세 가지가 동일함을 논한 것이기도 하다.

125) 『金剛三昧經』「無相法品」, (大正新脩大藏經9, p.367上) "善男子 是六波羅密者 皆獲本利 入決定性 超然出世 無礙解脫 善男子 如是解脫法相 皆無相行 亦無解不解 是名解脫 何以故 解脫之相 無相無行 無動無亂 寂靜涅槃 亦不取涅槃相"

종열반 가운데 본래청정열반을 가리킨다. 이 경우의 해탈은 법신(法身)·반야(般若)·해탈(解脫)의 열반삼덕이 하나로서 해탈을 가리킨다. 육바라밀의 수행과 법신·반야·해탈의 덕은 초지에서 이미 터득되지만 이에 묘각위에 이르러 구경원만해지기 때문에 해탈이 그대로 열반이다.

이런 점에서 육바라밀은 곧 출세간의 것으로 세간의 유상·유위와 같지 않다. 그렇지만 그것이 중생세간에서 실현되기 위해서는 세간적인 유상·유위에 걸맞는 가르침으로 제시되지 않으면 안 된다. 그것이 원효의 교화방식에 있어서는 향상(向上)의 증도바라밀(證道波羅蜜)과 향하(向下)의 교도바라밀(敎道波羅蜜) 운동으로 설정되었다.[126)]

이와 같이 육바라밀은 교화해도 교화하는 분별상이 없다. 본각 가운데의 묘명한 진성은 본래 이와 같이 교화도 없고 교화하지 않음도 없으며, 유위도 없고 또한 무위도 없다. 유위와 무위로써 보살행을 닦는 것은 모두 일본각(一本覺) 아님이 없다. 무위의 임운으로 출세에 초연하여 해탈도 없고 해탈 아님도 없는 것이 곧 진정한 해탈이다. 이 해탈은 무상(無相)이고 무행(無行)이며 무동(無動)하고 무란(無亂)이다. 이에 적진(訹震)은 다음과 같이 말한다.

> 앞의 다섯 바라밀은 맹인이고 반야바라밀은 안내자로서 그들을 이끌어 실제로 돌아가게 한다. …… 또한 이 육바라밀은 모두 본각에서 나온 리(利)로서 결정성에 들어간다. 그 때문에 출세를 초연한 무애해탈을 터득한다.[127)]

---

126) 김호귀, 『金剛三昧經論』의 선수행론 고찰, (『불교학보』 제58집. 2011.4) p.123.

127) 仁山寂震, 『金剛三昧經通宗記』 卷4, (卍新續藏經35, p.280中) “以前五度如盲 般若如導 為能導引皆歸於實際故 …… 又此六度 皆獲本覺中所出之利 而入於決定性 故得超然出世 無礙解脫”

이것은 육바라밀을 갖추어야만 비로소 중생을 제도할 수가 있고 비로소 삼계를 벗어날 수가 있다는 것을 말한다. 왜냐하면 사(事)·리(理)·대(大)·소(小)는 모두 여래의 본각성해로부터 유출된 것인데, 모두가 일승이고 일미이므로 결코 취(取)·사(捨)하지 말고, 그대로 자심이 본래부터 구족되어 있는 줄을 믿어야 하기 때문이다.

이와 같이 육바라밀은 곧 해탈일 뿐만 아니라 또한 열반이기도 하다. 이런 까닭에 경문에서는 상(相)도 없고 행(行)도 없으며, 해탈의 모습은 무상(無相)이고 무행(無行)이며, 무동(無動)하고 무란(無亂)하여 적정한 열반이라고 말한다. 이것은 위에서 설명해온 육바라밀의 수행에는 전혀 기(起)·동(動)도 없고 또 산(散)·란(亂)도 없어 곧 본래적정한 무위(無爲)의 수행방식으로서 열반임을 설명하려는 것이었다. 이로써 육바라밀의 실천을 통하여 마음에 마음의 모습이 없어서 허공처럼 집착하지 않고 제행도 발생하지 않으며 적멸도 증득하지 않고 마음에 출입이 없는 것을 가리켜서 자성은 평등하고 제법은 실제로서 모두 결정성이라 말한다. 이처럼 모든 수행의 단계에 의지하지 않고 지혜에도 머물지 않는 것을 반야바라밀이라 말한다.

그 때문에 보통의 중생에게는 본각리를 터득하고 내지 삼취정계를 실천할 것을 언급하면서, 둔근기의 경우에는 게송 하나를 암송하여 발생과 소멸의 분별을 벗어남으로써 그 적멸과 반야는 자성이 공적한 지혜의 바다임을 터득한다는 것이다. 이리하여 수행을 완성함으로써 비로소 여래장에 들어가는데 그 여래장은 일체중생의 본래성불이 실현된 장이기도 하다. 곧 무량법과 일체행이 여래장에 귀입하지 않음이 없다.

5. 맺음

『금강삼매경』의 「무상법품」에서는 몸과 마음에 집착하는 경우에는 십이지연기의 관찰을 통하여 분별상을 벗어나는 무상(無相)이고, 여래장의 속성을 이해하는 수행을 통해서는 무생법을 터득하여 집착을 벗어나는 무생(無生)이며, 나아가서 분별과 집착을 아울러 초월하는 무위(無爲)의 육바라밀의 실천을 통해서는 일심의 부동경지(不動境地)를 터득하여 해탈을 추구하는 모습을 제시하고 있다.

이와 같은 수행의 방식이 추구되는 까닭은 중 · 하근기의 경우 직접 선수행으로 들어가도록 해주려는 보살행으로부터 기인한다. 그 중생은 무량겁토록 식심으로 망연하여 온갖 애염(愛染)을 일으켜서 안팎으로 그것을 따르고 유전하면서 일체의 불선업을 지었기에 삼계에 윤회하면서도 그것을 벗어날 기약이 없다. 그리하여 본유한 여래장의 자성이 모두 생멸여지의 모습이 되어 여래장의 도리가 숨어 드러나지 않게 못한다. 그 때문에 이에 여래가 설한 일미(一味) · 진실(眞實) · 결정(決定) · 요의(了義)의 가르침이 장폐(障蔽)되어 그것을 듣지도 못하고 있다. 하물며 온갖 사려분별의 무익한 도리로서 한낱 쓸데없이 어지럽게 헤매면서 본래의 심왕을 상실하고 있다.

그러나 십이지연기를 관찰함으로써 분별을 초월하여 본유한 여래장의 자성을 이해하면 이제 일념에 중생업을 우치고 부처님을 향하여 참회하고 가피를 받음으로써 그 죄업장이 영원히 소멸된다. 바로 그와 같은 수행법은 여래장의 자성이 본래공적하여 적연무생인 줄을 터득하는 것이다. 그 구체적인 방식이 육바라밀의 실천이다. 이 경우에 육바라밀의 실천은 무상법(無相法)으로부터 유래한다. 왜냐하면 무상법은 진여자심법으로서 일체를 포함하기 때문이다.

그래서 이 「무상법품」은 뒤에 이어지는 무생(無生) · 각리(覺利) · 실제(實際) · 성공(性空) · 여래장(如來藏) · 총지(總持)의 여섯 가지 품을 발기하는 그 시작에 해당한다. 그리고 말미에서는 별도로 육바라밀을 설명하여 뒤의 여섯 개의 품을 총섭하여 반야를 드러내어 제육지인 현전지(現前地)를 발기한다. 그 까닭은 초지로부터 제오지에 이르기까지는 무상법(無相法)에 머물지 못하지만, 제육지인 현전지에 이르러 무상법을 전수(專修)하기 때문이다. 나아가서 제칠지인 원행지에 이르러 무상법을 증득한다. 그리하여 무생법인(無生法忍)을 획득하여 제팔지의 부동지에 들어간다. 이어서 무공용도(無功用道)를 터득하여 제구지 선혜지에 들어감으로써 만지(滿地)를 터득하고 마침내 법운지에 들어가 각만(覺滿)을 성취한다.

이로써 「무상법품」에서 무상법은 몸과 마음에 집착하는 경우에는 십이지연기의 관찰을 통하여 분별을 벗어나는 수행이고, 무생법은 여래장의 속성을 이해하는 수행을 통해서는 집착을 벗어나는 수행이며, 나아가서 무위법은 육바라밀의 실천을 통해서 일심(一心)의 부동경지(不動境地)를 터득한 깨침의 분별 및 중생에 대하여 교화했다는 집착마저 벗어나야 한다는 선론으로 제시되어 있다.

Ⅳ. 무생법인의 구조와 무생선의 실천

1. 도입

불교가 발생하는 근원적인 출발점은 붓다의 고(苦, duhkha)에 대한 자각이었다. 그리고 붓다는 고가 발생하는 원인을 집착(執著)과 갈애(渴愛)와 무명(無明)으로 진단하였다. 그 때문에 고의 원인을 제거하고 고로부터 벗어나 안락을 터득하기 위한 갖가지 수행법으로 선택된 것 가운데 선정은 붓다가 몸소 경험을 하고 타인에게 가르침으로 제시한 수행법이었다. 이런 까닭에 선정은 불교의 여러 가지 수행법 가운데 가장 보편적이고 오랜 역사를 지니고 있다.

이와 같은 선정의 수행은 무루삼학(無漏三學)을 바탕으로 하여 사성제(四聖諦)와 팔정도(八正道)의 가르침으로 전개되었다. 이후에 인도불교에서는 원시불교, 아비달마불교시대를 거치면서 참으로 다양한 수행법으로 전개되었다. 그러나 6세기 초반에 보리달마에 의하여 선법이 중국에 불교가 전래된 이후에는 소위 조사선법으로 전승되면서 그 성격이 일변하게 된다. 인도불교의 경우 기본적으로 수행은 깨침을 터득하는 방식의 출발과 과정이라는 성격이 농후하였다.

그러나 중국에 전승된 조사선법에서는 선정의 의미가 단순히 수행이라는 의미를 넘어서 깨침 및 그 실천에 해당하는 교화의 의미까지 포함하는 개념으로 확장되었다. 그 때

문에 선정은 수행과 깨침과 교화의 속성을 두루 지니고 있는 선의 전체적인 개념으로 전개되었다.[128]

이와 같이 선정이 폭넓은 의미로 확장된 선사상의 배경에는 객체로서 소의(所依)의 법과 주체로서 능의(能依)의 수행이 어떤 관계로 설정되어 있고 어떻게 간주되었는가 하는 점이 깔려 있다. 그 핵심은 곧 선수행에서 반드시 대치해야 하는 근본적인 번뇌로 간주되어 있는 분별과 집착에 대한 자각의 태도에 달려 있다. 그 자각이 곧 『금강삼매경』에서는 번뇌의 무자성을 깨우치는 무생법인으로 제시되어 있다.

그 무생법인(無生法忍)은 번뇌의 본래무생에 바탕한 무생선(無生禪)의 속성으로서 달리 무생행(無生行)이기도 하다. 이에 여기에서는 무생의 본래적인 의미를 분석하여 그것이 무생선으로 실천되는 구조와 그 방식에 대하여 접근해보려고 한다. 특히 『금강삼매경』에 근거한 무생법인의 행상을 통하여 좌선과 삼매 및 수기의 존재방식을 관련시켜서 무집착으로서 무생의 구조와 실천은 무생선과 무생반야(無生般若)로 귀착하는 점에 대하여 살펴보고자 한다.

2. 무생법인과 무공용

무생법인(無生法忍)이란 무생법의 터득을 의미한다. 여기에서 인(忍)이란 "승조(僧肇: 384-414, 동진시대 승려)는 다음과 같이 말했다. '忍은 곧 무생지혜이다. 실상을 감

---

128) 『단경』에서 혜능은 선과 정을 수행과 깨침으로 해석하여 定慧一體를 강조함으로써 수증관에 대하여 인도선법의 경우와는 다른 입장에서 제자를 제접하였다.

수하는 까닭에 인(忍)으로 명칭을 삼은 것이다. 이 인(忍)을 터득하면 무취(無取) · 무득(無得)하여 심상영멸(心相永滅)하므로 무소득의 불기법인(不起法忍)이라 말한다.'"[129]는 경우처럼 실상을 감수하는 지혜를 말한다. 그리고 지혜로운 마음이 법에 안립하는 것을 인(忍)이라고도 한다.[130] 그 때문에 무생법을 터득하는 지혜로서 달리 불기법인(不起法忍)이라고도 하는데, 이 경우에 불기(不起)는 곧 무생(無生)이기 때문이다. 그 때문에 견혹(見惑)을 단제하고 공리(空理)를 발생하는 것을 무생법인을 터득했다고 말한다. 공리(空理)란 무생(無生)이고 무기(無起)이므로 무생법(無生法)이라 말하고, 또 무기법(無起法)이라 말한다. 인(忍)이란 무생(無生)이고 무기(無起)인 공리(空理)를 인가한다는 뜻이기도 하다. 이에 무생법인의 경지는 마음에 집착이 없는 경우를 의미한다.

그 때문에 강단(剛斷)이 없이는 결코 벗어날 수가[離] 없고 베어 찢어버릴 수가[割裂] 없다. 그래서 이 이(離)와 할렬(割裂)의 두 마디만 있으면 무생법인의 뜻을 이미 다 할 수가 있다. 그러나 지금 이 무생행을 실천함으로써 심체(心體)를 구증(求證)하려면 반드시 무상법(無相法)을 통해서 무생심(無生心)을 분명하게 해야 한다. 그 때문에 먼저 법(法)을 말하고 나중에 심(心)을 말한 것이다. 만약 심(心)으로 실천하여 무생법에 계합된다면 곧 그 심체를

129) 『注維摩詰經』 卷1, (大正新脩大藏經38, p.329中) "肇曰 忍卽無生慧也 以能堪受實相 故以忍爲名 得此忍則無取無得 心相永滅 故曰無所得不起法忍也"

130) 慧遠, 『無量壽經義疏』 下卷, (大正新脩大藏經37,p. 106上) "慧心安法名之爲忍"

일상의 동정(動靜)에서 증득할 수가 있을 것이다. 이에 『금강삼매경』의 「무생행품」은 그 앞의 「무상법품」으로부터 무생심의 구절이 유래한 것이다.

대주혜해(大珠慧海, 당대 말기의 선사)는 이와 같은 무생법인의 의미를 무소주심(無所住心)으로 파악하여 다음과 같이 말한다.

> 그대가 만약 무소주심을 분명하게 알고자 할 경우에는 정좌(正坐)하여 무릇 일체물에 대하여 사량하지 말라. … 그리하여 무주심에 즉하면 그것이 곧 무주처에 주하는 것이다. 만약 머무는 곳[住在] 및 머무는 때[住時]를 분명하게 알고자 할 경우에는 다만 住하지 말아야 하고 또한 주처가 없어야 하며 또한 무주처도 없어야 한다. 만약 마음이 일체처에 부주(不住)임을 분명하게 알게 되면 곧 그것을 요요견본심(了了見本心)이라 말하고 또한 요요견성(了了見性)이라 말한다. 무릇 일체처에 머물지 않는 그 마음을 곧 불심이라 말하고 또한 해탈심이라 말하며 또한 보리심이라 말하고 또한 무생심이라 말하며 또한 색성공이라 말한다. 경전에서 말한 무생법인을 증득한 것이란 바로 이것을 가리킨다.[131)]

이처럼 무생법인은 집착이 없는 마음으로서 주재(住在)와 주처(住處)가 없는 경지를 가리킨다. 그 때문에 무생법인은 견본심(見本心)과 견불성(見佛性)을 분명하게 터득하는 경지로 설정되어 있다. 이것이 곧 무생법을 터득한다는 것인데, 곧 일체의 선과 악에 대해서도 전혀 분별사량하지 않고, 삼세심에 대하여 분별사량하지 않는다는 의미이다.

---

131) 『頓悟入道要門論』 卷上, (卍新續藏經63, p.19下) “汝若欲了了識無所住心時 正坐之時但知心 莫思量一切物 … 卽無住心卽是住無住處也 若了了自知住在住時 只物<勿?>住亦無住處 亦無無住處也 若自了了知心不住一切處 卽名了了見本心也 亦名了了見性也 只個不住一切處心者 卽是佛心 亦名解脫心 亦名菩提心 亦名無生心 亦名色性空 經云證無生法忍是也”

이 경우 인(忍)이란 心을 베어낸다[刃]는 뜻이다. 일체 세간의 유위 및 유루의 망심을 가지고 깔끔하게 한칼로 베어 찢어버려서 다시는 영원히 발생하지 못하게 하는 것이야말로 이에 인(忍)을 터득한다는 뜻이다.

그 때문에 『반야경』에서 "일체법이 무아임을 알아서 무생법인을 성취한다면"132)이라고 말한다. 또한 『화엄경』에서 "일체 심 · 의 · 식(心·意·識)의 분별상을 벗어나서 마치 허공과 같이 집착이 없어져야 일체법의 허공성품에 들어간다. 이에 무생법을 터득했다고 말한다."133)고 말하고, 또한 "염념에 생멸의 분별상이 없는 경지를 통달해야 곧 무생법인을 터득할 수가 있다."134)고 말한다. 또한 "보살이 육바라밀을 실천하고 삼해탈문에 주하더라도 선교방편이 없다면 법에 대하여 염착을 발생하는데 그것이 법애(法愛)이다. 그것은 마치 숙식생(宿食生)과 같아서 과환(過患)이 될 뿐으로 정성리생(正性離生)에는 들어가지 못한다. 이것을 보살이 정결(頂結)하여 이승에 떨어진다고 말한다. 만약 법애를 벗어나서 일체법에 무소득하면 그것을 이생(離生)이라 말하는데 곧 정결(頂結)에 떨어지지 않는 것이다."135)고 말한다. 또한 "정성(正性)은 곧 열반의 도리이다. 이생(離生)은 곧 견도의 무루지이다. 이 무루지를 터

---

132) 鳩摩羅什 譯, 『金剛般若波羅蜜經』, (『大正新脩大藏經8』, p.752上) "若復有人知一切法無我 得成於忍 此菩薩勝前菩薩所得福德" 참조.

133) 『大方廣佛華嚴經』 卷38, (大正新脩大藏經10, p.199上) "離一切心意識分別想 無所取著猶如虛空 入一切法如虛空性 是名得無生法忍" 참조.

134) 傳燈, 『維摩詰所說經無我疏』 卷1, (卍新續藏經19, p.586下) "達念念無生滅相 可得即無生忍" 참조.

135) 『大般若波羅蜜多經』 卷36, (大正新脩大藏經5, p.200下-201上) 내용 참조.

득하면 이로부터 번뇌에 미혹되지 않고 삼계에 윤회생을 받지 않는다. 만약 이와 같다면 곧 정성(正性) · 이생(離生)에 들어가서 무생법인을 터득한다."[136]고 말한다.

이처럼 무생법인이란 이 마음이 일체의 생멸법에서 본래 발생한 바가 없다는 것을 말하는 것이지 제유위행이 발생한 바가 없다는 것을 말하는 것은 아니다. 만약 제유위행이 발생한 바가 없다면 가히 그것을 무생행이라 말할 수조차 없다. 만약 제유위행이 발생한 바가 없다는 것으로써 무생법인을 터득한 것이라 말한다면 그것은 곧 유 · 무 · 득 · 실의 분별상으로서 허망이 되고 만다. 그 때문에 『금강삼매경』에서는 "무생법인은 법이 본래 무생하다는 것이다. 제행이 무생이지만 무생이라는 행이 없어야 한다. 그러므로 무생법인을 터득한다는 것도 곧 허망이다."[137]고 말한다.

그런데 이와 같은 무생법인의 속성은 무공용(無功用)을 특징으로 한다. 무공용은 수행에 대한 상(相)을 남겨두지 않는 것으로서 『금강삼매경』에서는 조지(調地)라고 말한다.[138] 부조지(不調地)는 무조지(無調地)인데, 조(調)란 무공용행(無功用行)으로서 삼승이 사의할 경계가 아님을 가리킨다. 부조지(不調地)에 대하여 원효는 "마음이 산란한[多喘] 중생이 거주하는 곳을 부조지라 말한다."[139]고 해석한다. 그래서 무공용은 집착이 없는 상태인 무주(無

136) 普瑞 集, 『華嚴懸談會玄記』 卷21, (卍新續藏經8, p.256上) 참조.
137) 『金剛三昧經』 無生行品, (大正新脩大藏經9, p.367中) "無生法忍 法本無生 諸行無生 非無生行 得無生忍 即為虛妄"
138) 『金剛三昧經』 無生行品, (大正新脩大藏經9, p.370下)
139) 元曉, 『金剛三昧經論』 卷中, (『韓國佛教全書』1, p.649上-中) "多喘衆生所居之處名不調地"

住)와 분별이 없는 상태인 무념(無念)을 그 내용으로 한다. 그 때문에 혜능은 무공용에 대하여 무념으로 간주한다.

> 무엇을 무념이라 하는가. 만약 일체법을 보아도 마음에 염착이 없으면 그것이 곧 무념이다. 무념의 작용은 곧 일체처에 편만하고 또한 일체처에 집착이 없다. 그러므로 무릇 본심을 청정하게 지니면 육식(六識)이 유문(六門)에 나타나도 육진(六塵)에 물들지 않고 뒤섞이지 않아 거래(去來)에 자유롭고 통용(通用)에 걸림이 없다. 곧 반야삼매로 자재하고 해탈하는 것을 무념행이라 말한다. 그러나 만약 온갖 대상에 대하여 애써 사려하지 않으려 한다거나 반대로 애써 念을 단절시키려 하는 것은 곧 법박(法縛)으로서 변견(邊見)일 뿐이다. 선지식들이여, 무념법을 깨치는 자는 만법에 다 통하고, 무념법을 깨치는 자는 제불의 경계를 보며, 무념법을 깨치는 자는 불지에 도달한다.140)

곧 혜능이 말하는 무념이란 모든 것에 대하여 아예 사려하지 않는 것이 아니다. 일체에 대하여 사려하면서도 그 대상에 분별심을 일으키지 않는 것이 무념이다. 곧 무념은 무분별념 곧 분별념이 없는 것으로 곧 반야의 작용이다. 이런 점에서 무념(無念)은 정념(正念)이다. 여기에서 변견(邊見)은 정견(正見)의 상대어로 무념(無念)의 무(無)에만 집착하는 견해이다. 그러나 정견(正見)은 유(有)와 무(無)에 자재하게 통한다는 점에서 차이가 있다. 여기에서 혜능이 말하는 무념은 무집착까지 포함하는 의미로 설해져 있다.

그래서 무념은 널리 분별이 없고 집착이 없으며 망념이

---

140) 『六祖壇經』, (大正新脩大藏經48, p.351上-中) “何名無念 若見一切法 心不染著 是爲無念 用卽遍一切處 亦不著一切處 但淨本心 使六識出六門於六塵中 無染無雜 來去自由 通用無滯 卽是般若三昧 自在解脫名無念行 若百物不思 當令念絶 卽是法縛 卽名邊見 善知識 悟無念法者 萬法盡通 悟無念法者 見諸佛境界 悟無念法者 至佛地位”

없는 상태를 포함한다. 곧 취사 및 애증의 대립적인 관념이 일어나지 않는 것으로 초기선종의 중요한 개념이다. 특히 조계혜능(曹溪慧能: 638-713)과 하택신회(荷澤神會: 670-762) 및 마조도일(馬祖道一: 709-788) 그리고 정중무상(淨衆無相: 684-762)의 선풍에서 해탈과 반야바라밀과 일체지(一切智)까지도 아우르는 개념으로 활용되었다. 북종에서는 『기신론』에 의하여 이념(離念)을 설하는 것에 상대하여 남종의 특징은 본래부터 벗어나야 할 망념이 없다는 무념(無念)으로 간주한다.[141]

이것을 이념(離念)과 무념(無念)으로 설명하자면 분별의식의 상념을 그친다는 의미에서 북종선이 이념을 주장했다는 것에 상대하여, 하택신회 일파의 남종선은 본래적인 분별의식의 부정에서 출발하는 무념을 설한다. 신회의 이념은 거울의 때를 없애는 것이고 무념은 본래 없애야 할 때가 없다는 입장이다.

이에 신수는 『대승무생방편문』에서 이념(離念)을 불(佛)의 본질이라고 말한다. 이것은 깨침이란 다름아닌 염(念)을 여의는 것을 말하는 것인데 불(佛)이 불(佛)인 까닭은 본래부터 念이 존재하지 않았다는 것을 전제하는 것이다. 그런데도 어떻게 염(念)이 형성되었는가 하는 것은 본래는 없었던 염(念)이 새롭게 현전했다고 간주하는 것 그 자체가 망념에 불과하다는 것을 말한다. 그래서 이념의 념이 망념이라는 것을 자각하는 순간 그 망념으로부터 자유로울 수가 있는데 그 경지가 곧 이념이라는 것이다. 이와 같이

141) 김호귀, 「간화선의 성립배경」, (『普照思想』 제19집. 보조사상연구원. 2003. 2)

자각하는 것이 『대승무생방편문』에서 말하는 무생(無生)의 방편법문(方便法門)이다. 한편 『돈오요문』에서는 무념(無念)에 대하여 사념(邪念)이 없는 것이지 정념이 없는 것이 아니라고 말하고 또한 정념은 보리를 염(念)하는 것이라 말한다.[142)]

이처럼 무공용은 다름아닌 무념으로서 무생의 실천이다. 이에 혜능은 "그러므로 내 법문에서는 무념을 내세워 종지로 삼는다."[143)]고 말한다. 그 때문에 안으로 일체의 의식경계에 대하여 마음이 물들지 않는 것이다. 자기의 생각이 항상 모든 의식경계를 벗어나 있으면 그 의식경계가 마음을 발생시키지 않는다. 그렇다고 만약 온갖 대상에 대하여 사량을 그만두고 상념을 모두 물리치는 것으로만 간주한다면 그것은 일념의 단절로서 곧 죽은 뒤에 다른 세상에 태어나는 꼴이 되고 말 것이다. 그것이야말로 큰 착각이다.

이렇듯이 무공용이란 무생법인이 실천되는 상태인 까닭에 『금강삼매경』「무상법품」에서는 무상법은 몸과 마음에 집착하는 경우에는 십이지연기의 관찰을 통하여 분별을 벗어나는 수행이고, 무생법은 여래장의 속성을 이해하는 수행을 통해서는 집착을 벗어나는 수행이며, 나아가서 무위법은 육바라밀의 실천을 통해서 일심(一心)의 부동(不動)을 터득한 깨침의 분별 및 중생에 대하여 교화했다는 집착마저 벗어나야 한다는 선론으로 제시되어 있다.[144)]

---

142) 慧海, 『頓悟入道要門論』 卷上, (卍新續藏經63, p.18下) "無念者 無邪念 非無正念"
143) 『六祖壇經』, (大正新脩大藏經48, p.353下) "故此法門立無念為宗"
144) 김호귀, 「無相·無生·無爲의 수행과 선론의 일고찰」, (『정토학연구』 제19집. 한국정토학회. 2013.6)

3. 무생법과 무생행의 구조

1) 무생과 무생행의 구조

이처럼 무생은 분별심과 집착심이 발생하지 않음을 의미하는 까닭에 진정으로 무생을 터득하면 안으로는 분별사려가 일어나지 않고 밖으로는 생멸에 집착이 없다. 그래서 법이 무생인 까닭에 분별사려가 불생이므로, 만약 분별사려의 마음으로 유·무·득·실의 분별상을 내면 무생법인을 터득했다 말할지라도 그것은 진정한 무생행이 아니다.

이에 『유마경』에서는 무생의 본질에 대하여 "무생은 곧 정위(正位)이다. 정위에는 수기(受記)도 없고 또 아뇩다라삼먁삼보리를 터득함도 없다."[145]고 말한다. 그 때문에 여기에서 무생의 정위는 곧 모든 분별상을 벗어나 있는 경지이기도 하다.[146] 그러나 그 무생은 "결사 끊어 심아가 공적하니, 이것이 곧 그대로 무생이네."[147]라는 말처럼 번뇌의 소멸이 성취된 이후에 그 심(心)과 아(我)가 공적함을 가리킨다. 심(心)과 아(我)가 공적한 무생법인이란 마음이 일체의 생멸법에서 본래 발생한 바가 없다는 것을 말하는 것이지 제유위행이 발생한 바가 없다는 것을 말하는 것은 아니다. 만약 제유위행이 발생한 바가 없다면 가히 그것을 무생행이라 말할 수조차 없다. 만약 제유위행이 발생한 바

---

145) 『維摩詰所說經』 卷中, (大正新脩大藏經14, p.542中) "無生即是正位 於正位中 亦無受記 亦無得阿耨多羅三藐三菩提"

146) 『大樹緊那羅王所問經』 卷1, (大正新脩大藏經15, p.372上) "若出過諸相則是正位"

147) 『金剛三昧經』 「無生行品」, (大正新脩大藏經9, p.367中) "斷結空心我 是則無有生"

가 없다는 것으로써 무생법인을 터득한 것이라 말한다면 그것은 곧 유・무・득・실의 분별상으로서 허망이 되고 말기 때문이다. 그래서 지장보살은 '제법이 만약 무생이라면'이라고 질문하는데[148] 그 법은 본래 무생의 뜻임을 정리한 것이다.

나아가서 이러한 무생의 실천은 광대심(廣大心), 제일심(第一心), 상심(常心), 부전도심(不顚倒心) 등 보살의 4종심으로 드러나 있다. 이것은 대승보살이 지니고 있는 네 종류의 깊은 이익이 되는 보리심으로서 보살이 대승에 住하는 이유이다. 『금강경』에서 광대심은 광대무변한 마음으로 중생을 두루 이롭게 하는 마음으로서, 경전에서 말한 "존재하는 일체중생과 중생이 속하는 알에서 생겨난 것, 혹 태에서 생겨난 것, 혹 습기로 생겨난 것, 혹 化하여 생겨난 것, 혹 유색(有色)에서 생겨난 것, 혹 무생(無色)에서 생겨난 것, 혹 유상(有想)에서 생겨난 것, 혹 무상(無想)에서 생겨난 것, 혹 비유상비무상(非有想非無想)에서 생겨난 것의 모든 중생과 그들 중생이 속하는 것"의 대목을 가리킨다.[149]

제일심은 보살이 먼저 염두에 두어야 할 마음으로서 보살이 모든 중생을 중생계나 성문연각계로 이끄는 것이 아니라 영원상주한 열반계로 이끌어가는 것을 말한다. 곧 경전에서 말한 "모든 중생과 그들 중생이 속하는 것을 내가

148) 『金剛三昧經』「總持品」, (大正新脩大藏經9, p.372下) "제법이 만약 무생이라면 어떻게 설법을 하시는 것입니까. 그 설법은 마음에서 발생한 것이 아닙니까. 爾時 地藏菩薩言 法若無生 云何說法 法從心生 於是尊者"의 대목을 가리킨다.

149) 김호귀, 「천친 금강반야바라밀경론의 4종심 考」, (『한국불교학』 30. 2001.12) p.110.

다 무여열반에 들도록 멸도하리라. 이와 같이 무량무변한 중생을 멸도해도 실로 중생으로서 멸도를 얻은 자는 없다."는 대목을 가리킨다.

상심은 항상 보살이 중생을 동체대비심으로 대하는 마음으로서 일시적인 멸도에 그치는 것이 아니라 완전한 열반에 들도록 영원히 중생을 책임지는 마음이다. 곧 경문에서 말한 "이와 같이 한량없고 가없는 중생을 멸도했지만 실로 멸도를 얻는 자가 없다. 왜냐하면 수보리야, 만약 보살에게 중생상이 있다면 곧 보살이 아니기 때문이다."는 대목을 가리킨다.

부전도심은 보살 자신이 중생이라는 허망한 분별심을 내지 않는 것으로서 경문에서 말한 "왜냐하면 수보리야, 만약 보살에게 아상 · 인상 · 중생상 · 수자상이 있으면 곧 진정한 보살이 아니기 때문이다."라는 대목을 가리킨다. 이 4종심은 무생행의 수행으로서 보살도의 명제인 이익중생을 향한 총체적인 내용이다. 그래서 경문에서는 "무인(無忍)하고 무생(無生)한 그 마음은 어째서 허망이 아닙니까."라는 질문에 대하여 다음과 같이 답변한다.

> 법인이 없고[無忍] 발생이 없는[無生] 그 마음이란 형단이 없는 마음이다. 마치 불의 자성이 비록 나무속에 들어있지만 그 소재가 없는 경우와 같다. 결정성이기 때문이다. 단지 명칭일 뿐이고 글자일 뿐으로 그 자성은 불가득하다. 그래서 그 도리를 설명하려고 명칭을 가설하지만 명칭은 불가득하다. 마음의 모습도 또한 불가득하여 처소를 볼 수가 없다. 마음의 이런 도리를 알면 그것이 곧 발생이 없는[無生] 마음이다.[150)]

---

150) 『金剛三昧經』「無生行品」, (大正新脩大藏經9, p.367下) "無忍無生心者 心無形段 猶如火性 雖處木中 其在無所 決定性故 但名但字 性不可得 欲詮其理 假說為名 名不可得 心相亦爾 不見處所 知心如是 則無

이것은 법은 본래부터 무생이지만 그것이 마음을 인연하여 발생하므로 마음에 집착이 있으면 생멸이 완연하지만 마음에 집착이 없으면 발생은 불가득이라는 것이다. 곧 부처님이 모든 중생에게 명자를 가설했지만 명자를 통해서는 끝내 불가득이듯이 心도 또한 불가득한데 그 경지는 언어로 말할 수가 없고 마음으로도 어찌할 수가 없다는 것이다. 그 때문에 『금강경』에서는 "이와 같이 지(知)하고 이와 같이 견(見)하며 이와 같이 신(信)·해(解)하여 법상을 발생하지 말아야 한다."[151]고 말한다.

이와 같은 무생법과 무생행의 도리에 대하여 경문에서는 아마륵[152]의 열매를 비유로 들어서 "아마륵과의 과실은 본래 자생도 아니고 타생도 아니며 공생도 아니고 인생도 아니며 무생도 아니다. 왜냐하면 연의 대사(代謝)이기 때문이다. 그래서 연이 기동해도 발생이 없고 연이 사라져도 소멸이 없으며, 숨어 있거나 나타나 있거나 모습이 없고 뿌리를 살펴보아도 적멸하다. 그래서 어디에나 있으면서 머무는 곳이 없다. 곧 결정자성이기 때문이다."[153]고 설명

心生"

151) 『金剛般若波羅蜜經』, (大正新脩大藏經8, p.752中)

152) 阿摩勒은 그 잎이 대추나무 잎과 비슷하고, 꽃은 작지만 흰 색이며, 열매는 호두와 같고, 맛은 새콤달콤하여 약재로도 사용된다. 또한 菴沒羅는 그 잎이 버드나무 잎과 비슷하게 길쭉하고, 열매는 배와 비슷하여 혹 難分別이라 번역되기도 한다. 그 모습이 복숭아와 비슷하지만 복숭아도 아니고, 능금과 비슷하지만 능금도 아닌데 병을 치료하는 약용으로 사용된다. 또한 菴摩勒은 모습이 檳榔과 비슷한데 먹으면 風을 제거해준다. 지금 말하는 아마륵과는 접붙이는 방식을 因하여 생장하는 까닭에 그것을 비유한 것이다.

153) 『金剛三昧經論』 「無生行品」, (大正新脩大藏經9, p.367上) "又如阿摩勒果 本不自生 不從他生 不共生 不因生 不無生 何以故 緣代謝故

한다. 이와 같이 그 자성마저 여여해야만 비로소 그것이 무생법이고 무생행이라는 것이다.

2) 무생선과 무생법인의 구조

무생법인이란 단순히 일체법의 불생기(不生起)를 터득하는 것에 그치는 것이 아니라 특히 삼매를 역설하는 경전에서는 적극적으로 제불현전의 삼매와 관련되어 있음은 이미 논의되었다.[154] 나아가서 그것은 무생선으로서 무생행의 실천이라는 것에 대하여 『금강삼매경』에서는 구체적으로 좌선에 대한 무생의 의미로서 다음과 같이 말한다.

> 심왕보살이 여쭈었다. 좌선은 들뜨고 움직이는 것을 능섭하고 흩어지고 어지러운 모든 것을 안정시키는 것인데 어찌하여 좌선하지 말라는 것입니까. 부처님께서 말씀하셨다. 보살이여, 좌선을 한다고 말하면 곧 움직임[動]이 된다. 그래서 움직임[動]도 없고 고요함[禪]도 없어야 곧 무생선이다.[155]

여기에서는 좌선이 좌선인 까닭은 동(動)과 란(亂)을 모두 다스리는 경우로 설명하고 있다. 곧 좌선에 좌선이라는 행상에 집착이 있는 경우는 유위로서 동(動)이고 란(亂)이라는 것이다. 그 때문에 부동하고 불란한 경우를 가리켜 무생선이라 말하고 있다. 이에 동(動)과 란(亂)의 모습을

緣起非生 緣謝非滅 隱顯無相 根理寂滅 在無有處不見所住 決定性故"

154) 引田弘道, 「燃燈佛授記と無生法忍」, (『曹洞宗研究員研究生紀要』16. 1984) p.254.

155) 『金剛三昧經』「無生行品」, (大正新脩大藏經9, p.368上) "心王菩薩言 禪能攝動 定諸幻亂 云何不禪 佛言 菩薩 禪即是動 不動不禪 是無生禪"

벗어난 무생선은 무생(無生)으로서 무상(無相)이고, 무상(無相)으로서 무주(無住)를 가리키고 있다. 그 때문에 경문에서는 직접 "좌선의 자성에는 동(動)과 정(靜)이 없음을 아는 것이 곧 무생법인의 터득이다. 무생법인의 반야도 역시 집착에 의지하지 않고, 무생법인의 마음도 역시 움직임에 의지하지 않는다. 좌선은 바로 이러한 지혜이기 때문에 무생법인의 반야바라밀을 터득한다."[156]고 말한다.

이와 같은 선정에 대하여 원효는 좌선을 한다고 말한다면 그것은 세간의 좌선으로서 산란하지는 않을지라도 경계상에 집착하는 것이라 말하고, 그것을 벗어나야만 무생선이 된다고 하여 다음과 같이 말한다.

> 이와 같은 이정(理定)의 자성은 무생으로 움직이기 때문에 '좌선의 자성은 무생이다'고 말한다. 그대로 무생일 뿐만 아니라 적멸에도 집착이 없으므로 '좌선의 자성은 무주이다'고 말한다. 만약 유생이라면 그것은 분별상이고, 유주착(有住著)이라면 도동(掉動)이다. 그러나 지금은 곧 그와는 반대이기 때문에 '유생을 떠나 있는 것이 좌선의 모습이다. 집착을 떠나 있는 것이 좌선의 작동이다'고 말한다. 지금까지의 제구(諸句)는 이정(理定)의 모습을 설명한 것이다.[157]

여기에서 원효는 무생(無生)이고 무상(無相)한 좌선을 무루선정으로 간주하여 그것을 이정(理定)으로 설명한다. 그 때문에 좌선의 자성에 동(動)이 없음을 아는 것이 곧

156) 『金剛三昧經』「無生行品」, (大正新脩大藏經9, p.368上) "若知禪性無有動靜 即得無生 無生般若 亦不依住 心亦不動 以是智故 故得無生般若波羅蜜"

157) 元曉, 『金剛三昧經論』卷中, (大正新脩大藏經34, p.976下) "如是理定性無生動。故言禪性無生。非直無生亦無住寂。故言禪性無住。若有生則是相。有住著則是動。今卽反此故言離生禪相。離住禪動。上來諸句明理定相"

좌선의 자성이 무생이고, 좌선의 자성에 정(靜)이 없음을 아는 것이 좌선의 자성이 무주가 되어 무생법인이 터득된다는 것이다. 이에 원효는 무생법인의 반야를 무생지(無生智)라 하여 동(動)과 정(靜)의 분별에 집착이 없이 능과 소를 떠나 있는 모습으로 파악하고 있다. 그래서 이와 같은 무생법인의 반야를 말미암아 피안에 도달하기 때문에 그것이 곧 반야바라밀로 통한다.

여기에서 동과 정에 집착이 없는 좌선은 무생선으로 설정되어 있다. 이 경우에 좌선은 선수행의 자세로서의 좌선일 뿐만 아니라 일반적인 수행이면서 나아가서 깨침이면서 삼매를 의미한다. 그래서 『금강삼매경』에서 좌선은 무생법인의 터득으로 나타나 있다. 그것은 곧 과거 연등불의 수기에도 잘 나타나 있다. 연등불의 수기가 무생법인(anutpattika - dharma - kṣāanti)과 결부되어 있다는 것은 초기대승경전에서부터 찾아볼 수가 있다. 『도행반야경』을 비롯하여 『반주삼매경』 등에 이르기까지 전개되어 있는 무생법인은 삼매와 결부되어 나타나기도 한다.[158]

그런데 『반야경』 계통에서는 수기의 요건으로서 발원(發願) 및 회향(廻向)이 강조되어 있을 볼 수가 있다.[159] 이

---

158) 『道行般若經』 卷6, (大正新脩大藏經8, p.458中) "佛言　如我持五華散提和竭羅佛上　卽逮得無所從生法樂於中立　授我決言"；『大明度經』卷4, (大正新脩大藏經8, p.497中) "佛言　如我持五花散定光佛上　卽逮得無所從生法樂於中立　佛卽授我決"；『菩薩生地經』(大正新脩大藏經14, p.814下) "佛報魔言　有四百億欲天及人　皆得無所從生法樂於中立　是時差摩竭得不起法忍　五百比丘及五百淸信士二十五淸信女　皆得立不退轉地"；『般舟三昧經』 卷中, (大正新脩大藏經13, p.914中) "無所從來　生法樂於中立"；『菩薩修行經』(大正新脩大藏經12, p.65下) "當其佛笑及覆光時　諸天龍神并世人民七萬二千　見佛神耀暐曄之變　亦皆自覺被如來明安育其體　各於座上忽然悉得無所從生法樂之忍"

를테면 초발심보살(初發心菩薩), 구수습보살(久修習菩薩), 불퇴전보살(不退轉菩薩), 일생보처보살(一生補處菩薩) 가운데 불퇴전보살이 되기 위한 필요조건으로 설정되어 있는 까닭에 아직은 연등불의 수기와 무생법인의 결합이 그다지 중시되지는 못하고 있다.

그러나 『대보적경』에서는 연등불의 수기와 무생법인이 밀접하게 결부되어 나타난다. 특히 여기에는 수기를 준 이후에 무생법인의 어의(語義)에 대하여 해석을 해주고 있음이 주목된다.[160] 나아가서 『사익범천소문경』에서는 무생법인이 육바라밀의 수행과 결부되어 있는데 특히 반야바라밀과 관련성이 잘 드러나 있다.[161] 이 경우에 무생법인은 능인(能忍), 인가(忍可), 감인(堪忍) 등의 의미로 활용되어

---

159) 『大般若波羅蜜多經』 卷451, (大正新脩大藏經7, p.279上) "爾時慶喜復白佛言 今此天女先於何佛 已發無上正等覺心 種諸善根迴向發願 今得遇佛供養恭敬 而得受於不退轉記 佛告慶喜 今此天女於燃燈佛 已發無上正等覺心 種諸善根迴向發願 故今遇我供養恭敬 而得受於不退轉記 慶喜當知 我於過去燃燈佛所 以五莖花奉散彼佛迴向發願 燃燈如來應正等覺 知我根熟與我受記 汝未來世當得作佛 號曰能寂 界名堪忍 劫號爲賢 天女爾時聞佛授我大菩提記 歡喜踊躍卽以金華奉散佛上 便發無上正等覺心 種諸善根迴向發願 使我來世於此菩薩當作佛時 亦如今佛現前授我大菩提記 故我今者與彼授記" 참조.

160) 『大寶積經』 卷54, (大正新脩大藏經11, pp.318上-319中) "言得忍者是則名爲忍受諸法都無所得" ; 卷87, (大正新脩大藏經11, p.500上-中) "云何爲忍 如是忍可 一切衆生一切刹土本來不生 是名爲忍 如是忍可", "何謂無所得見我自性及我所性 了知無二 名無所得 是則名爲成就於忍" ; 卷104, (大正新脩大藏經11, pp.582下-583下) "" ; 卷107, (大正新脩大藏經11, p.599下) "善男子 菩薩摩訶薩 見然燈佛時 卽得無生法忍 從是已來無有錯謬 戲笑失念無不定心 智慧不減 善男子 菩薩摩訶薩 如其本願得無生忍 七日之後 便能得成阿耨多羅三藐三菩提"

161) 『思益梵天所問經』 卷2, (大正新脩大藏經15, p.46上-中) "能忍諸法無生性 名爲般若波羅蜜 我於燃燈佛所 具足如是六波羅蜜" ; 卷3, (大正新脩大藏經15, p.54中) ; 卷4, (大正新脩大藏經15, p.57中)

있다. 그 때문에 이 경우에는 특별히 무생법인이 인욕바라밀과도 깊은 연관성을 보여주고 있다.[162]

나아가서 무생법인이 삼매와도 깊은 관련성을 지니고 있다는 것은 『반주삼매경』의 경우에 반주삼매에 대하여 듣고 그것을 수지한 공덕으로 수기를 받는다고 말한다. 또한 『혜인삼매경』에서는 제화갈라부처님 시절에 혜인삼매에 들어가서 불도를 터득했다고 말한다.[163] 이와 같은 경증을 통하여 수기와 삼매의 관련성은 삼매의 경지가 곧 무생법인의 경지였음을 보여주고 있다. 보다 구체적으로는 『반주삼매경』에 현재불실재전립삼매를 터득하는 다섯 가지 가운데서 먼저 다음과 같이 말하는 대목에도 드러나 있다.

> 첫째는 깊이 경을 좋아하여 다할 때가 없고 끝이 없어야 하느니라. 모든 재앙을 벗어나고 모든 번뇌를 해탈하며 어두움을 버리고 밝음에 들어가며 모든 미혹을 다 소멸해야 하느니라. 부처님께서 발타화에게 말씀하셨다. 이 보살은 시작이 없는 과거생부터 법락을 체득(逮得)하여 삼매를 얻었느니라.[164]

여기에서는 무생법인을 터득해야만 비로소 반주삼매 곧 현재불실재전립삼매(現在佛悉在前立三昧, pratyutpanna -

---

162) 『賢劫經』 卷3, (大正新脩大藏經14, p.20下) "逮不退轉不起法忍 是曰忍辱"; 『佛說伅真陀羅所問如來三昧經』 卷中, (大正新脩大藏經15, p.357中) "三十二者菩薩無所從生樂喜智慧 是為忍辱"

163) 『般舟三昧經』 卷下, (大正新脩大藏經13, p.915下) "佛告跋陀和菩薩 往昔無數劫 提和竭羅佛時 我於提和竭羅佛所 聞是三昧卽受持是三昧 見十方無央數佛 悉從聞經悉受持 爾時諸佛悉語我言 卻後無央數劫 汝當作佛名釋迦文"; 『慧印三昧經』 (大正新脩大藏經15, p.467下) "所以者何 我住於是三昧 提和竭佛時 我已得佛道"

164) 『般舟三昧經』 卷下, (大正新脩大藏經15, p.915上) "一者 樂於深經 無有盡時 不可得極 悉脫於衆災變去 以脫諸垢中 以去冥入明 諸矇曨悉消盡 佛告跋陀和 是菩薩逮得無所從來生法樂"

buddhasaṃmukhāvasthita – samādhi)를 체득할 수가 있다고 말한다. 그런가 하면 반대로 삼매를 터득해야 무생법인 및 현전수기를 체득할 수 있다고도 말한다. 『관무량수경』에서는 다음과 같이 말한다.

> 제불이 계신 곳에 가서 제불 섬기며 모든 삼매를 닦되 한 소겁을 지나면 무생법인을 얻고 바로 앞에서 수기를 받게 된다. 이것을 상품중생이라 말한다.[165]

그런데 무생법인을 터득하고 수기하는 과정에 대하여 『득무구녀경』에서는 "무구보살이 60억 부처님 처소에서 법행을 실천하고 공삼매를 닦으며 80만 아승지겁 동안 무생법인을 닦았다."[166]고 말하여 먼저 범행을 닦고, 공삼매를 닦으며, 이후에 무생법인을 터득하는 것으로 설명되어 있다.

또한 염불삼매와 관련하여 『대방등대집경』에서는 염불삼매를 터득한 이후에 무생법인을 얻는다고 말한다.[167] 이 경우는 『관불삼매해경』에서도 마찬가지로 말하고 있다.[168] 그런데 『수릉엄삼매경』에서는 보살의 십지와 관련시켜 설

---

165) 『觀無量壽經』(大正新脩大藏經12, p.345上) "歷事諸佛 於諸佛所修諸三昧 經一小劫得無生法忍現前受記 是名上品中生者"

166) 『得無垢女經』, (大正新脩大藏經12, p.106中』"佛言 文殊師利 如得無垢菩薩 六十億佛所 行於梵行 修空三昧 滿八十千阿僧祇劫 修無生忍"

167) 『大方等大集經』卷27, (大正新脩大藏經13, p.186中) "彼佛世尊及諸菩薩 不以文字而有所說 彼諸菩薩唯修觀佛 諦視無厭 目不曾眴 卽便能得念佛三昧悟無生忍 是故彼土名曰不眴"

168) 『觀佛三昧海經』 卷9, (大正新脩大藏經15, p.689上) "懺悔因緣從是已後 八十億阿僧祇劫不墮惡道 生生常見十方諸佛 於諸佛所受持甚深念佛三昧 得三昧已諸佛現前授我記別"

명하고 있다. 수행의 과정은 육바라밀을 성취하고 무생법인 및 수기(授記)와 제팔지에 오르며 마침내 수릉엄삼매를 터득한다는 것이다.

여기에서 보살은 무생법인을 터득하여 수기를 받고 제팔지 불퇴전보살지에 오른다. 이후에 제불현전의 삼매를 터득하고 나아가서 제십지 일생보처보살지에 들어가서 수릉엄삼매를 닦는다.[169] 여기에서는 수기에 대하여 미발심이수기(未發心而授記), 적발심이수기(適發心而授記), 밀수기(密授記), 득무생법인현전수기(得無生法忍現前授記)로 나누고 그 가운데 득무생법인현전수기를 최고로 간주한다. 그래서 "제보살이 십지의 일생보처의 경지에 주하여 부처님의 정위(正位)를 받아서 모두 이 수릉엄삼매를 터득한다."[170]고 말한다.

이처럼 무생법인은 무생행의 실천인 좌선을 통하여 무생선으로 드러나 있다. 그것은 다양한 대승경전을 통하여 전개되어 있는데 특히 수기와 관련되어 나타나 있다는 점에 삼매의 체득으로서 정토수행과 선수행과 관련하여 무생법인의 구조적인 성격이 잘 나타나 있다.

---

169) 『首楞嚴三昧經』 卷上, (大正新脩大藏經15, p.634上) "爾時便能成就六波羅蜜　成就六波羅蜜已　便能通達方便　通達方便已得住第三柔順忍住第三柔順忍已得無生法忍　得無生法忍已諸佛授記　諸佛授記已能入第八菩薩地　入第八菩薩地已得諸佛現前三昧　得諸佛現前三昧已常不離見諸佛　常不離見諸佛已能具足一切佛法因緣　具足一切佛法因緣已能起莊嚴佛土功德　能起莊嚴佛土功德已　能具生家種姓　能具生家種姓已　入胎出生　入胎出生已能具十地　具十地已　爾時便得受佛職號　受佛職號已便得一切菩薩三昧　得一切菩薩三昧已然後乃得首楞嚴三昧　得首楞嚴三昧已能為衆生施作佛事　而亦不捨菩薩行法　堅意菩薩若學如是諸法　則得首楞嚴三昧　菩薩已得首楞嚴三昧　則於諸法無所復學" 참조.

170) 『首楞嚴三昧經』 卷上, (大正新脩大藏經15, p.643下) "佛言　名意其諸菩薩得住十地一生補處受佛正位　悉皆得是首楞嚴三昧"

4. 무생선과 무생반야의 실천방식

이와 같이 무생법인은 실천의 측면으로는 불보살이 수기이고 삼매의 현전이기 때문에 무생행이고 무생선으로 통한다. 그래서 『금강삼매경』에서는 우선 무생행에 대하여 다음과 같이 말한다.

> 선남자여, 이 심성의 바탕은 마치 아마륵의 과실처럼 본래 자생도 아니고 타생도 아니며 공생도 아니고 인생도 아니며 무생도 아니다. 왜냐하면 연의 대사(代謝)이기 때문에 연이 기동해도 발생이 없고 연이 사라져도 소멸이 없으며, 숨어 있거나 나타나 있거나 모습이 없고 뿌리를 살펴보아도 적멸하다. 그래서 어디에나 있으면서 처소가 없다. 곧 결정자성에 머물기 때문이다. 이 결정자성은 일(一)도 아니고 이(異)도 아니며 단(斷)도 아니고 상(常)도 아니며 입(入)도 아니고 출(出)도 아니며 생(生)도 아니고 멸(滅)도 아니다. 모든 사방(四謗, 有.無.亦有亦無.非有非無의 분별사구)을 떠나 언어로 표현되지 않는다. 무생한 마음의 자성도 또한 그와 마찬가지이다. 그런데 어떻게 생과 불생과 유인과 무인을 설명할 수 있겠는가. 만약 마음에 대하여 소득이 있고 머묾도 있으며 볼 수도 있다고 말한다면 곧 아뇩다라삼먁삼보리의 반야를 터득할 수가 없다. 그것은 곧 장야(長夜)의 상태이다. 그러나 마음의 자성을 요별한 사람은 마음의 자성이 여시임을 알고 그 자성의 작용도 역시 여시임을 아는데, 그것이 곧 무생이고 무행이다.[171]

---

171) 『金剛三昧經』「無生行品」, (大正新脩大藏經9, p.367下) “善男子 是心性相 又如阿摩勒果 本不自生 不從他生 不共生 不因生 不無生 何以故 緣代謝故 緣起非生 緣謝非滅 隱顯無相 根理寂滅 在無有處 不見處所 住決定性故 是決定性 亦不一不異 不斷不常 不入不出 不生不滅 離諸四謗 言語道斷 無生心性 亦復如是 云何說生不生 有忍無忍 若有說心 有得有住 及以見者 即為不得阿耨多羅三藐三菩提<般若+> 是為長夜 了別心性者 知心性如是 性亦如是 是無生<無+?>行” 그런데 “知心性如是 性亦如是 是無生<無+?>行”의 대목에 대하여 원효의 『論』에서는 “知心性如 是性亦如 是無生無行”으로 해석하여 “마음의 자성이 여여함을 안다. 그 자성 역시 여여한데 이것이 무생이고 무행이다.”고 해석한다. 그러나 圓澄의 『金剛三昧經註解』 卷2, (卍新續藏經35, p.227上)에서는 “知心性如是 性亦如是 是無生無行”과 같이 맨 뒤의 是를 첨가하여 “마음의 자성이 여시임을 알고 그 자성의 작용도 역시

이 대목은 아마륵(阿摩勒)을 비유로 들어서 무생행(無生行)의 불인생(不因生)과 불무생(不無生)에 대하여 설명한 것이다. 경문에서 말하는 불인생(不因生)이란 인(因)이 없이 발생한다는 것이 아니다. 그리고 불무생(不無生)의 경우도 또한 유(有)가 없이 발생한다는 것이 아니다.

가령 저 용승보살(龍勝菩薩)은 『중관론』의 게송에서 "제법은 저절로 발생하는 것이 아니고, 또한 다른 것에서 발생하지도 않으며, 양자 및 무인(無因)으로 발생하지도 않는다. 이와 같은 까닭에 무생이라 설명한다."[172]고 말한 경우와 같다. 이것은 연(緣)의 대사(代謝)이기 때문인데, 그것은 연기하여 발생하는 것이지 실유로써 발생하는 것이 아니라 그것은 연사(緣謝)하여 소멸하는 것이지 실유로써 소멸되는 것이 아님을 말한다. 연이 소멸한즉 숨고 연이 발기한즉 드러나는 것이지 본래부터 실유의 상(相)이란 없다. 본래부터 적멸하므로 그 존재를 추구해보아도 끝내 도리가 없는데 그것은 결정자성에 주(住)하기 때문이다. 곧 결정자성에는 명(名)·상(狀)이 없고 또한 일(一)·이(異)·단(斷)·상(常)·입(入)·출(出)·생(生)·멸(滅) 등이 없다.

그 때문에 경문에서는 만약 결정자성에 대하여 생·멸 등의 상(相)이 있다고 말한다면 그것은 곧 사방(四謗)과 같다고 말한다. 유(有)는 증익방(增益謗)이고, 무(無)는 손감방(損減謗)이며, 역유역무(亦有亦無)는 상위방(相違

여시임을 아는데, 그것이 곧 무생이고 무행이다."고 해석한다.

172) 『中論』 卷1, (大正新脩大藏經30, p.2中) "諸法不自生 亦不從他生 不共不無因 是故知無生"

謗)이고, 비유비무(非有非無)는 희론방(戱論謗)이다. 그래서 사방(四謗)을 벗어난다면 백비(百非)가 모두 단절되고, 사방을 벗어난 경지에 이르면 언어도단임을 가리킨다. 따라서 마음이 본래 여여하여 마음이 일어나는 것으로서 동념(動念)에 해당하는 능생이 없고 사려하는 것으로서 분별에 해당하는 소생이 없다면 천사(千思) 및 만려(萬慮)가 모두 발생하지 않으므로 사려하는 행위도 없게 되어 비로소 무생행이 된다.

이처럼 여여한 무생행이란 성·상의 둘이 모두 공적한 것을 말한다. 곧 지금 볼 수도 없고 들을 수도 없는 것은 본체가 본래 공적하기 때문이고, 얻음도 없고 잃음도 없는 것은 자성이 본래 갖추어져 있기 때문이며, 말씀도 없고 언설도 없는 것은 문자의 자성이 공하기 때문이고, 안으로 지(知) · 각(覺)이 없고 밖으로 환(幻) · 상(相)이 없는 것은 일법도 취할 것이 없고 일법도 버릴 것이 없기 때문이다. 언(言)으로 서로 다투는 것을 쟁(諍)이라 말하고, 도리를 가지고 변박(辨駁)하는 것을 논(論)이라 말하는데, 이와 같은 쟁(諍)이 없고 논(論)이 없어야 이에 무생무행이 된다.

이 무생무행과 관련하여 일찍이 정명이 보살에게 불이법문에 들어가는 것에 대하여 질문하자, 그때 법자재보살이 제일 먼저 '발생과 소멸은 둘이지만 법은 본래 불생(不生)이므로 이에 곧 무멸(無滅)입니다. 이 무생법인을 터득하는 것이야말로 불이법문에 들어간 것입니다.'[173]라고 말했다. 보살들이 각각 자기의 견해를 말하였는데 최후로 문수

173) 『維摩詰所說經』 卷中, (大正新脩大藏經14, p.550中-下)

보살이 말했다. '제 견해로는 일체법에 대하여 무언(無言)이고 무설(無說)이며, 무시(無示)이고 무식(無識)으로서 모든 문답(問答)을 벗어나 있는 것이야말로 곧 불이법문에 들어간 것입니다.'라고 말했다.

그리고나서 문수는 다시 정명에게 물었지만, 정명은 묵연히 무언의 상태로 있었다. 문수가 찬탄하여 '참으로 훌륭합니다. 이것이야말로 진정으로 불이법문에 들어간 것입니다.'라고 말했다. 그때 대중으로 있던 오천 명의 보살이 그 문답을 듣고서 모두 불이법문에 들어가서 무생법인을 터득하였다.[174] 이에 대하여 승조법사는 '문수는 말이 있은 연후에야 말이 없었다. 그와는 정명은 달리 말이 없은 후에도 말이 없었다. 그 때문에 정명은 침묵을 지켰다.'고 말했다.[175]

이와 관련하여 경문에서는 "여여의 무생행은 성과 상이 공적하여 견(見)도 없고 문(聞)도 없으며, 득(得)도 없고 실(失)도 없으며, 언(言)도 없고 설(說)도 없으며, 지(知)도 없고 상(相)도 없으며, 취(取)도 없고 사(捨)도 없는데 어떻게 증득할 수 있겠습니까. 만약 증득을 취한 것이 있다면 곧 쟁(諍)과 논(論)이 될 터인데 쟁(諍)도 없고 논(論)도 없는 것은 이에 무생행이기 때문입니다."[176]라고

174) 『維摩詰所說經』 卷中, (大正新脩大藏經14, p.551下) 참조.

175) 僧肇, 『注維摩詰經』 卷8, (大正新脩大藏經38, p.399中-下) "肇曰 有言於無言 未若無言於無言 所以默然也 上諸菩薩措言於法相 文殊有言於無言 淨名無言於無言 此三明宗雖同 而迹有深淺 所以言後於無言 知後於無知 信矣哉 生曰 文殊雖明無可說 而未明說為無說也" 참조.

176) 『金剛三昧經』 「無生行品」, (大正新脩大藏經9, p.367下) "如無生行 性相空寂 無見無聞 無得無失 無言無說 無知無相 無取無捨 云何取證 若取證者 卽爲諍論 無諍無論 乃無生行"

말한다. 이것은 무생심으로 무생행을 증득했다는 것에 집착하지 못하게 경계한 것이다. 왜냐하면 저 무생행의 경우에 실성대로 행하므로 행(行)은 무소행이고, 임운대로 작용하므로 곧 相은 불가득이며, 그 실성에 따르므로 무득이고 무실이기 때문이다. 그래서 다시 경문에서는 무생심에 대하여 설명한다.

> 부처님께서 말씀하셨다. 법인이 없고[無忍] 발생이 없는[無生] 그 마음이란 형단이 없는 마음이다. 마치 불의 자성이 비록 나무의 내부에 들어있지만 그 소재가 없는 경우와 같다. 결정성이기 때문이다. 단지 명칭일 뿐이고 글자일 뿐으로 그 자성은 불가득하다. 그래서 그 도리를 설명하려고 명칭을 가설하지만 명칭은 불가득이다. 마음의 모습도 또한 불가득하여 처소를 볼 수가 없다. 마음의 이런 도리를 알면 그것이 곧 발생이 없는 마음이다.[177]

이 대목은 직접적으로 무생심에 대하여 '형단으로는 볼 수가 없고 또한 처소에 머물 수가 없다는 이 심(心)'이라고 말한다. 비유로 들면 저 불의 성질이 나무속에 들어있는 것처럼 그 화(火)는 허망하여 명자만 있을 뿐이지 실체가 없다. 그러나 가설하여 화(火)라는 명칭으로 삼은 것일 뿐이지 명칭의 실체가 없는 것처럼 심(心)의 형상도 또한 그와 같다. 심(心)을 그와 같이 아는 것이 곧 무생의 심(心)이다.

가령 불여밀다존자가 게송으로 "참 성품이 마음에 있지만, 머리도 없고 꼬리도 없네. 인연 따라 중생 교화하니,

---

177) 『金剛三昧經』「無生行品」, (大正新脩大藏經9, p.367下) "佛言 無忍無生心者 心無形段 猶如火性 雖處木中 其在無所 決定性故 但名但字 性不可得 欲詮其理 假說為名 名不可得 心相亦爾 不見處所 知心如是 則無生心"

방편상 지혜라 할 뿐이네."[178]라고 말한 경우와 같다. 또한 혜능의 "내가 지니고 있는 일물(一物)은 머리도 없고 꼬리도 없으며 명칭도 없고 글자도 없으며 등도 없고 얼굴도 없다. 그대들은 그것이 무엇인지 알겠는가."[179]라고 말한 경우와 같다. 이에 경문에서는 다음과 같이 말한다.

> 만약 적멸심을 발생하거나 만약 무생심을 발생하면 그것은 유생행으로 무생행이 아니다. 그래서 보살한테는 안으로 삼수와 삼행과 삼계가 발생한다. 그러나 만약 이미 적멸생심조차 불생하면 마음이 항상 적멸하여 공능도 없고 작용도 없으며 적멸의 증득상도 없고 또한 무증득상에도 머물지 않는다. 이처럼 모든 처소에 무주하여 무상을 총지하면 곧 삼수 . 삼행 . 삼계가 없고 모두가 적멸하며 청정무주하여 삼매에 들지도 않고 좌선에 머물지도 않는다. 이것이 곧 무생이고 무행이다.[180]

여기에서 적멸생심조차 불생이라는 말은 실제로 적멸을 발생했으면서 발생했다는 그 마음조차 불생이 되는 것을 가리킨다. 따라서 아뇩다라삼먁삼보리를 터득했다고 간주하는 것에조차 집착이 없는 무생이어야 함을 강조한 것이다. 이에 『금강경』에서 "만약에 어떤 법에 대하여 여래가 아뇩다라삼먁삼보리법을 얻었다면 연등불은 곧 나에게 '그대는 내세에 진실로 부처가 되는데 호는 석가모니이다.' 라는 수기를 주지 않았을 것이다. 실로 어떤 법에 대하여 여

---

178) 西天 제26조 不如密多의 전법게이다. 『景德傳燈錄』卷2, (大正新脩大藏經51, p.216上)

179) 『六祖大師法寶壇經』, (大正新脩大藏經48, p.359下) 참조.

180) 『金剛三昧經』「無生行品」, (大正新脩大藏經9, p.368上) "若生寂滅心 若生無生心 是有生行 非無生行 <菩薩+> 內生三受三行三戒 若<已+>寂滅生心<則>不生 心常寂滅 無功無用 不證寂滅相 亦不住於無證 可處無住 總持無相 即無三受 三受等三<三行三戒?> 悉皆寂滅 淸淨無住 不入三昧 不住坐禪 無生無行"

래가 아뇩다라삼먁삼보리법을 얻은 것이 없다. 이 때문에 연등불은 나에게 '그대는 내세에 반드시 부처가 되는데 명호는 석가모니이다.'라는 수기를 주었다."[181]라고 말한 경우와 마찬가지이다.

이것은 청정자성 가운데서 유위에도 집착하지 않고 무위에도 집착하지 않으며, 유무의 간잡(間雜)도 되지 않고 또한 언설도 없는 진공의 실천을 가리킨다. 일체의 사려와 일체의 생멸은 모두 처소가 없고 결정이 없다. 이미 처소가 없고 결정이 없으므로 거기에는 득도 없고 부득도 없다. 이 두 가지 곧 득과 부득은 모두 결정설이 아니기 때문이다.

이에 『금강경』에서는 부처님이 수보리한테 "나는 아뇩다라삼먁삼보리 내지 작은 법조차도 얻은 바가 없는데 그것을 아뇩다라삼먁삼보리라 말한다."[182]고 말씀하셨다. 무생법은 삼승의 경우에도 각각 터득하는데 무릇 그들은 분증지(分證知)로써 각각의 분제를 따라서 이해할 뿐임을 경계한 것이다. 이런 까닭에 「무생행품」의 마지막 대목에서 "그때 대중들이 이 설법을 듣고나서 모두 무생법인과 무생반야를 터득하였다."[183]고 말하여 무생의 의미를 갈무리하고 있다.

---

181) 『金剛般若波羅蜜經』, (大正新脩大藏經8, p.751上) "若有法如來得阿耨多羅三藐三菩提者 然燈佛則不與我受記 汝於來世當得作佛。號釋迦牟尼 以實無有法得阿耨多羅三藐三菩提 是故然燈佛與我受記作是言 汝於來世當得作佛號釋迦牟尼"

182) 『金剛般若波羅蜜經』, (大正新脩大藏經8, p.751下) "我於阿耨多羅三藐三菩提 乃至無有少法可得 是名阿耨多羅三藐三菩提"

183) 『金剛三昧經』「無生行品」, (大正新脩大藏經9, p.368中) "**爾時 眾中聞說此已 皆得無生 無生般若**"

5. 맺음

무생법인은 번뇌의 본래공을 깨우치는 무생의 터득으로서 인(忍)은 그 지혜를 가리킨다. 따라서 무생법인은 집착이 없는 마음으로서 견본심 및 견불성의 터득이기도 하다. 그 때문에 일체법이 무아라는 근거를 통하여 분별을 벗어나고 집착을 벗어나는 행위가 다름아닌 무생행으로서 무공용(無功用)을 그 특징으로 한다. 무공용은 시비분별과 조작관념이 없는 무념으로서 무생의 실천을 가리킨다.

이와 같은 무생법인에 대하여 『유마경』에서는 정위(正位)로 설명하였고, 『금강경』에서는 보살의 4종심으로 설명되었다. 특히 『금강삼매경』에서는 아마륵의 열매를 비유로 들어서 그 속성을 자생(自生)도 아니고 타생(他生)도 아니며 공생(共生)도 아니고 인생(因生)도 아니며 무생(無生)도 아님을 말하였다.

이처럼 무생법인은 일체법이 발생하지 않는다는 것에 그치는 것이 아니라 무생행의 실천으로서 삼매의 터득 및 불보살로부터 받는 수기에까지 널리 관련되어 있다. 그 때문에 원효는 무생법인의 지혜를 무생지라 하여 능소심을 벗어나서 피안에 도달하는 반야바라밀의 근거로 해석하였다. 이와 같은 삼매 및 수기의 근거로 등장해 있는 무생법인은 많은 대승경전을 통하여 확인할 수 있는 있는데, 그 과정이 동일하지는 않다. 나아가서 대승의 수행과 신행에서는 무생행으로서 정토수행 및 선수행과 관련하여 널리 강조되었다.

특히 『금강삼매경』에서는 제법의 무아를 설하는 무생법

및 무생심이 그 실천으로서 무생행 및 무생법인으로 전개되어 무생선의 구조와 그 실천방식을 잘 드러내주고 있다. 곧 쟁(諍)과 논(論)이 없는 무차별심은 성(性)과 상(相)이 본래공적한 무생행으로서 득(得)과 실(失)이 없고 말씀과 언설이 없으며 지(知)와 각(覺)이 없고 환(幻)과 상(相)이 없는 모습으로 나타나 있다.

V. 본각과 본리의 수증관

1. 도입

본각리(本覺利)는 본각(本覺)과 본리(本利)로서 본각은 본래의 깨침으로 자리의 자각이고 본리는 본각을 중생으로 하여금 자각하도록 해주는 이타의 실천이다. 본리에 대하여 『금강삼매경통종기』에서는 '본(本)'은 무생법인의 터득으로서 본각이고, '리(利)'는 무량한 차별지혜로서 분별사식(分別事識)의 전환이라고 말한다.[184] 이것이 바로 「본각리품」이 본각에 머물지 않고 그 실천으로서 불보살이 중생에게 제시해주는 수행의 성격을 포함하고 있는 이유이다.

『금강삼매경』은 선을 비롯하여 반야 · 화엄 · 유식 · 여래장 · 지장 · 천태 등 다양한 분야와 밀접한 관계를 지니고 있다. 또한 8개의 품이 개별적으로 독립적인 경전으로 존립할 수 있는 까닭에 예로부터 어느 한 종파 내지 사상으로 판단하기 어려운 점도 있다. 그 때문에 본 논고에서는 그 가운데 「본각리품」에 대하여 선의 수증관과 관련하여 선경으로서 지니고 있는 점을 중심으로 고찰해보고자 한다.

2. 선경으로서 『금강삼매경』

『금강삼매경』에서는 우선 금강삼매에 대하여 『열반경』에

184) 『金剛三昧經通宗記』 卷6, (卍新續藏35, p.289上) "本利二字 本即所得法忍 即是本覺 利即無量差別智 即是轉識"

서 말하고 있는 15가지 금강의 의미를 비유하여 설명하고 있는데 다음과 같다.

제법은 파괴되지 않는 것이 없지만 그 금강삼매는 손상되지 않고, 금강이 모든 보배 가운데 가장 뛰어난 것처럼 금강삼매야말로 일체의 삼매 가운데 최고이고 제일이며, 보살마하살이 금강삼매를 닦으면 일체의 삼매가 모두 찾아와서 귀속하고, 모든 소왕이 모두 찾아와서 전륜성왕에게 귀속하는 것처럼 일체의 삼매도 또한 그와 마찬가지로 모두 찾아와서 금강삼매에 귀속하며, 보살이 수습하면 일체중생의 원적(怨敵)을 파괴하기 때문에 항상 일체삼매로부터 최고의 존경을 받고, 금강삼매는 힘으로 굴복하기 어려운 법을 굴복시키는 까닭에 일체의 삼매가 모두 찾아와서 귀속하며, 보살마하살이 금강삼매를 수습하면 이미 여타의 일체 삼매를 수습하는 것이고, 금강삼매는 팔정도를 갖추고 있어서 보살이 수습하면 일체번뇌의 종양과 중병을 단제하며, 금강삼매를 수습하면 일체의 모든 삼매를 수습하는 것이고, 금강삼매는 일체법의 생 · 멸 · 출 · 몰을 보고, 금강삼매는 모든 법을 명료하게 바라보며, 금강삼매의 청정한 안목은 국토 및 시방세계의 생성과 파괴 등 일체의 모습을 다 장애가 없이 요요하게 보고, 보살이 금강삼매를 수습하면 일체번뇌가 즉시에 소멸되며, 보살이 금강삼매를 수습하면 번뇌를 타파하지만 끝내 보살은 번뇌를 타파했다는 생각을 일으키지 않고, 금강삼매는 일체번뇌를 소멸할지라도 소멸한다고 말하지 않는 등 15가지 비유와 함께 금강의 속성을 설명한다.

이와 같은 공능을 갖추고 있는 금강삼매를 금강삼매라고

명칭한 까닭에 대해서는 세 가지로 설명한다.

① 금강이 햇빛에 노출되면 그 색상이 한 가지로 정해지지 않는 것처럼 금강삼매도 또한 그와 마찬가지로 대중 가운데 있어도 또한 한 가지로 정해지지 않는다.

② 금강은 일체의 세인이 평가할 수 없는 것처럼 금강삼매도 또한 그와 마찬가지로 그에 따른 공덕을 일체의 인·천이 평가할 수가 없다.

③ 가난한 사람이 금강보배를 얻으면 곧 빈궁(貧窮)·곤고(困苦)·악귀(惡鬼)·사독(邪毒)을 멀리 벗어나는 것처럼 보살마하살도 또한 그와 마찬가지로 이 삼매를 터득하면 곧 번뇌(煩惱)·제고(諸苦)·제마(諸魔)·사독(邪毒)을 멀리 벗어난다.185)

이처럼 『금강삼매경』에서 금강삼매를 제명으로 붙인 이유는 최고의 삼매로서 금강이 지니고 있는 속성과 공능과 비유를 담고 있는 까닭에 그 삼매의 성격도 또한 가히 짐작하기 어렵지 않다. 그 삼매가 함유하고 있는 다양한 의미는 또한 선수행의 다양한 측면과 부합됨으로써 『금강삼매경』의 모든 품에서 수행의 양상으로 제시되어 있다.

「서품」에는 구체적인 언설의 설법이 보이지 않는 까닭에 부처님의 설법이 침묵으로 구성되어 있는데, 이 침묵이야말로 가장 함축적인 설법으로서 『금강삼매경』이 왜 선경으로 분류되는가를 잘 보여준다. 이런 점에서 『금강삼매경』은 먼저 『일미·진실·무상·무생·결정·실제·본각·리행』이라는 제명을 통해서 무언의 침묵으로 설해진 것을

---

185) 曇無讖 譯, 『大般涅槃經』 卷24, (大正新脩大藏經12, pp.509中-510上) 내용 요약.

삼매상태로 보여주고 있다. 이것은 본 『금강삼매경』이 먼저 상근기를 위한 설법으로 설해진 것을 의미하고, 나아가서 제이 「무상법품」의 대목부터는 중하근기를 위한 언설의 설법으로 다시 설해진 것을 보여준다. 그 때문에 「서품」의 대목이야말로 하나의 독립된 경전의 모습이기도 하다.

『금강삼매경』은 일승(一乘) · 일법(一法) · 일우(一雨) · 일미(一味)를 보여주는 일승의 돈교에 속하는 것으로 설정되어 있어서 일시에 인간과 천상의 대중 앞에 있는 범부와 부처를 가리지 않고 금강삼매의 침묵을 통하여 돈설(頓說)되어 있다. 그 때문에 만약 대중이 일념지간에 그 제호미의 가르침을 개오함으로써 본각 · 리행을 터득하여 문득 불체(佛體)와 동일하게 된다는 선리를 보여주고 있다.[186]

그리고 「서품」의 성격이 믿음을 불러일으키는 생신분(生信分)으로서 인위(因位)에 해당한다면 제이 「무상법품」은 대승불교의 수행계위에 배대하면 본격적인 수행의 계위로서 반야분(般若分)에 해당한다. 곧 반야는 제불의 모(母)이고 제법의 왕(王)으로서, 일체제불이 반야로부터 출생하였고 일체만법이 반야로부터 건립되었다. 이처럼 비록 제불을 출생하고 만법을 건립할지라도 반야법은 본래 무상(無相)이므로 이 대목을 무상법이라 말한다.[187]

그래서 「무상법품」은 금강삼매에서 출정하여 자술(自述)한 대목으로서 여래가 방편으로 개화하는 단서에 해당한

186) 김호귀, 「『금강삼매경』과 무언 및 침묵의 선리 고찰」, (『대각사상』 21. 2014.6)

187) 仁山寂震, 『金剛三昧經通宗記』 卷2, (卍新續藏經35, p.266中) "此為般若分 夫般若為諸佛之母 諸法中王 一切諸佛 從玆出生 一切萬法從玆建立 雖則能生能立 而般若之法 本自無相 故謂之無相法也" 참조.

다. 삼매가 종(宗)이라면 언설은 교(敎)이다. 종(宗)은 교(敎)가 없이는 드러나지 않고, 교(敎)는 종(宗)이 없이는 성립되지 못한다. 그 때문에 이제 특별히 제이의문(第二義門)을 열어서 언설로써 무언(無言)의 경지를 드러낸다. 곧 「서품」에서는 불지지(佛智地)에 들어있었지만, 이제 여기 「무상법품」에서는 언설을 통하여 설법을 일으키는 것이다. 그 설법이 곧 십이지연기의 관찰을 통하여 연기의 도리로써 무아를 이해함으로써 분별을 벗어나고, 여래장의 본유성을 이해함으로써 중생이라는 선입견에 대한 집착을 벗어나며, 육바라밀을 닦음으로써 보살의 대승심을 이해하여 중생에 대한 교화의 상(相)을 벗어날 수가 있다는 것에 해당한다. 이런 점에서 「무상법품」에 제시된 무상과 무생과 무위야말로 선의 수행론에 부합된다.

「무상법품」은 뒤에 이어지는 무생(無生)·각리(覺利)·실제(實際)·성공(性空)·여래장(如來藏)·총지(總持)의 여섯 가지 품을 발기하는 그 시작에 해당한다. 그리고 말미에서는 별도로 육바라밀을 설명하여 뒤의 여섯 개의 품을 총섭하여 반야를 드러내어 제육지인 현전지(現前地)를 발기한다. 그 까닭은 초지로부터 제오지에 이르기까지는 무상법(無相法)에 머물지 못하지만, 제육지인 현전지에 이르러 무상법을 전수(專修)하기 때문이다. 나아가서 제칠지인 원행지(遠行地)에 이르러 무상법을 증득한다. 그리하여 무생법인(無生法忍)을 획득하여 제팔지의 부동지(不動地)에 들어간다. 이어서 무공용도(無功用道)를 터득하여 제구지 선혜지(善慧地)에 들어감으로써 만지(滿地)를 터득하고 마침내 법운지(法雲地)에 들어가 각만(覺滿)을 성취한

다.[188]

이들 각 품의 선수행론의 관계에 대하여 말하면 먼저 모든 분별상을 없애야 한다고 말한다. 그 때문에 첫째로 분별상이 없는 법을 관찰할 것을 설명하였다. 비록 모든 분별상을 없앴더라도 만약 관찰하는 마음이 남아있으면 그 관찰하는 마음 때문에 오히려 본각을 모르게 되므로 관찰하는 마음이 일어나는 것도 없앤다. 이런 까닭에 둘째로 무생과 행을 드러낸다. 이윽고 행과 무생이어야 바야흐로 본각을 알게 된다. 무상(無相)과 무생(無生)은 향상(向上)의 상구보리에 해당한다.

그 본각에 의하여 중생을 교화하여 본각의 이익을 터득하도록 하므로 셋째로 본각리문을 설명한다. 만약 본각에 의하여 중생을 이롭게 하면 중생이 곧 허상으로부터 실제에 들어가는 까닭에 넷째로 입실제에 대하여 설명한다. 내행(內行)에는 곧 무상법과 무생행이 해당하고, 외화(外化)에는 곧 본각리와 입실제가 해당한다. 본각리와 입실제는 향하의 하화중생에 해당한다. 그러나 결국 향상과 향하는 모두 본래성불에 근거한 자리의 수행이고 깨침의 회향이기 때문에 결국 진성공으로 나아갈 수가 있다.[189]

그리하여 다른 경전은 의심을 타파하고 집착을 없애는 것으로서 작용을 삼는데, 이 『금강삼매경』은 가히 없애야 할 집착이 없고 타파해야 할 의심이 없어서 교화함이 없이 교화하고 수행함이 없이 수행하며 터득함이 없이 터득하는

188) 김호귀, 「『금강삼매경』의 「무상법품」에 나타난 선론의 고찰」, (『정토학연구』 제19집, 2013.6)
189) 김호귀, 「『금강삼매경론』의 선수행론 고찰」, (『불교학보』 제58집. 2011.4)

것이야말로 이 『금강삼매경』의 묘용으로 간주한 것이다. 그 때문에 경문에서는 "만약 중생을 교화하려면 교화한다는 분별상이 없어야 하고 교화하지 않았다는 분별상도 없어야 한다. 그래야 그 교화가 훌륭하다. 운운"190)라고 말한다.

이러한 『금강삼매경』은 반야를 최후로 삼고 법화를 선두에 내놓아 반야시와 법화시의 이시부정(二時不定)으로써 교상(教相)을 삼는데, 그 까닭은 곧 반야가 비록 가재(家財)를 가리키는 것일지라도 아직까지 감히 일손(一飡, 한 끼니)도 손대지 못한다는 뜻이기 때문이다.191)

이처럼 『금강삼매경』에는 선수행과 관련한 내용이 전반에 걸쳐 산재하고 있다. 그 때문에 일찍부터 선경으로서 중시되어 선종 가운데 주석서로는 조동종 계통에서는 명대에 『금강삼매경주해』 4권이 출현하였고, 천태종 계통의 주석서로는 청대에 『금강삼매경통종기』 12권이 출현하였다.

3. 본각·리행과 본래성불의 접점

본각리품이 「무상법품」과 「무생행품」의 뒤를 이어서 위치한 이유에 대하여 원징은 다음과 같이 말한다.

> 본각리품은 서품의 뜻에 의하면 응당 맨 뒤에 위치해야 한다. 왜냐하면 곧 서품에서 "일미 · 진실 · 무상 · 무생 · 결정 · 실제 · 본각 · 리행"이라 말하였기 때문이다. 서품은 곧 총표로서 저 아가타비구가 찬탄한 바와 같이 가히 일미 · 진실이라 할 수가 있다. 그다음 품의 명칭은 무상이고, 셋째 품의 명칭은 무생이다. 그러므로 이 넷째 품의

---

190) 「無相法品」의 내용에 나오는 대목이다.
191) 『添品妙法蓮華經』 卷2, (大正新脩大藏經 9, p.150上) 참조.

> 명칭은 응당 입실제품이어야 한다. 연후에 본각행 및 본리행에 들어가야 차제를 벗어나지 않기 때문이다.[192]

여기에서 본각리는 본각과 본리로 나뉘는데, 본리(本利)에서 본(本)은 무생법인의 터득으로서 본각이고, 리(利)는 무량한 차별지혜로서 분별사식(分別事識)의 전환이다.[193] 곧 본각과 본리는 깨침과 그 실천임에도 불구하고 깨침에 들어가는 「입실제품」의 앞에 위치한 까닭에 대하여 원징은 이어서 다음과 같이 말한다.

> 그런데 어째서 이 본각리품이 입실제품 앞에 위치하였는가. 그 까닭은 앞의 두 품 곧 무상법품 · 무생행품을 통해서 무상과 무생의 뜻을 갖추어 드러냈기 때문이다. 그렇다면 어떻게 그것이 무상과 무생인 줄을 아는 것인가. 그 까닭은 본각묘명(本覺妙明)과 무위임운(無爲任運)이므로 조작할 수가 없고 안배할 수가 없기 때문인데, 곧 그것은 소위 자성천연의 불법이기 때문이다. 이와 같이 입실제품은 육바라밀행을 마치고 실제에 들어가는 것으로 마치 각각의 분제를 지나기 때문에 본각리품의 뒤에 위치한 것이다.[194]

왜냐하면 본각리는 본각의 체(體)과 본리의 행(行, 用)이기 때문이다. 바로 그 본각(本覺)이란 곧 모든 사람의 법신이고, 이행(利行)이란 곧 모든 사람의 법성이므로, 본

---

192) 『金剛三昧經注解』 卷2, (卍新續藏35, p.229下) "此品據序品之意應在後 彼云 一味真實 無相無生 決定實際 本覺利行 首品雖是總標 如阿伽比丘所贊 可謂一味真實也 次品名無相 三品名無生 此品應是入實際品 然後入之 不失次第"

193) 『金剛三昧經通宗記』 卷6, (卍新續藏經35, p.289上) "本利二字 本即所得法忍 即是本覺 利即無量差別智 即是轉識"

194) 『金剛三昧經注解』 卷2, (卍新續藏35, p.229下) "何以却將此品 在前 蓋由前二品 備顯無相無生之義 夫何以知 其無相無生耶 以本覺妙明 無為任運 不假造作 不屬安排 古<故?>所謂自性天然之佛法爾 如是入實際品 自六行而後入實際 似涉一分脩為故在後矣"

각의 법성은 생 · 멸이 없고 또한 불생 · 불멸의 작용 아님이 없으면서 무생의 뜻을 드러내고, 이행의 법신은 상(相)이 없고 상(相)의 작용 아님이 없으면서 무상의 뜻을 드러낸다. 원징은 이런 까닭에 본각리라는 명칭은 앞의 세 품 곧 서품 · 무상법품 · 무생행품의 뜻을 성취하게 된 것[195]이라고 말한다.

또한 「입실제품」에 대하여 육바라밀행을 마치고 실제에 들어가는 것으로 간주하여 본각과 이행을 각각 자리와 이타의 육바라밀행의 의미로 포함시켜두고 있다. 이것은 육바라밀행에 대하여 자리를 향한 향상(向上)의 덕목일 뿐만 아니라 이타를 위한 향하(向下)의 덕목이라는 자리이타의 입장으로 파악함으로써 그 범주를 확장하여 논의한 결과이기도 하다. 그것을 구현한 인물이 바로 「본각리품」에 등장하는 무주보살이다.

무주보살의 명칭에서 무주의 의미에 대하여 원효는 본각에는 기동이 없음을 통달하여 무소득을 터득했지만 적정에도 집착하지 않으면서 항상 널리 교화하기 때문이라고 말한다.[196] 이와 관련하여 원징은 여래는 제법여의(諸法如意)이고 무소종래(無所從來)이며 역무소거(亦無所去)임을 증득하여 불래상(不來相)으로 래(來)하므로 멀리서 래(來)하고 비지(非至)로 지(至)하므로 가까이서 지(至)하는데 그 까닭은 신(身)과 심(心)이 부동(不動)이기 때문이라고

---

195)『金剛三昧經注解』卷2, (卍新續藏35, p.229下) “為故在後矣本覺者即人人之法身利行者即人人之法性法性非生滅而亦非不生滅用顯無生義法身無相而靡所不相用顯無相義還是成前三品之意也”

196)『金剛三昧經論』卷中, (大正新脩大藏經34, p.977中) “此人雖達本覺本無起動。而不住寂靜恒起普化。依德立號名曰無住”

말한다.[197] 무주가 여래로부터 찬탄을 받은 까닭은 자신의 사위의(四威儀)에 드러난 일미의 무위를 모든 중생으로 하여금 법신의 불래(不來) · 불거(不去)를 증득하도록 했기 때문이었다.[198]

그처럼 무주보살은 우선 일체중생의 경우에도 본각의 존재라는 것을 전제하고 있다. 이 점에 대해서는 원징도 '소위 본각이란 본래부터 누구나 구비하고 있어서 부처와 더불어 다르지 않다.'[199]는 입장에서 무주보살의 질문과 불(佛)의 답변을 이해하고 있다. 이것은 본 품명 그대로 본각과 본리의 관계에 대한 논의인 까닭에 당연한 설정이기도 하다. 따라서 무주보살은 우선 어떤 이익을 시설해야만 중생의 경우에 일체정식을 전변하여 암마라식에 들어갈 수 있는가를 질문한다.[200]

그러자 불(佛)의 답변은 분명하다. 곧 항상 일본각(一本覺)으로 제식(諸識)을 전변시켜 암마라식에 들어가게 하는데, 그 이유는 바로 암마라식의 경우 결정본성으로서 본래 기동(起動)이 없기 때문이라는 것이다. 그래서 일체중생의 본각에 대하여 항상 일본각(一本覺)으로써 모든 중생을 일깨워 그들 중생으로 하여금 모두 본각을 터득하게 하고 모

---

197) 『金剛三昧經注解』 卷2, (卍新續藏35, p.230上) "是如來者即諸法如義無所從來亦無所去故菩薩深證此理直以不來相而來故從遠來非至而至故從近來何以如此以身心不動故"

198) 『金剛三昧經注解』 卷2, (卍新續藏35, p.230中) "於四威儀一味無為使諸衆生法而則之各證法身不來不去故"

199) 『金剛三昧經注解』 卷2, (卍新續藏35, p.230中) "所謂本覺者本自有之與佛無二"

200) 무주보살의 질문 곧 '어떤 이익을 베풀어서[轉] 중생의 일체정식을 전변시켜[轉]'의 대목에서 앞의 '轉'은 '轉法'이고, 뒤의 '轉'은 '轉識'이다. 『金剛三昧經通宗記』 卷6, (卍新續藏35, p.289中)

든 정식이 공적하여 무생임을 일깨워줄 수가 있다는 것이다.

이것은 미혹의 중생으로 하여금 미혹을 떨구고 암마라식으로 나아갈 수 있는 근거를 제시해준 것이기도 하다. 여기에서 결정본성이란 결정적으로 본각의 자성을 스스로 아는 것이다. 곧 본각의 자성은 그 바탕[體]에 起動이 없고 또한 불래(不來)·불거(不去)의 경지에 도달한 것을 가리키는데, 이것이야말로 선종에서 명심(明心)하고 견성(見性)하는 지결(旨訣)이다.[201]

중생의 교화에 대하여 본각·리행에 입각한 이와 같은 전제는 중국의 선종 곧 조사선의 근본적인 바탕이기도 하다. 조사선에서는 불성(佛性)의 소유 내지 청정심(淸淨心)의 본유(本有)라는 입장을 인정하고 있기 때문에 궁극적으로는 차전적(遮詮的)인 번뇌의 소멸이 곧 그대로 표전적(表詮的)인 청정심의 현성이기도 하다. 왜냐하면 지혜와 번뇌는 동시에 나타날 수 없기 때문이다. 지혜 있는 곳에는 번뇌가 없고 번뇌 있는 곳에는 지혜가 있지 않기 때문이다.[202] 그래서 지혜로 번뇌를 물리치고 청정심을 드러내어 깨침을 완성하는 것이 아니다.

또한 번뇌가 지혜를 뒤덮고 오염시키기 때문에 중생으로 살아가는 것이 아니다. 이것은 지혜와 번뇌가 일체(一體)라는 입장에서만 가능하다. 일체(一體)이기 때문에 둘이 될 수 없고, 둘이 아니기 때문에 하나가 다른 하나를 물리

201)『金剛三昧經通宗記』卷6, (卍新續藏35, p.289中-下) “且決定自知本覺之性 其體本無有動 亦令其至於不來不去之地也 此即宗門明心見性旨訣”

202)『大般涅槃經』卷29, (大正新脩大藏經12, p.793中-下)

치고 드러난다든가 뒤덮는다든가 할 수가 없다. 그래서 지혜와 번뇌는 둘로 나누어 보고는 있지만 실은 둘이 아닌 이이불이(二而不二)의 관계이다.

조사선의 연원(淵源)이 되는 보리달마에게는 『이입사행』의 법문이 전한다. 여기에는 후대 조사선의 사상적인 바탕인 본래성불의 원형이 잘 드러나 있다.

> 이입이란 소위 불법의 가르침에 의해 불교의 근본적인 취지를 깨치는 것이다. 중생은 성인과 동일한 진성을 지니고 있음을 심신(深信)하는 것이다. 그런데도 중생은 단지 객진번뇌에 망상에 뒤덮여 있어 그 진성을 드러내지 못할 뿐이다. 만일 객진번뇌의 망념을 제거하여 진성에 돌아가 올곧하게 벽관(壁觀)을 통하여 자타의 구별이 없고, 범부와 부처가 본질적으로는 동일하다는 경지에 굳게 머물러 변함이 없으며, 또한 다시는 조금도 문자개념에 의한 가르침에 휩쓸리지 않는다면, 바로 그때 진리와 하나가 되어 분별을 여의고 고요한 무위에 도달한다. 이것을 이입(理入)이라 한다.[203]

여기 이입(理入)은 깨달음에 들어가는 이론이라든가 수행의 과정이 아니라 불교의 근본적인 취지를 깨치는 것을 말한다. 그 방법이란 다름아닌 불법의 가르침에 의거하여 불법의 가르침인 그 근본 취지를 깨닫는 것이다. 곧 불법으로써 불법을 깨닫는 것이다. 그리고 깨달음의 내용은 바로 중생은 성인과 동일한 진성을 지니고 있다는 것이다. 중생과 성인이 다르지 않다는 것은 중생에게나 성인에게나 모두 불법이 본래부터 갖추어져 있음을 말한다. 본래부터 갖추어져 있는 불법을 심신(深信)하는 것이 달마의 수행방

203) 『楞伽師資記』, (大正新脩大藏經85, p.1285上) "理入者 謂藉教悟宗 深信含生凡聖同一眞性 但爲客塵妄覆 不能顯了 若也捨妄歸眞 凝住壁觀 自他凡聖等一 堅住不移 更不墮於文教 此卽與理冥符 無有分別 寂然無爲 名之理入"

식이다.

따라서 달마가 말하고 있는 수행에는 이미 이입(理入)이 갖추어져 있다. 그래서 달마의 이입은 수행이고 깨침이다. 이입이 불법을 깨치는 것이므로 그것은 이론적인 깨침이 아니라 수행을 겸한 완성된 깨침이다. 그 수행방식이 심신이고 심신의 형태가 곧 벽관(壁觀)이다. 그 벽관의 구체적인 모습은 객진번뇌의 망념을 제거하여 진성에 돌아가 올곧하게 벽관을 통하여 자타의 구별이 없고, 범부와 부처가 본질적으로는 동일하다는 경지에 굳게 머물러 변함이 없으며, 또한 다시는 조금도 문자개념에 의한 가르침에 휩쓸리지 않는 것이다.

이처럼 벽관이라는 심신은 조금도 문자개념에 의한 가르침에 휩쓸리지 않는 것일 뿐만 아니라 오히려 문자를 통하여 진리에 계합하는 것이다. 이것을 달마는 자교오종(藉敎悟宗)이라 하였다. 자교오종의 근원에는 바로 본래성불이라는 믿음 곧 본각이 자리하고 있다. 그 본각은 깨쳐야 할 대상으로서가 아니라 이미 각자에게 갖추어져 있는 것으로서 자각의 대상인데, 그 자각이 바로 이입이다. 이입의 경지는 분별을 여의고 고요한 무위에 도달하는 것을 속성으로 삼고 있다. 분별이 없기 때문에 따로 자 · 타 내지 범 · 성이 없고, 고요한 무위의 경지이므로 객진번뇌로부터 자유롭다. 그래서 달마의 이입은 심신을 통한 벽관으로서의 본각의 구현일 뿐만 아니라 벽관을 통한 심신의 자각이다.

따라서 심신과 벽관과 이입은 깨침에 대한 달마 특유의 용어이면서 경전의 가르침을 통한 깨침이라는 의미까지 내포되어 있는 까닭에 조사선에서 수증관의 원형을 보여주고 있다. 따라서 이입(理入)이 본각(本覺)이라면 벽관(壁觀)에 의한 심신(深信)은 이행(利行)이다. 무주보살이 질문한 내용은 바로 벽관에 의한 심신처럼 이행의 근원적인 방식으로서 중생이 어떻게 하면 암마라식에 대한 자각이 가능하겠는가 하는 점이다.

4. 「본각리품」 수증의 구조

『금강삼매경』은 「총지품」만 제외하고 「서품」까지 포함하여 일곱 개의 품 각각이 독립된 경전의 형식을 지니고 있는 까닭에 달리 제명을 『섭대승경』이라고도 한다. 그런 만큼 각 품에는 나름대로 경전의 형식이 갖추어져 있는데, 『본각리품』도 예외가 아니다. 무주보살이 불의 곁에 다가와서 몸과 마음을 부동한 경지에 두고 앉았다. 이에 불이 무주보살에게 어디에서 왔고 어느 경지에 도달했는가를 묻는다.

이에 대한 무주보살의 답변은 근본이 없는 곳으로부터 왔기 때문에 곧 왔지만 온 곳이 없고, 근본이 없는 곳에 도달했기 때문에 곧 도달했지만 도달한 바가 없다는 것이다. 이것은 곧 본각묘명의 자성이 본래구족되어 있는 까닭에 사로 의기투합된 모습이기 때문에 불은 무주보살에 대하여 무주로 근본을 삼아 본각에 머물러 일체중생을 이끌어준다고 하여 본지풍광을 갖춘 대보살마하살이라고 찬탄한다.[204)]

---

204) 마치 『금강경』의 경우 수보리의 希有世尊 如來善護念諸菩薩 善付囑諸菩薩에 대한 답변으로 善哉善哉라고 말한 경우와 같다. 이와 같은 서두의 문답은 거기에 이미 이하에서 전개될 내용이 상징적으로 암시

찬탄한 그 게송은 바로 『본각리품』의 전체적인 문답을 위한 서막에 해당한다. 그 문답에 담겨 있는 무위법성을 바탕으로 하여 무주보살은 불이 찬탄한 내용에 걸맞게 일체중생으로 하여금 일체정식을 전변시켜 암마라식에 들어가는 수행의 방법에 대하여 질문한다. 불의 답변도 마찬가지로 중생의 본각을 전제하여 일본각으로써 중생을 일깨움으로써 그 본각을 터득하게 해주고 일체정식이 공적하여 무생임을 일깨우게 해주는데, 그 근거는 기동이 없는 결정본성에 근거하고 있다.

그러나 본각의 자성은 불공(不空)으로서 훼손되지도 않고 괴멸되지도 않기 때문에 정식이 부실(不實)인 것과 다르다. 다만 본각의 자성은 원융하여 불변과 수연이 자재한 까닭에 진실로 공도 아니고 불공도 아니면서 공이기도 하고 불공이기도 하다. 이것은 마치 여래장이 그 자성은 공이지만 그 공덕은 불공인 경우와 같다. 그 때문에 적진(謫震)은 『금강삼매경통종기』에서 「본각리품」을 전식분(轉識分)에 해당하는 것으로 파악하여 다음과 같이 말한다.

유식론에서 말한다. '요달(了達)하고 분별(分別)하는 것에 의거하면 팔

되어 있다. 『금강삼매경』의 경우에는 「서품」에 구체적인 언설의 설법이 보이지 않는 것은 부처님의 설법이 침묵으로 구성되어 있다는 것을 보여주고 있다. 이 침묵이야말로 가장 함축적인 설법으로서 『금강삼매경』이 왜 선경으로 분류되는가를 잘 보여준다. 이런 점에서 『금강삼매경』은 먼저 『일미·진실·무상·무생·결정·실제·본각·리행』이라는 제명을 통해서 무언의 침묵으로 설해진 것을 삼매상태로 보여주고 있다. 이것은 본 『금강삼매경』이 먼저 상근기를 위한 설법으로 설해진 것을 의미하고, 나아가서 제이 「무상법품」의 대목부터는 중하근기를 위한 언설의 설법으로 다시 설해진 것을 보여준다. 그 때문에 「서품」의 대목이야말로 하나의 독립된 경전의 모습이기도 하다. 김호귀, 「『금강삼매경』과 무언 및 침묵의 선리 고찰」, (『대각사상』21. 2014.6)

식을 모두 식(識)이라 말한다. 만약 육진의 거친 경계[粗境]로 요별한다면 앞의 육식도 식(識)이라 말할 수가 있다.'[205] 그러므로 앞의 육식은 모두 분별경식(分別境識)이라 말하고, 그 제팔식은 또한 본각식이라 말한다. 묻는다 : 지금 이 본각리품은 이미 본각이라는 명칭을 표한 것이다. 그런데 어째서 제팔식이라 말하지 않고 도리어 제구식이라 말하는가. 답한다 : 무릇 제팔식이 전(轉)하여 제구식이 된 것이다. 제구식은 범어로는 암마라(唵摩羅)인데 번역하면 清淨이라 말하고, 또한 백정식(白淨識)이라 말한다. 곧 제팔 이숙식에 해당한다. 말하자면 성불하는 경우에는 제팔식이 전(轉)하여 암마라가 성취되는데 제구식과 차별이 없다. 또한 무분별지광(無分別智光)이라고도 말하는데 곧 불성의 정인(正因)이다. 또한 아마라식이라고도 말하는데 여기에 두 종류가 있다. 첫째는 소연(所緣)인데 곧 진여이다. 둘째는 본각(本覺)인데 곧 진여지(眞如智)이다. 능연은 곧 불공여래장이고 소연은 곧 공여래장인데 이 둘은 모두 진여를 체로 삼는다. 또한 이 제구식은 모두 제식(諸識)을 섭수한다. 이에 앞의 팔식에다 암마라식을 더한 것이다. 또한 제식 가운데는 체심(體心)과 용심(用心)의 두 가지가 있는데 식성(識性)은 체이고 식상(識相)은 용이다. 저 적멸심은 제구식에 즉하는 것으로 체이고, 생멸심은 앞의 팔식에 즉한 것으로 용이다. 용으로써 체에 즉하는 까닭에 생멸이 곧 불생멸이고, 체로써 용에 즉한 까닭에 불생멸이 곧 생멸이다. 그래서 생멸은 무성(無性)이고 적멸은 수연(隨緣)인 것은 체와 용이 본래 불이인 까닭이다. 또한 이것은 전자(轉字)된 것인데 곧 리자(利字)로부터 전출(轉出)된 것이다. 제구식이 곧 제팔식으로 소전(所轉)한 것은 또한 본각으로부터 소출(所出)한 리(利)와 같다. 이런 까닭에 본각리품이라 표한 것이다.[206]

---

205) 通潤, 『成唯識論集解』 卷5, (卍新續藏經50, p.725上) "심·의·의식의 일구에 대해서 성유식론에서는 다음과 같이 말한다. 緣慮에 의거하여 모아보면 팔식은 모두 心이라 말한다. 만약 諸種子에 의거하여 모아보면 제팔식만 홀로 心이라고 말한다. 또한 等無間思慮에 의거하면 팔식을 모두 意라고 말한다. 만약 恒審思慮에 의거하면 제칠식만 홀로 意라고 말한다. 了達하고 分別하는 것에 의거하면 팔식을 모두 識이라고 말한다. 만약 육진의 粗境으로 요별한다면 앞의 육식도 識이라고 말할 수가 있다. 말하자면 그 모두는 所依하는 根을 좇아서 발생하여 屬이 되고 助가 된다는 점에서 모두 육근의 識이므로 識이라고 말한다. 然心意意識一句 成唯識論云 約緣慮積集 八識皆名心 若集諸種子 第八獨名心 又約等無間思慮 八識皆名意 若恒審思慮 第七獨名意 約了達分別 八識皆名識 若了別六塵粗境 前六可名識 謂其皆從所依之根而發 為屬為助 一如六根之識 故曰識 末那 此云染污 第七識之名 謂其與我見癡慢愛四惑相應 能染污真性 故得此名 阿梨耶"

206) 『金剛三昧經通宗記』 卷6, (卍新續藏35, pp.287下-288上) "唯識論

여기에서는 곧 본각이야말로 진여인 까닭에 그 자성이 모두 공적함을 겨냥하고 있다. 따라서 무주보살이 질문한 것으로 색(色)을 비롯하여 심(心)과 안(眼)과 식(識)에 대한 불의 답변은 다음과 같다.

> 색(色)은 처소가 없어 청정하고 명칭이 없으므로 안으로 들어가지 않고, 안(眼)은 처소가 없어 청정하고 견해가 없으므로 밖으로 떠나지 않으며, 심(心)은 처소가 없어 청정하고 그침이 없으므로 발기하는 모습이 없고, 식(識)은 처소가 없어 청정하고 작동이 없으므로 반연함과 요별함이 없다. 이처럼 자성은 모두 공적하다. 그래서 자성에는 본각이 없지만 그 도리를 깨치면[覺] 본각이 된다. 선남자여, 본각이 없음을 깨치고 알면 제식이 그대로 공적에 들어간다. 왜냐하면 금강지혜의 경지[金剛智地]에서 해탈도가 초월되고[斷], 해탈도가 초월된[斷] 이후에는 무주의 경지[無住地는 妙覺의 경지]에 들어가 출입이 없고 마음의 처소가 없는데 그것은 결정자성의 경지이기 때문이다. 그 경지는 청정하여 마치 유리처럼 맑고, 자성은 항상 평등하여 마치 저 대지와 같으며, 본각으로 미묘하게 관찰함은 마치 지혜의 햇살과 같고, 이익을 성취하여 본각을 터득함은 마치 대법우(大法雨)와 같다. 이 사지(四智)의 경지에 드는 것은 제불의 지혜 경지에 드는 것이다. 이와 같은 지혜 경지에 드는 것이야말로 제식의 불생이다."[207]

云。約了達分別。八識皆名識。若了別六塵粗境。前六獨名識。故前六。總名分別境識。其第八識。又名本覺識。今此品。既以本覺標為名。何以不言第八識。而反言九識耶。葢以轉八識為第九識耳。九識。梵語名為唵摩羅。此云清淨。又云白淨識。即第八異熟識。謂成佛時。轉第八而成唵摩羅。無別第九。又名無分別智光。即佛性正因。又名阿摩羅識。有二種。一所緣。即是真如。二本覺。即真如智。能緣。即不空如來藏。所緣。即空如來藏。此二。竝以真如為體。又此第九。總攝諸識。乃于前八識中。加唵摩羅識故。又諸識中。有體用二心。識性是體。識相是用。如寂滅心。即九識。是體。生滅心。即前八識。是用。以用即體。故生滅即不生滅。以體即用。故不生滅即生滅。然生滅無性。寂滅隨緣。其體用本不二故。又此轉字。即從利字轉出。以九識即第八識所轉。亦猶本覺所出之利。是故標為本覺利品也"

207) 『金剛三昧經』「本覺利品」, (大正新脩大藏經9, p.368下) "色無處所，清淨無名，不入於內；眼無處所，清淨無見，不出於外；心無處所，清淨無止，無有起處；識無處所，清淨無動，無有緣別。性皆空寂，性無有覺，覺則為覺。善男子！覺知無覺，諸識則入。何以故？金

여기에서 말하고 있는 사지(四智)의 경지 곧 '그 경지는 청정하여 마치 유리처럼 맑고, 자성은 항상 평등하여 마치 저 대지와 같으며, 본각으로 미묘하게 관찰함은 마치 지혜의 햇살과 같고, 이익을 성취하여 본각을 터득함은 마치 대법우와 같다.'는 대목에 대하여 원효의 『금강삼매경론』에서는 대원경지(大圓鏡智)·평등성지(平等性智)·묘관찰지(妙觀察智)·성소작지(成所作智)의 사지에 배대하였고,[208] 적진(寂震)은 법문무량서원학(法門無量誓願學)·중생무변서원도(衆生無邊誓願度)·번뇌무진서원단(煩惱無盡誓願斷)·불도무상서원성(佛道無上誓願成)의 사홍서원(四弘誓願)으로 해석하고 있다.[209]

이것은 곧 각각 색의 경지는 청정하고, 심의 경지는 항상 평등하며, 안의 경지는 본각으로 미묘하게 관찰하고, 식의 경지는 이익을 성취하여 본각을 터득한다는 것이다. 이것은 바로 중생이 욕망의 가시를 다스릴 수 있는 근거를 본래구족하고 있음을 보여주고 있다. 곧 모든 성인은 욕망의 가시를 제거한 까닭에 성승(聖乘)을 증득하여 원만구족이라고 말할 수 있겠지만, 범부는 아직도 범승(凡乘)에 머물러 있어서 욕망의 가시를 없애지 못한 까닭에 부득불 수행을 말미암지 않으면 끝내 구족할 수가 없다는 것이다.

그러나 원징은 본각이란 마음[심]·부처[불]·중생(衆生)이 공통적으로 부여받은 체(體)이고, 자리이타는 성인

剛智地解脫道斷，斷已入無住地，無有出入。心處無在決定性地，其地清淨如淨琉璃，性常平等如彼大地，覺妙觀察如慧日光，利成得本如大法雨。入是智者，是入佛智地，入智地者，諸識不生"

208)『金剛三昧經論』卷中, (大正新脩大藏經34, p.979中-下)

209)『金剛三昧經通宗記』卷6, (卍新續藏35, pp.290下-291上)

· 범부가 공통으로 갖추고 있는 용(用)이라고 말한다.[210] 그렇지만 실제로는 제불의 경우에 이미 그것을 증득하였고, 범부의 경우는 아직도 미혹에 있으며, 보살의 경우는 일찍부터 사홍서원을 일으켜 그것을 추구하여 금강지지에 도달하여 터득한 것이 다를 뿐이다. 무주보살이 말한 도심중생(道心衆生)이란 범부가 도심(道心)을 일으키면 그것을 초심보살이라 말하기도 하고 궁극에는 만족이라 말하기도 하기 때문에 보살이 초발심에 곧 정각에 오른다고 말한다.

그럼에도 불구하고 중생심으로 열반을 터득하면 오직 일본각뿐으로 번뇌가 수반되지 않고 열반에 상주하는 까닭에 해탈이 아닌가 하는 질문에 대하여 불은 열반에 상주하는 것이야말로 열반에 속박되는 것이라고 답변한다. 그 이유는 열반은 곧 자성으로서 본각의 안락이지 수행을 말미암아 터득한 것이 아니기 때문이다. 중생에게 있어서 최초의 일념이 발생하기 이전이 본각으로서 因이지만, 그 인이 보살에게는 수행 끝에 증득하는 것이 열반이고 과이기 때문이다. 따라서 과는 본과 말이 다르지 않기 때문에 열반이 곧 본각이고 본각이 곧 열반이지만, 그간의 본분은 무생이고 무멸로서 모두 동등하여 다름이 없는데 그것은 바로 열반이 곧 본유의 각이기 때문이다.

결국 무주보살의 질문은 어떤 이익으로 전전해야만 모든 중생의 정식이 암마라식에 들어가게 되는가 하는 것이었다면, 그에 대한 불의 답변은 무릇 본각의 무생도리에 의거해야만 금강지지에 도달하여 자연히 암마라식에 들어갈 수

---

210) 『金剛三昧經注解』 卷2, (卍新續藏35, p.231下) “本覺者心佛衆生共稟之體自利利他聖凡同具之用”

가 있다는 것이다.

이로써 「본각리품」의 수행은 중생이 본각을 자각하는 방식에 의거한다. 만약 일념 동안 만이라도 분별심이 발생하기 이전이라면 곧 제불과 동등하여 명칭과 바탕이 충분하지만, 일념 동안 만이라도 발생한 이후라면 오음에 떨어져서 십악을 짓기 때문에 곧 빈궁한 장자의 아들과 같기 때문이다. 일념의 분별이 발생하기 이전이란 무분별의 경지로서 위음왕불(威音王佛)이 출현하기 이전의 면목이고, 부모미생전(父母未生前)의 소식이며, 공겁이전사(空劫以前事)의 본분이다. 그래서 『단경』에서는 "범부가 곧 부처이고 번뇌가 곧 보리이다. 그래서 찰나라도 미혹하면 범부이고 찰나라고 깨치면 부처이다. 찰나라도 경계에 집착하면 번뇌이고 찰나라도 경계를 벗어나면 보리이다."[211]고 말한다. 그러므로 중생과 부처의 경우는 일념의 분별심이 발생한 이후와 발생하기 이전의 득 · 실로 나뉜 것일 뿐이다. 그 때문에 고인은 항상 납자들에게 오로지 일념이 발생하기 이전의 경지를 알아야 한다는 것을 널리 권장한다. 혜능은 혜명한테 "그대는 무릇 선이다 혹은 악이다 하는 그런 분별사상(分別思量)을 하지 말라."[212]고 말한 것도 마음이 무생과 담연과 상적의 근본에 들어가야 할 것을 설명해준 것이었다.

일념만이라도 분별심이 발생하면 곧 갖가지 악이 발생한

211) 『六祖大師法寶壇經』, (大正新脩大藏經48, p.350中) "凡夫即佛，煩惱即菩提。前念迷即凡夫，後念悟即佛。前念著境即煩惱，後念離境即菩提"

212) 『六祖大師法寶壇經』, (大正新脩大藏經48, p.349中) "惠能云 不思善 不思惡 正與麽時 那箇是明上座本來面目"

다고 해서 아예 무사하게 아무 것도 하지 않는 것을 능사로 간주하여 모든 수행을 방기해버리는 것도 문제이다. 무주보살의 질문은 바로 이 점에 대하여 "어떻게 하면 저 중생으로 하여금 일념지간에 오십 가지 악을 발생시키지 않도록 할 수가 있습니까."라고 질문한다. 이제 대하여 불은 사상(四相)이 발생하지 않도록 유지하라고 답변한다. 사상이란 만약 마음을 활용하면 막히는데 그것은 지병이고, 만약 마음을 내버려두면 생멸하는데 그것은 임병이며, 만약 마음을 움직이면 조작적인 수행이 되는데 그것은 작병이고, 만약 마음을 영멸시켜 발생시키지 않으면 그것은 멸병을 가리킨다.[213)]

이 가운데 중생의 마음과 정신을 안좌시키고 금강지에 거주토록 하며 적정하여 망념의 기동이 없게 하고 심원을 항상 편안하고 태연하게 유지하는 방식이란 바로 사위의 가운데 좌선을 가리키는 말이다. 좌선을 통하여 중생으로 하여금 마음과 정신을 안좌시키고, 자연히 금강지에 머물도록 하여 적정하여 망념의 기동이 없게 하며, 몸과 마음을 편안하고 태연하게 할 수가 있다는 것이다. 그 때문에 무주보살은 불의 답변에 대하여 찬탄하고 그것을 게송으로 드러낸다. 그 내용은 바로 무념과 무생의 법을 설함으로써 분별심과 생멸이 없어져 본각의 이익 및 반야바라밀을 베

---

213) 『圓覺經』, (大正新脩大藏經17, p.920中)에 의하면 作·任·止·滅의 四病은 다음과 같다. 일체의 수행의 행위를 통하여 의도적으로 분별하고 조작하는 것이 원각이라고 간주하는 병[作病]이다. 생사와 열반 및 일체의 수행에 대하여 아예 관심을 기울이지 않고 방임하는 것이 원각이라고 간주하는 병[任病]이다. 의도적인 수행의 행위를 그만두고 망념을 멈추는 것이 원각이라고 간주하는 병[止病]이다. 일체의 번뇌와 육근과 육진을 소멸하는 것이 원각이라고 간주하는 병[滅病]이다.

풀어준다는 것이다.

5. 맺음

『금강삼매경』은 예로부터 선경으로 널리 활용되어 왔다. 그것은 제명에도 잘 드러나 있듯이 금강삼매가 지니고 있는 다양하고 심오한 의미뿐만 아니라 경전을 구성하고 있는 8개 품의 낱낱이 선수행을 담보해주고 있기 때문이다. 그리고 각각의 품이 독립된 경전의 성격을 지니고 있음에도 불구하고 그 속에 담겨 있는 선수행의 구조는 일련의 완성된 구조를 지니고 있다는 점에서 또한 선의 수증관에 대한 역할을 충분히 보여주고 있다.

「본각리품」에서 무주보살은 중생이 일찍부터 본각을 갖추고 있는 까닭에 더욱더 그것을 구현하기 위한 수행을 말미암지 않으면 안 된다는 입장에서 적극적으로 구경을 향한 수행에 대하여 질문한다. 그 핵심은 중생이 모든 정식을 굴려서 암마라식에 나아갈 수 있는지, 그리고 그 구체적인 방법은 무엇인지, 암마라식에 나아가서도 다시 거기에 주착해서는 안 된다는 점에 이르기까지 불의 답변을 이끌어내고 있다. 그러한 과정에서 보여주고 있는 용어가 본각 · 무위 · 열반 · 진여 · 해탈 · 무소득 · 청정 · 평등 · 일본각 · 본지풍광 · 본각묘명 · 공여래장 · 불공여래장 · 무생 · 암마라식 등으로 다양하게 등장한다. 이들 용어는 성승(聖乘)의 입장에서 보면 모두 다르지 않지만 범승(凡乘)의 경우에는 모두 다르다. 그것은 일체의 정식을 전변시키느냐 아니냐에 따라서 금강지지에 도달하여 일본각의 이익을 얻는 것에 달려 있다. 그것이 다름아닌 본각의 이익이고 반야바라밀이다.

Ⅵ. 오정심관과 달마의 사행

1. 도입

불교수행의 유형을 두 가지로 구분한다면 번뇌를 대치(對治)하는 입장에서 접근하는 차전적(遮詮的)인 수행과 깨침을 드러내는 입장에서 접근하는 표전적(表詮的)인 수행으로 볼 수가 있다. 전자는 수행하는 당사자가 본래적인 청정심의 존재인데도 불구하고 탐(貪) · 진(瞋) · 치(痴) · 만(慢) · 의(疑) 등 온갖 번뇌로 말미암아 중생으로 살아가는 입장에서 그것을 벗어나려는 행위이다. 이것을 흔히 대치관(對治觀) 혹은 대치수행(對治修行)이라 한다. 반면 후자는 수행하는 당사자가 본래적인 깨침의 존재로서 청정심의 그대로를 자각하여 드러내는 행위이다. 이것은 곧 직관을 통하여 있는 그대로의 실상을 인정한 바탕 위에서 본래적인 진리를 터득해 나아가는 방식이다. 이것을 흔히 정관(正觀) 혹은 정수행(正修行)이라 한다.

그런데 불교의 전반에서는 불성(佛性)의 소유 내지 청정심(淸淨心)의 본유(本有)라는 입장을 인정하고 있기 때문에 궁극적으로는 차전적인 번뇌의 소멸이 곧 그대로 표전적인 청정심의 현성이라 할 수 있다. 왜냐하면 지혜와 번뇌는 동시에 나타날 수 없기 때문이다. 지혜 있는 곳에는 번뇌가 없고 번뇌 있는 곳에는 지혜가 있지 않기 때문이다.[214] 그래서 지혜로 번뇌를 물리치고 청정심을 드러내어

214)『大般涅槃經』卷29, (大正新脩大藏經12, .p.793中-下)

깨침을 완성하는 것이 아니다. 또한 번뇌가 지혜를 뒤덮고 오염시키기 때문에 중생으로 살아가는 것이 아니다.

이것은 지혜와 번뇌가 일체(一體)라는 입장에서만 가능하다. 일체이기 때문에 둘이 될 수 없고, 둘이 아니기 때문에 하나가 다른 하나를 물리치고 드러난다든가 뒤덮는다든가 할 수가 없다. 그래서 지혜와 번뇌는 둘로 나누어 보고는 있지만 실은 둘이 아닌 이이불이(二而不二)의 관계이다.

실로 수행의 출발은 이와 같이 지혜와 번뇌가 둘이 아니라는 입장에서 비로소 가능하다. 깨침의 본래구족(本來具足)이라는 본증(本證)은 어디서 빌려오거나 만들어낼 수 있는 것이 아니다. 또한 번뇌도 본래부터 존재한 것이 아니기 때문이다. 객진번뇌(客塵煩惱)라는 말은 번뇌가 본래부터 존재하지 않았으나 중생이 미혹으로 말미암아 잠시 그곳에 휩싸여 있다는 것을 의미한다. 그 때문에 언제든지 번뇌를 물리칠 수가 있다는 수행의 가능성 및 반드시 그 번뇌를 물리쳐야 한다는 수행의 당위성이 제기된다.

여기에서 후에 수행의 가능성으로 나타난 것이 간화선(看話禪)을 비롯한 일반적인 수행법이라면, 수행의 당위성으로 나타난 것이 묵조선(默照禪)의 수행이다. 그 때문에 수행에 있어서 대치적(對治的)인 입장이 필요한 경우와 현성적(現成的)인 입장이 필요한 경우가 있을 수 있다. 그것은 현재 목마른 사람이 우물을 파는 경우를 대치적인 입장에 비유한다면 목이 말랐던 것을 경험한 사람이 미리 우물을 파는 것은 현성적인 입장에 비유할 수 있다.

이제 여기에서는 이와 같은 대치적인 오정심관(五停心

觀)과 현성적인 보리달마(菩提達磨)의 사행(四行)을 통하여 그 각각의 입장을 살펴보기로 한다. 그리고 개별적이고 대치적인 성격의 오정심관이 달마에 의하여 선종에서 새롭게 종합적이고 정수행적인 사행으로 탈바꿈되는 입장을 살펴보려 한다.

2. 방편으로서의 오정심관

특히 이와 같은 대치적인 입장에서 접근한 대표적인 것이 오정심관(五停心觀)의 수행이다. 수행자가 수행하는 도중에 경험하는 장애를 극복하지 않고는 더 이상 나아갈 수도 없고, 심지어는 그것으로 영 엉뚱한 방향으로 잘못 나아갈 수도 있기 때문에 반드시 그 장애를 극복하지 않으면 안 된다. 그런데 장애는 단순하게 하나의 모습으로 나타난 것이 아니라 참으로 다양하게 언제든지 어디서든지 등장하기 때문에 그에 대한 대치도 그만큼 다양할 수밖에 없다.

그래서 『구사론』에서는 삼현위(三賢位)의 제일위(第一位)에 해당하는 것으로 오정심관(五停心觀)이라는 수행을 설정하였다. 특히 여기에서는 그 모든 장애를 대표적으로 다섯 가지로 열거하여 그것을 관심(觀心)으로 대치할 것을 말하고 있다. 그래서 오정심관이라는 명목으로 수행되는 것은 실로 이 대표적인 다섯 가지 장애를 극복하기 위한 방편일 뿐이다.[215]

---

215) 五停心觀을 수행에서 단순히 장애의 대치라는 입장으로만 보는 것은 무리가 있다. 왜냐하면 장애의 대치는 그것이 곧 진리의 현성이기 때문이다. 따라서 여기에서는 수행자가 깨침을 향해 나아가는 三賢의 初位에서 반드시 극복하지 않으면 안 되는 방편이라는 측면에서 접근

그러나 일반적으로 오정심관의 항목에 대해서도 일정하지가 않다. 그래서 여기에서는 그 항목을 몇 가지 경론을 통해서 열거하고 그것과 달마의 수행지도방식에서 나타난 몇 가지 가르침의 항목과 상호 관련하여 그 상관성을 살펴보고자 한다. 이제 오정심관에 대한 대표적인 세 가지 자료를 살펴보면 다음과 같다.

> 좌선의 법요(法要)에 다섯 가지 방법이 있다. 하나는 안반(安般)이고, 둘은 부정(不淨)이며, 셋은 자심(慈心)이고, 넷은 관연(觀緣)이며, 다섯은 염불(念佛)이다. 안반과 부정과 관연의 세 가지는 내외의 경계에 대한 것이다. 염불과 자심의 두 가지는 외부의 경계를 반연한 것이다. 그러므로 다섯 가지 방법은 중생의 병통에 따른 것이다. 만약 란심(亂心)이 많은 자라면 안반(安般)으로써 다스린다. 만약 탐애(貪愛)가 많은 자라면 부정(不淨)으로 다스린다. 만약 진에(瞋恚)가 많은 자라면 자심(慈心)으로 다스린다. 만약 아(我)에 집착이 강한 자라면 인연(因緣)으로 다스린다. 만약 마음이 혼침에 빠진 자라면 염불(念佛)로 다스린다.[216]

이와 같이 『오문선경요용법(五門禪經要用法)』에서는 산란심(散亂心)은 안반으로 다스리고, 탐애는 부정으로 다스리며, 성냄은 자심으로 다스리고, 아견에 집착하는 것은

한 것이다. 그러므로 三賢에서 나머지 第二位 別相念住와 第三位 總相念住에서 말하는 四念處觀에서 말하는 觀이라는 의미와는 구분할 필요가 있다. 곧 四念處觀에서 말하는 觀은 對治라는 입장보다는 現成이라는 측면을 의미하기 때문이다. 그래서 여기에서는 경론에서 말하는 五停心觀이 선종의 달마에 와서는 단순한 대치라는 기능보다는 깨침의 현성이라는 측면으로 부각되면서 5종이 더욱 간략하게 4종으로 요약된 것이다.

216) 『五門禪經要用法』, (大正新脩大藏經15, p.325下) "坐禪之要法有五門 一者安般 二不淨 三慈心 四觀緣 五念佛 安般不淨二門觀緣 此三門有內外境界 念佛慈心緣外境界 所以五門者 隨衆生病 若亂心多者敎以安般 若貪愛多者敎以不淨 若瞋恚多者敎以慈心 若著我多者敎以因緣 若心沒者敎以念佛"

관연(觀緣)으로 다스리며, 혼침은 염불로 다스린다고 설명하고 있다.

> 첫째, 음욕이 많은 자에게는 부정관(不淨觀)을 익히게 한다. 발끝부터 머리끝에 이르기까지 부정한 것으로 충만하여 … 몸속에 이와 같은 갖가지 부정한 것이 가득차 있다. …. 둘째, 만약 진에(瞋恚)가 치우칠 정도로 많은 자에게는 마땅히 세 가지 자심법문(慈心法門)을 배우게끔 해야 한다. 초습행(初習行) . 이습행(已習行) . 구습행(久習行)이다. 만약 초습행자라면 …. 셋째, 만약 어리석음이 치우칠 정도로 많은 자라면 마땅히 세 가지의 사유법문(思惟法門)을 배우게끔 해야 한다. 초습행 . 이습행 . 구습행이다. 만약 초습행자라면 …. 넷째, 만약 사각(思覺)이 치우칠 정도로 많은 자라면 마땅히 안나반나삼매법문(安那般那三昧法門)을 익히게 해야 한다. 초습행 . 이습행 . 구습행이다. 만약 초습행자라면 일심으로 입식과 출식을 헤아리게끔[數] 하되 길게 짧게 해서 하나부터 열까지 이르게 한다. 만약 이습행자라면 하나부터 열까지 호흡을 헤아리되 숨이 나오는 것과 드는 것이 서로 따르게[隨] 해야 한다. 만약 구습행자라면 헤아리고[數] . 따르며[隨] . 멈추고[止] . 관찰하며[觀] . 굴려보고[轉觀] . 청정케 하는[淸淨] 안나반나삼매의 열여섯 가지로 나누어야 한다. …. 다섯째, 등분행(等分行)을 다스리는 것이다. 무거운 죄를 지은 사람에게는 부처님을 착제 한다. 이와 같이 마땅히 일심으로 염불삼매를 가르쳐야 한다. 염불삼매에도 세 가지가 있다. 초습행 . 이습행 . 구습행이다. 만약 초습행자라면 마땅히 불상이 있는 곳에 이르게 하거나 스스로 불상이 있는 곳으로 가게끔 한다.[217]

---

217) 『坐禪三昧經』 卷上, (大正新脩大藏經15, pp.271下-277中) “若多婬欲人不淨法門治 若多瞋恚人慈心法門治 若多愚癡人思惟觀因緣法門治 若多思覺人念息法門治 若多等分人念佛法門治 諸如是等種種病 種種法門治 第一治貪欲法門 婬欲多人習不淨觀 從足至髮不淨充滿 … 身中如是種種不淨 … 若瞋恚偏多 當學三種慈心法門 或初習行 或已習行 或久習行 若初習行者當教言 … 若愚癡偏多 當學三種思惟法門 或初習行 或已習行 或久習行 若初習行當教言 … 若思覺偏多 當習阿那般那三昧法門 有三種學人或初習行 或已習行 或久習行 若初習行當教言 一心念數入息出息 若長若短 數一至十 若已習行當教言 數一至十隨息入出 念與息俱止心一處 若久習行當教言 數隨止觀轉觀淸淨 阿那般那三昧六種門十六分 … 第五法門治等分行 及重罪人求索佛 如是人等當教一心念佛三昧 念佛三昧有三種人或初習行 或已習行 或久習行 若初習行人 將至佛像所 或教令自往諦觀佛像相好”

이와 같이 『좌선삼매경』에서는 치탐욕법문(治貪欲法門)으로는 부정관(不淨觀)을 닦고, 치진에법문(治瞋恚法門)으로는 자심관(自心觀, 慈悲觀)을 닦으며, 치우치법문(治愚癡法門)으로는 인연관(因緣觀)을 닦고, 치사각법문(治思覺法門)으로는 아나반나삼매(阿那般那三昧, 數息觀)를 닦으며, 치등분법문(治等分法門)으로는 염불관(念佛觀)을 닦는다.

> 첫째는 부정관(不淨觀)이다. 둘째는 자비관(慈悲觀)이다. 셋째는 인연관9因緣觀)이다. 넷째는 계분별관(界分別觀)이다. 다섯째는 안나반나관(安那般那觀)이다. 이 다섯 가지는 경전에서 흔히 오도문(五度門) 혹은 오정심(五停心)이라 불린다. 도문(度門)에서 도(度)는 여기를 벗어나서 저기에 도달한다는 뜻이다. 곧 이 다섯 가지 관법을 수행하여 탐욕 등 다섯 가지 번뇌를 벗어나 열반에 도달한다는 뜻이다. 그러므로 도(度)라 한다. 또한 번뇌를 끊고 생사를 건너 벗어나기 때문에 도(度)라 이름한다. 그리고 통행하는 사람이 취입(趣入)하기 때문에 문(門)이라 한다. 정심(停心)에서 정(停)은 식지(息止)하여 안주한다는 뜻이다. 탐욕 등을 멈추어 떠나고 의(意)를 제어하여 부정관(不淨觀) 등에 안주하기 때문에 정심(停心)이라 한다.[218]

이와 같이 『대승의장』에서는 오정심관을 경계의 부정을 관찰하여 탐욕을 다스리는 부정관, 일체의 생류에 대하여 연민을 가지고 대함으로써 성냄을 다스리는 자비관, 12인연의 이치를 관찰하여 우치를 다스리는 인연관, 6계 혹은 18계를 분별하여 아견을 다스리는 계분별관, 호흡의 수를

---

218) 『大乘義章』 卷12, (大正新脩大藏經44, p.697下) “一不淨觀 二慈悲觀 三因緣觀 四界分別觀 五安那般那觀 此五經中名五度門 亦曰停心 言度門者 度是出離至到之義 修此五觀 能出貪等五種煩惱到涅槃處 故名爲度 又 斷煩惱度離生死亦名爲度 通人趣入 因之爲門 言停心者 停是息止安住之義 息離貪等制意住於不淨等法 故曰停心”

헤아려 산란한 마음을 다스리는 안나반나관으로 열거하고, 이것을 오도문 혹은 오정심으로도 부른다고 하였다. 특히 혜원(慧遠)의 『대승의장』에서는 당시까지 전승해 오던 오정심관에 대한 경전이 거의 역출됨에 따라 그것을 정리하여 종합적으로 정리한 느낌이 강하다.

이 무렵부터 중국에서는 이와 같이 이미 역출된 경전에 근거하여 직접 수선(修禪)하는 소위 습선자(習禪者)들이 대거 출현하여 수행의 계보를 형성하고 있었다. 그러나 그 습선자들이 수행한 것을 내용면에서 보면 후한 안세고(安世高)가 『안반수의경』을 번역한 이후 여러 가지 선경이 역출되자, 그에 따른 안나반나수행을 받아들이면서 자연스럽게 그에 대한 해석과 주석이 나타나게 되었다. 아울러 『안반수의경』에 대해서는 강승회(康僧會: ?-280)의 기록,[219] 도안(道安: 314-385)의 기록,[220] 나아가서 진(晋)의 사부(謝敷)의 기록[221]에서 말해주고 있듯이 『안반수의경』에는 진혜(陳慧) · 강승회(康僧會) · 도안(道安) · 사부(謝敷) 등의 주석이 있었으며, 『우록(祐錄, 梁 僧祐의 『出三藏記集』)』에 세 사람의 경서(經序)가 수록되어 있다는 사실을 가미하면 『안반수의경』이 한말진초(漢末晋初)에 걸쳐서 지극히 중요시되고 유행되었음을 추찰해 볼 수 있다.

이와 같이 호흡에 관한 대표적인 경전인 『안반수의경』의 유행에는 그러한 배경이 있지만[222] 거기에 주석이 이루어

219) 『出三藏記集』 卷6, 「安般守意經序第二」 (大正新脩大藏經55, p.43中-下) "陳慧注義 余助勘酌 非師不傳 不敢自由也」"

220) 위의 책, 「安般注序第三」 (大正新脩大藏經55, p.43下) "魏初康會爲之注義 義或隱而未顯者 安竊不自量 敢因前人爲解其下"

221) 위의 책, 「安般守意經序第四」 (大正新脩大藏經55, p.44中) "雖粗粗聞大要 未悟者衆 於是復率愚思 推檢諸數 尋求明證遂相繼續爲注義"

지고 있었다는 것은 그와 아울러 실천적인 수습(修習)도 어느 정도는 이루어지고 있었다는 것을 알 수 있을 것이다.

이제 소위 선관경전(禪觀經典)에 의하여 수행을 주도했던 습선자(習禪者)들이 보여준 오정심관의 내용과 보리달마에 의하여 본격적인 대승선법이 전래된 이후 보리달마에 의하여 제시된 이입사행(二入四行)에서 볼 수 있는 사행(四行)의 내용을 그 의미에서 대비해 보고자 한다. 이를 통해서 보리달마가 오정심관을 어떻게 수용하고 있는지를 알 수 있기 때문이다.

3. 깨달음의 현성으로서 사행

1) 보리달마와 이입사행

이와 같은 오정심관에 대하여 이것을 대승의 선법으로 변형시켜 제시한 사람은 곧 보리달마였다. 보리달마는 『대승의장』의 출현보다 약간 앞서 중국에 도래한 인물이다. 달마는 이전의 오정심관의 수행법을 제자들에게 가르치고 있는데, 오정심관을 그대로 수용하면서도 그것을 변형시켜 받아들이고 있다. 그리하여 이와 같은 대치관법(對治觀法)이 보리달마에게서는 대치관법이라기보다는 새로운 달마의 정관수행(正觀修行)으로 등장하여 그 의미가 사뭇 달라진다.

222) 大谷哲夫, 『印佛硏』17-1.

보리달마는 오정심관의 내용은 그대로 받아들이면서 그 형식을 응용하여 새롭게 네 가지로 구성하고 있다. 그리하여 그 네 가지에 이전의 방편이라는 대치관에서 환골탈태하여 깨침의 현성이라는 입장에서 새롭게 중국적 혹은 선종적[223]인 옷을 입히고 있다. 이와 같은 모습은 달마의 「이입사행론」에 잘 나타나 있다.

(1) 이입(理入)의 의미

우선 달마 「이종입(二種入)」의 내용은 이종(二種)의 입(入)으로서 이입(理入)과 사행(四行)의 의미가 설명되어 있다. 이 가운데 이입(理入)에 대해서는 다음과 같이 지극히 간략하면서도 극명하게 제시되어 있다.

> 이입이란 무엇인가. 불법의 가르침에 의해 불교의 근본적인 취지를 깨닫는 것이다. 중생은 성인과 동일한 진성을 지니고 있음을 심신(深信)하는 것이다. 그런데도 (중생은) 단지 객진번뇌에 망상에 뒤덮여 있어 (그 진성을) 드러내지 못할 뿐이다. 만일 객진번뇌의 망념을 제거하여 진성을 지니고 있음을 심신하는 곳에 돌아가 올곧하게 벽관(壁觀)을 통하여 자타의 구별이 없고, 범부와 부처가 본질적으로는 동일하다는 경지에 굳게 머물러 변함이 없으며, 또한 다시는 조금도 문자개념에 의한 가르침에 휩쓸리지 않는다면, 바로 그때 진리와 하나가 되어 분별을 여의고 고요한 무위에 도달한다. 이것을 이입(理入)이라 한다.[224]

---

223) 여기에서 중국적이라는 말은 이론적인 禪理보다는 좌선의 체험을 중시하는 선종의 분상에서 바라본 입장을 말한다. 중국에서 형성된 선종에서는 흔히 좌선을 극단적으로 단순화시켜 이론의 단계를 거치지 않고 직접 수행으로 나아가기를 강조한다. 그래서 인도 이래로 禪經.觀境.三昧經類에서 주장하고 있는 번쇄한 이론과 호흡과 몸의 자세 등에 대해서는 거의 등한시하였다. 오로지 마음의 집중에 관해서만 지나치게 강조하여 그것을 화두로 풀어낸다든가 염불로 체험하는 방식이 보편화 되어 왔다.

224) 『楞伽師資記』, (大正新脩大藏經85, p.1285上) "理入者 謂藉教悟宗

그러나 여기 이입(理入)에서 이(理)라는 말이 구체적으로 무엇을 의미하는가. 여기에서 이입(理入)은 깨달음에 들어가는 이론이라든가 수행의 과정이 아니다. 곧 '불교의 근본적인 취지를 깨닫는 것'을 말한다. 그 방법은 '불법의 가르침에 의거한다'는 것처럼 불법의 가르침에 의해서 불법의 가르침인 그 근본 취지를 깨닫는 것이다. 이것은 불법으로서 불법을 깨닫는 것이다. 따라서 불법이란 깨달음이다. 바꾸어 말하면 깨달음으로 깨달음을 얻는 것이다. 이미 불법이 깨달음으로서 출발하여 깨달음을 얻는 것이다.

그 깨달음의 내용은 구체적으로 '중생은 성인과 동일한 진성을 지니고 있다.'는 것이다. 중생과 성인이 다르지 않다는 것은 중생에게나 성인에게나 모두 불법이 본래부터 갖추어져 있음을 말한다. 본래부터 갖추어져 있는 불법을 심신(深信)하는 것이 달마의 수행방식이다. 따라서 달마의 수행에는 이미 이입(理入)이 갖추어져 있음을 말한다. 그래서 달마의 이입(理入)은 수행(修行)이고 수행(修行)은 이입(理入)이다. 이입(理入)이 불법을 깨닫는 것이므로 그것은 이론적인 깨달음이 아니라 수행을 겸한 완성된 깨달음이다. 그 수행방식이 심신(深信)이라면 심신의 형태는 곧 벽관(壁觀)이다.

벽관의 구체적인 모습은 '객진번뇌의 망념을 제거하여 진성에 돌아가 올곧하게 벽관을 통하여 자타의 구별이 없

深信含生凡聖同一眞性 但爲客塵妄覆 不能顯了 若也捨妄歸眞 凝住壁觀 自他凡聖等一 堅住不移 更不墮於文教 此卽與理冥符 無有分別 寂然無爲 名之理入"

고, 범부와 부처가 본질적으로는 동일하다는 경지에 굳게 머물러 변함이 없으며, 또한 다시는 조금도 문자개념에 의한 가르침에 휩쓸리지 않는 것'이다. 여기에는 벽관의 내용이 드러나 있다.

첫째는 자타의 구별이 없고, 둘째는 범부와 부처가 본질적으로는 동일하다는 경지에 굳게 머물러 변함이 없으며, 셋째는 다시는 조금도 문자개념에 의한 가르침에 휩쓸리지 않는 것이다. '자타의 구별이 없다'는 것은 분별심을 내지 않는 것이다. 이입(理入)으로 깨달음이 완성되어 있기 때문에 굳이 중생이니 성인이니 수행이니 깨달음이니 하는 분별은 의미가 없다. 그 무분별한 마음으로 '범부와 부처가 본질적으로는 동일하다는 경지에 굳게 머물러 변함이 없다'는 것이야말로 심신의 또 다른 형태이다. 곧 벽관은 심신을 통한 벽관이라는 것이다.

이처럼 심신을 통한 벽관은 '다시는 조금도 문자개념에 의한 가르침에 휩쓸리지 않는 것'일 뿐만 아니라 오히려 문자를 통하여 진리에 계합하는 것이다. 이것을 달마는 자교오종(藉教悟宗)이라 하였다. 본래 '이입(理入)이란 교(教)에 의지해서 종지를 깨친다'는 것이므로 거기에서 교를 매개로 하여 근본[宗]을 철견한다는 것이 포함되어 있다. 문자를 부정한다든가 여의는 것이 아니라 적극적으로 교내별전(教內別傳) 불리문자(不離文字)를 말한다. 이와 같은 자교오종에 의한 심신의 벽관은 필연적으로 깨달음이 구현되어 있는 모습으로서 '바로 그때 진리와 하나가 되어 분별을 여의고 고요한 무위에 도달한다'는 것이다. 달마는 이것을 이입(理入)이라 말하고 있다.

이로써 보면 진리와 하나가 되는 이입(理入)은 분별을 여의고 고요한 무위에 도달하는 것을 속성으로 삼고 있다. 분별이 없기 때문에 따로 자타(自他) 내지 범성(凡聖)이 없고, 고요한 무위의 경지이므로 객진번뇌로부터 자유로울 수가 있다. 그래서 이입(理入)은 심신을 통한 벽관의 구현일 뿐만 아니라 벽관을 통한 심신의 자각이다. 따라서 심신과 벽관과 이입은 깨달음에 대한 달마 특유의 용어이면서 교를 통한 깨달음이라는 의미까지 내포되어 있는 말이다.

어쨌든 벽관은 구체적으로는 마음이 미혹을 버리고 진실로 되돌아가는 공부이다. 원문에서 말한 '사망귀진(捨妄歸眞)'의 妄은 미혹이다. 본래부터 있지 않은 것이 나타나는 망(妄)으로 보이다가 이제 눈에 보이지 않게 되는 것이다. 미혹이란 본래부터 있지도 않은 것을 있는 것으로 잘못 보는 것이다. 진실을 망각하고서 본래부터 없는 것을 있다고 보는 것이다.

깨달음이란 본래부터 있지 않은 것은 있지 않다고 보고 미혹으로 인하여 망각한 진실을 되돌이켜 세우는 것이다. 특별히 이전에 없던 새로운 진실이 모습을 나타내는 것이 아니다. 망각했기 때문에 그것을 망각했다고 알아차리는 것이다. 미혹이 없다면 새삼스레 깨달을 것도 없다. 본래의 진실은 의연(依然)하여 변함이 없다. 이와 같은 모순된 구조를 짐짓 '사망귀진'이라 한다. 귀진(歸眞)이란 진실에 낙착하는 것이지만 단순히 되돌아간다는 의미도 들어 있다. 그곳이 본래의 자리이고 지금 이곳은 비본래(非本來)의 자리라는 미혹에서 벗어나 그 망념을 버리는 것으로 족하다. 돈오(頓悟)라는 말은 바로 이 귀진을 말하는 것이다. 본래자리는 돈오니 점수니 하는 것은 없다.

이와 같은 귀진의 방식은 심신에 있다. 이입(理入)은 고차원적인 진리의 실천이다. 심신은 그와 같은 이입(理入, 고차원적인 진리의 실천)의 내용이다. 그래서 심신의 신(信)과 이입(理入)의 오(悟)는 표리관계에 있다. 자기의 자각을 불타의 말에 양보하는 것이 신(信)이다. 범부도 성인도 모두 동일한 진실심을 지니고 있다. 그것이 함생동일진성(含生同一眞性)의 구조이다. 심신이란 불신(不信)이 계기가 되어 있다. 진실심은 객진이 함부로 뒤덮는 그러한 비본래적인 일상의 본의 아님[不本意]을 경험함으로써 마침내 자기를 확립하게 된다.[225] 그 확립이 곧 이입(理入)이다. 심신을 통한 확립이다. 여기에서 본래의 실천곧 벽관이 시작된다. 그래서 벽관에는 자타 범성의 차별이 없다. 무위(無爲)의 사실을 심신하는 것이므로 무위를 깨달으려는 것 자체가 무용(無用)이다. 그래서 이입(理入)의 입(入)을 입출(入出)의 입(入)으로 보려는 분별은 더 이상 이입(理入)의 입(入)이 아니다. 그것이 곧 이입(理入)의 의미이다.

(2) 행입(行入)의 의미

「이종입」에는 이와 같은 달마의 이입(理入)에 이어 행입(行入)이 설해지고 있다. 달마의 행입은 사행(四行)으로 대표된다. 우선 짧지 않은 문장이지만 여기에서 설명이 필

---

225) 柳田聖山, 『タルマ』, (東京: 講談社, 1998) pp.175-176.

요하므로 사행의 구체적인 내용을 살펴보면 다음과 같다.

행입이란 사행을 말한다. 그 밖의 모든 行은 다 이 사행 속에 포함된다. 사행이란 무엇인가. 첫째는 보원행(報怨行)이고, 둘째는 수연행(隨緣行)이며, 셋째는 무소구행(無所求行)이고, 넷째는 칭법행(稱法行)이다. 첫째 보원행이란 무엇인가. 수행자가 괴로움을 만나면 마땅히 다음과 같이 생각하는 것이다. '나는 옛적부터 무한한 시간에 걸쳐서 본래의 나를 잊고 지말현상을 추구하여 미혹한 세계에 헤매면서 많은 원한와 증오를 일으켜 한량없이 남에게 위해(危害)를 가하였다. 그래서 지금은 죄를 범하지는 않았지만 이 괴로움은 내 전세의 죄업의 결과이지 하늘이나 남이 주는 것이 아니다'라고 반성하면서 달게 받아들이며 원망하지 않는 것이다. 어느 경전에서는 "괴로움을 만나도 번민하지 않는다. 왜냐하면 근본을 터득했기 때문이다"라고 말한다. 이러한 심경이 되었을 때 진리에 상응하여 원한을 알고 불도에 나아가게 된다. 그 때문에 보원행을 설한다. 둘째 수연행이란 무엇인가. 생명을 가지고 살아가는 것은 자아라는 영원한 실체가 없이 모두 인연 따라 움직이며, 고락을 받는 것은 다 인연에서 일어나는 것이다. 만약 좋은 과보나 명예를 얻었다 해도 모두 과거의 숙인이 지금에 와서 익은 것이다. 그러니 인연이 다하면 무로 돌아가는 것이 어찌 기뻐하겠는가. 득실은 인연에 의한 것이므로 마음에는 증감이 없으니 좋은 운명에도 요동함이 없이 그윽이 도에 계합한다. 그러므로 수연행을 설하는 것이다. 셋째 무소구행이란 무엇인가. 세상 사람들은 항상 미혹하여 가는 곳마다 무언가를 탐내고 그것을 지명하여 구하려 한다. 그러나 지혜로운 사람은 진실한 도리를 깨달아 俗과는 달리 안심무위(安心無爲)한다. 신체가 따르는 곳마다 모든 존재는 실체가 없어 원하는 바가 없다. 공덕천과 흑암녀는 항상 함께 다니고, 삼계에 머무는 것은 불난 집처럼 위험하여 육체가 있으면 모두가 고통이니 그 누가 안주할 것인가. 이러한 도리를 알면 일체의 존재에 대하여 욕심을 그만두고 구하는 바가 없게 된다. 경전에서 "구하는 바가 있으면 다 괴롭고 구하는 바가 없으면 즐겁다"고 하였다. 이로써 구하는 바가 없음을 아는 것이 참된 도의 실천이다. 넷째 칭법행이란 무엇인가. 제법의 본성은 청정하다는 진리의 터득을 행위의 규범으로 삼는 것이다. 이 진리란 모든 현상은 공이어서 더러움도 집착함도 없으며 이것과 저것이라는 대립도 없다. 경전에서는 "법에는 중생이 없다. 중생이라는 때를 초월했기 때문이다. 법에는 아(我)가 없다. 아(我)라는 때를 초월했기 때문이다"고 말한다. 만약 지혜로운 자가 이 도리를 신해한다면 반드시 법을 따라 실천해 나아갈 것이다. 가르침의 본체에는 간탐(慳貪)이 없으므로 신체에 있어서나 목숨에 있어서나 재물에 있어서도 보시를 행하는 마음에 아까와하는 바가 없다. 자기와 상대와 보시물이 원래 공함을 알아

무엇에도 의지하지 않고 얽매이지도 않는다. 단지 때를 제거하기 위하여 중생을 섭화하며 형태에 집착하지도 않는다. 이것을 자리와 이타로 삼아 잘 깨달음의 길로 나아가는 것이다. 보시의 공덕이 이와 같은 이상 다른 다섯 종류의 바라밀도 마찬가지이다. 망상을 제거해 나가기 위하여 육바라밀다의 행을 실천하고 그것을 실천했다는 행위까지도 없는 것을 칭법행이라 한다.[226]

여기에서 주목할 것은 행입의 사행이 깨달음을 얻기 위한 수행이 아니라 일상의 생활방식으로서의 깨달음의 실천이라는 것이다. 행입은 '중하근기를 위하여 시설한 것'으로서 제이의문9第二義門)이라는 해석이 이미 선종에서는 상식이 되어 있다.[227]

그러나 행입의 사행이 깨달음을 얻기 위한 중하근기의 수행방편이라는 것은 터무니없는 말이다. 왜냐하면 사행의 하나하나가 일상생활의 수도방식이라는 것은 불문가지(不問可知)이나 그것이 실현되고 있는 방식은 깨달음의 행위

---

226) 『楞伽師資記』, (大正新脩大藏經85, p.1285上-中) "行入者 所謂四行 其余諸行 悉入此行中 何等爲四 一者報怨行 二者隨緣行 三者無所求行 四者稱法行 云何報怨行 修道行人 若受苦時 當自念言 我從往昔 無數劫中 棄本從末 流浪諸有 多起怨憎 違害無限 今雖無犯 是我宿殃 惡業果熟 非天非人所能見與 甘心忍受 都無怨訴 經云 逢苦不憂 何以故 識達本故 此心生時 與理相應 體怨進道 是故說言報怨行 第二隨緣行者 衆生無我 並緣業所轉 苦樂齊受 皆從緣生 若得勝報榮譽等事 是我過去宿因所感 今方得之 緣盡還無 何喜之有 得失從緣 心無增減 喜風不動 冥順於道 是故說言隨緣行 第三無所求行者 世人長迷 處處貪著 名之爲求 智者悟眞 理將俗反 安心無爲 形隨運轉 萬有斯空 無所願樂 功德黑暗 常相隨逐 三界久居 猶如火宅 有身皆苦 誰得而安 了達此處 故於諸有 息想無求 經云 有求皆苦 無求卽樂 判知無求眞爲道行 第四稱法行者 性淨之理 目之爲法 此理衆相斯空 無染無著 無此無彼 經云 法無衆生 離衆生垢故 法無有我 離我垢故 智者若能信解此理 應當稱法而行 法體無慳 於身命財 行檀捨施 心無悋惜 達解三空 不倚不著 但爲去垢 攝化衆生 而不取相 此爲自利 復能利他 亦能莊嚴菩提之道 檀施旣爾 余五亦然 爲除妄想 修行六度 而無所行 是爲稱法行"

227) 柴野恭堂, 『達摩』, (臨濟禪叢書1. 東方出版. 1941) p.92.

가 아니고서는 도저히 나타날 수 없는 내용들이기 때문이다. 가령 보원행만 해도 중생으로서는 얼토당토 않는 말이다. 이미 깨달은 이입(理入)에서의 진리의 실천행위로서 수연행일 뿐이다. 따라서 행입은 이입(理入)의 다음 단계로서 실천에 나아가는 것이 아니다. 의연히 깨달음[入]을 실천하는 방식일 뿐이다. 곧 행입은 진리[入]의 실천이지 入의 완성을 위한 수행이 아니다.

또한 선은 깨달음을 얻는 것을 목적으로 하는 종지(宗旨)처럼 생각되는 경향이 있다. 분명히 「이입사행론장권자(二入四行論長卷子)」의 다른 부분은 열반과 해탈과 견성에 대하여 설명하고 있지만 여기 「이종입」에는 그것이 하나도 나타나 있지 않다. 그러면서도 열반과 해탈과 견성의 자각을 논하고 있다. 이것이 무소구행의 참된 의미이다. '구하는 바가 없으면 곧 즐거움이다', '구하는 바가 없는 것이 참된 도행(道行)이다'고 말하듯이 구하는 바가 없는 그것이 안락이다. 벽관을 통하여 안심(심의 실체가 공임을 아는 것)시키는 도(道) 그것이 곧 진도(眞道, 佛道)이다.

달마의 사행은 이 불도의 실천형태이다. 그것이 설령 네 가지로 나뉘어 있기는 하나 구체적으로는 칭법행을 벗어나지 않는다. 칭법행은 이입(理入)의 구체적인 내용인 동시에 깨달음의 무한한 실천이기 때문에 이것은 종지를 깨닫는 것이지 깨달음을 연다든가 무상각(無上覺)을 얻는다는 의미가 아니다.

본래 「이종입」에는 '깨달음[悟]'이라는 말이 나온다. '자교오종'이라든가 '지자(智者)는 진(眞)을 깨닫는다'는 말이 있다. 전자는 언설에 의한 지적인 이해가 함의되어 있다.[228] 그러나 후자는 진실을 깨닫는다는 느낌이 들어있다. 곧 칭법행의 방식으로서의 '깨달음을 실천하는' 마음을 생활방식을 말한 것이다. 불도에 들어가서는 단지 도(道)가 계속될 뿐이다. 달마는 제자에게 증과(証果)를 얻게끔 한 것이 아니라 '불도의 참 진리를 가르쳐'라는 말처럼 '도에 따르는'·'道行'·'보리의 道를 장엄한다'[229]고 반복하여 도를 설하고 있다. 보리가 과(果)에 있는 것이 아니라 도(道)가 곧 보리인 것이다. 여기에서 도는 벽관의 실천이다.[230]

다만 여기에서도 말하는 벽관은 사행의 불도실천방식으로서 세속의 잡사를 지멸(止滅)시키는 구체적인 수단이 되어있을 뿐이다. 『속고승전』에 의하면 혜가(慧可)는 도항선사(道恒禪師)로부터 깊은 원망으로 비방을 받아 담림(曇琳)과 마찬가지로 도적에게 팔을 잘렸다고 한다.[231] 그러한

---

228) 「二種入」의 서문에서 말하는 '들은 바는 모두 깨달아 알았다(神惠疎朗 聞皆曉悟)'는 것이 그것이다.

229) 위의 四行 가운데 稱法行의 내용.

230) 이 壁觀은 후에 四祖道信이 牛頭法融에게 법문한 다음과 같은 觀行의 의미와 상통한다. "대저 백천의 법문도 모두 이 마음에 돌아간다. 항하사와 같은 妙德도 心源에 있다. 모든 계정혜의 가르침과 신통변화도 모두 스스로 구족되어 있어 그대의 마음을 떠나 있지 않다. 일체번뇌의 업장도 본래 공적하고, 일체의 인과도 다 幻夢과 같다. 그러니 삼계를 벗어날 것도 없고 보리를 구할 것도 없다. 人과 非人의 性과 相도 평등하고, 大道는 虛曠하니 絶思絶慮하라. 이와 같은 법을 그대가 지금 얻고 나면 다시는 결여됨도 부족함도 없으니 부처와 어찌 다르겠는가. 그대는 단지 마음의 자재에 맡겨두고 觀行을 하지 말라. 또한 息心도 하지 말라. 貪瞋을 일으키지 말고, 근심 걱정하지도 말고 탕탕하게 걸림없이 마음대로 종횡하거라. 모든 선과 악을 짓지 말고 行住坐臥 觸目遇緣이 모두 부처의 묘용으로서 쾌락이고 근심이 없는 것이다. 그러므로 이것을 道라 한다."『歷代法寶記』卷12, (大正新脩大藏經49, p.579上)

231) 『續高僧傳』卷16, (大正新脩大藏經50, p.552上-中)

현실의 상황에서 「달게 받아들이며 원망하지 않는 것이다」는 것은 구체적으로는 '여법하게 중생을 대하라는 세상의 비방과 혐오로부터 자신을 지키라는 가르침이다'[232]는 말에 잘 나타나 있다.

이처럼 달마의 벽관은 비단 달마 혼자만의 문제가 아니라 세상에서 일어나는 일에 대하여 진리를 실천하는 입장으로서 사행의 문제가 등장해 있다.[233] 달마는 '법에는 중생이 없다'고 하여 법을 보편적인 세상사와 구별하지 않는다. 그래서 칭법행은 중생인 자기가 실제로 살아가는 데 있어서 법과 같이 되어 살아가는 것이다. 법과 같이 살아가는 한 더 이상 법에서 벗어난 중생이 아니다. 가령 칭법행 가운데서 보시행은 법이 '법체에는 아까워하는 것이 없다'고 말하듯이 아(我)라든가 타자라든가 하는 차별을 떠나 있으므로 무아행으로서 보시된 대상[施物]과 보시하는 사람[施者]과 보시를 받은 사람[受者]의 셋에 대한 집착을 떠나는[三空] 것이 요구된다고 하였다.[234]

이것은 세상과 관계에서 이루어지는 여법한 수행이란 바로 중생과 함께 가는 보살행으로서의 보시행을 말하는 것이다. 이러한 맥락에서 곧 양(梁) 무제(武帝)의 '무공덕(無功德)'의 문답이 가능하였다. 무공덕이라는 것은 거절과 허무가 아니라 불도를 장엄하는 존재방식이다. 인간에게 있어서 공덕이 없는 것이야말로 중생심을 벗어나 법에 칭합

232) 『續高僧傳』 卷16, (大正新脩大藏經50, p.551下) "如是順物 敎護譏嫌"

233) 四行 모두 보살행의 실천방식이다. 稱法行의 경우도 구체적으로는 대승육바라밀의 실천에 대한 것이다.

234) 柳田聖山, 『タルマ』, (東京: 講談社, 1998) pp.180-190. 참조.

하는 도로서 진정한 공덕이라고 말할 수가 있기 때문이다.

2) 행입의 형태

여기에서 사행으로 나타나 있는 행입의 구체적인 형태는 벽관이다. 벽관은 달마의 안심이 겉으로 드러난 모습이기도 하면서 곧 안심의 내용이기도 하다. 안심은 이입으로 터득된 것이라면 그 안심이 벽관을 통하여 벽관의 모습으로 완성되어 나타나고 있다. 그래서 벽관은 좌선의 모습이면서 안심의 내용일 수 있는 것이다. 왜냐하면 좌선은 안심의 방편이 아니라 안심 그 자체의 표현이기 때문이다. 그래서 담림(曇琳)은 다음과 같이 기록하고 있다.

> 그때 도육과 혜가의 두 사람이 있었는데 오직 이 두 사문 만큼은 비록 나이는 적었지만 그 뜻이 고원(高遠)하여 달마법사를 만난 것을 무척 다행으로 여기면서 수 년동안 모시면서 경건하게 물어 스승의 뜻을 잘 터득하였다. 달마법사도 이에 그 정성에 감탄하면서 진도(眞道)로써 다음과 같이 가르쳐 주었다. '이와 같이 안심(安心)하고 이와 같이 발행(發行)하며 이와 같이 순물(順物)하고 이와 같이 방편(方便)을 써라 이것이 곧 대승의 안심법이니, 잘못됨이 없이 행하라.' 여기에서 '이와 같이 안심하라'는 것은 벽관이고, '이와 같이 발행하라'는 것은 사행이며, '이와 같이 순물하라'는 것은 기혐(譏嫌)을 방호(防護)하는 것이고, '이와 같이 방편을 행하라'는 것은 그것에 집착하지 말라는 것이다.[235]

담림은 벽관이 되기 위해서는 안심이 이루어져야 함을

235) 『傳燈錄』 卷30, (大正新脩大藏經51, p.458中) "于時唯有道育惠可 此二沙門 年雖後生 俊志高遠 幸逢法師 事之數載 虔恭諮啓 善蒙師意 法師感其精誠 誨以眞道 如是安心 如是發行 如是順物 如是方便 此是大乘安心之法 令無錯謬 如是安心者壁觀 如是發行者四行 如是順物者 防護譏嫌 如是方便者遣其不著"

말하면서 아울러 사행과 기혐(譏嫌)을 방호할 것과 방편으로 행하라는 것을 언급하고 있다. 이 네 가지는 바로 사행의 근거이기도 하다. 벽관이라는 것은 달마선법의 특색을 가장 잘 나타내고 있는 말이다. 특히 안심을 벽관으로 보고 있는 것은 안심에 대한 달마의 견해가 드러난 것이기 때문이다.

여기 안심에서 심(心)은 『금강경』에서 수보리가 세존에 대하여 질문한 세 가지 곧, 운하응주(云何應住) · 운하수행(云何修行) · 운하항복기심(云何降伏其心)236) 가운데 첫째의 운하응주의 구체적인 내용인 자성청정심(自性淸淨心)에 어떻게 주(住해)야 하는가의 심(心) 바로 그것이다. 그 자성청정심에 주(住)하되 집착을 내지 말아야 한다는 방법이 담림의 여시방편(如是方便)의 내용이기도 하다. 이처럼 자성청정심에 안주(安住)한다는 것은 진리의 자각을 통한 벽관일 때에야 비로소 여시안심(如是安心)일 수 있는 것이다.

혜가(慧可)와 보리달마(菩提達磨)의 대화 가운데 등장하는 안심법문(安心法門)에 있어서도 그 내용은 곧 혜가의 안심 바로 그것이었다.237) 곧 혜가가 자기의 불안한 마음을 찾아보았으나 결국은 찾을 수 없었다[覓心了不可得]고 말하자, 달마가 그대는 이미 안심이 되었다[我與汝安心竟]고 말하였다. 여기에서 혜가가 불안한 마음을 찾아보는 행위는 곧 벽관의 행위이다. 그 벽관의 행위를 거쳐 결국은 불안한 마음을 찾을 수 없다고 말할 수 있었다. 그런데 여

---

236) 菩提流支 譯, 『金剛般若波羅蜜經』, (大正新脩大藏經8, p.752下)
237) 『傳燈錄』 卷30, (大正新脩大藏經30, p.219中)

기에서 불안한 마음을 찾아보았으나 어디에서도 찾을 수 없다는 것은 이미 존재하는 불안한 마음을 찾을 수 없다는 포기 내지는 절망의 뜻이 아니다. 혜가가 벽관을 통하여 관찰해 보니 불안한 마음이라는 것은 애당초 어디에도 존재하지 않다는 것을 훤히 꿰뚫어 보았다는 것이다.

이것은 불안한 마음에 대한 철저한 자각을 말한다. 그래서 달마가 굳이 혜가를 향하여 그대의 불안한 마음을 이미 안심시켜 주었다고 인가하기 이전에 혜가는 벌써 자성청정심에 안주하고 있었던 것이다. 그것이 곧 벽관이라는 달마의 가르침이 혜가를 통하여 전개되고 있는 것이다. 혜가는 또한 자신이 깨달은 안심의 원리를 다른 제자의 질문에 그대로 적용하여 가르쳐 주고 있다.[238] 이것은 바로 혜가가 달마로부터 배운 사행(四行)의 구체적인 형태인 보원행(報怨行)·수연행(隨緣行)·무소구행(無所求行)·칭법행(稱法行)의 전개원리이기도 하다.

이 네 가지 실천수행은 모두 그 바탕에 대승(大乘)의 공관사상(空觀思想)이 깔려 있다. 이것은 달마의 이법(理法)에서 안심수행으로 완성된 바탕에서 이루어지고 있는 형태이지, 안심의 이법에서 터득하지 못한 것을 네 가지 실천으로 완성해 나아간다는 의미가 아니다. 이법의 원리는 이미 이법 그대로 완성되어 있다. 다만 이법의 원리가 네 가지 실천수행으로 일상생활 전반에 걸쳐 드러나고 있는 것

---

238)『祖堂集』卷2, (高麗大藏經45, p.246上) “有一居士 不說年幾 後有四十 及至禮師 不稱姓名 云 弟子身患風疾 請和尚懺悔 師云 汝將罪來爲與汝懺悔 居士曰 覓罪不可見 師云 我令爲汝懺悔竟 汝今宜依佛法僧寶 居士問 但見和尚則知是僧 未審世間何者是佛 云何爲法 師云 是心是佛 是心是法 法佛無二 汝知之乎 居士曰 今日始知 罪性不在內外中間 如其心然 佛法無二也”

이 사행의 형태로서의 전개이다. 곧 보살의 현실생활은 이입(理入)을 떠나지 않는 행입(行入)의 실천이고, 행입(行入)의 실천은 곧 이입(理入)의 자기완성이기도 하다. 곧 달마에게 있어서 안심의 이법(理法)은 벽관의 사행으로 펼쳐지고 있다. 그러나 이입(理入)은 철저하게 행위와 혼동됨이 없이 그 자체의 뚜렷한 영역을 지니면서 더불어 깨달음의 원리로서 항상 행입(行入)으로 확대되어 낱낱의 행위에 이입(理入)의 실상을 부여하고 있다.

3) 오정심관과 사행

앞서 언급한 오정심관의 본래적인 의미를 살펴보면 대략적으로 다음과 같이 정리해 볼 수가 있다.

첫째, 오정심관은 대치관(對治觀)의 성격이 강한 수행방식이다. 그래서 우선 탐욕이 일어나는 사람은 자신이 좋아하는 것에 대한 집착으로부터 벗어나지 못하기 때문이다. 그리하여 그 집착의 대상을 싫어하는 대상으로 바꾸어 나아가는 부정관(不淨觀) 내지 백골관(白骨觀)을 통하여 상대에 대한 애착을 버림으로써 탐욕을 벗어날 수 있다는 것이다.

자주 화를 내는 사람은 상대에 대하여 불만족을 지니고 있기 때문이다. 그러나 일체를 대하되 부모가 자식을 대하듯이 자비롭게 하는 마음을 지니면 모든 것이 사랑스럽게 보이고 불만을 갖지 않게 된다는 것이다.

어리석은 사람은 아이큐가 낮거나 부적응자를 가리키는 것이 아니라 인과법을 무시하거나 인과의 도리를 모르는 것이다. 따라서 어리석은 사람은 불도를 이룰 수가 없다. 그러므로 인연법을 제시하여 세상의 도리를 일깨워줌으로써 어리석음으로부터 벗어날 수 있는 것이다.

마음이 산란한 사람은 집중을 하지 못하기 때문이다. 이런 경우에 효과적으로 제시된 것이 호흡을 안정시키는 것이다. 호흡이 불안하면 십중팔구 마음도 들떠 있기 때문이다. 따라서 호흡을 헤아리거나 호흡을 놓치지 않고 따르며 한 가지 대상에 몰입함으로써 흩어진 마음을 추스릴 수가 있게 된다.

일체사(一切事)에 대하여 분별심을 일으키거나 아만을 지니는 사람들은 잘못된 견해로부터 비롯되는 경우가 대부분이다. 따라서 이와 같은 사람들에 대하여 『좌선삼매경』에서는 특히 염불을 통해서 마음을 바로잡도록 권장한다. 그리하여 항상 전심전력으로 불상을 관찰하고 청정하여 의심을 버리게끔 한다. 의심을 버림으로써 오온(五蘊)과 십이처(十二處)와 십팔계(十八界) 등 일체의 경계에 대하여 아만으로 인한 등분(等分)과 중죄(重罪)로부터 멀리 떠나게 한다.

둘째는 이와 같은 다섯 가지 수행방식을 일괄적으로 닦는 것이 아니라 개별적으로 수행하게끔 한다는 것이다. 수행자 자신에게 번뇌가 생겨나는 경우 그 번뇌를 대치하는 데에 가장 효과적인 방식을 취하는 것이다. 따라서 오정심관은 다섯 가지 방식으로 등장해 있지만 실은 개인에게 가장 효과적인 한 가지 방식이 요구된다. 그 한 가지를 확실하게 대치하고 나면 그로 인하여 나머지는 저절로 다스려지게 된다.

셋째는 오정심관은 가장 보편적인 방식으로서 어느 때나 누구에게나 항상 적용되는 수행방식이다. 굳이 停心이라는 용어를 구사하지 않더라도 수행과 일상의 생활에 있어서 반드시 해결하고 넘어가야 할 덕목들을 다섯 가지로 구분한 것이다. 따라서 모두가 지니고 있기 때문에 그것을 해결하지 않으면 안 되는 개인적 도덕 규범을 가장 중생적인 형태로 드러낸 것이다.

이것은 불교수행에서 가장 먼저 대치해야 할 대상이면서 동시에 궁극적인 도착지 다다르기 위한 필수 수행덕목이기도 한 탐(貪)·진(瞋)·치(癡)·만(慢)·의(疑)를 보다 구체적으로 현실에서 다룰 수 있게끔 내세운 것이다.

이에 대하여 보리달마의 사행은 첫째로 종합적인 성격을 지니고 있다. 왜냐하면 사행은 범부가 실천을 통해서 궁극으로 나아가야 할 과정상의 덕목이 아니라 보살행의 실천덕목이기 때문이다. 곧 사행은 이입(理入)의 깨침을 현실에서 현성시켜 나아가는 형태상의 네 가지 모습이기 때문에 번뇌를 끊어 나아가는 대치적인 성격이라기 보다는 청정(淸淨)과 평등(平等)을 실현해 나아가는 정수행(正修行)으로서의 행위이다. 보살행은 어느 하나에 국한되어 이루어지는 행위가 아니다. 또한 한 가지만을 선택하여 작용할 수 있는 것도 아니다. 이 점에서 개별적인 오정심관과 그 성격을 달리하고 있다.

다음으로 보리달마의 「이입사행론」에서 말하는 네 가지 진리의 실천수행은 모두 그 바탕에 대승의 공관사상이 깔려 있다. 이것은 달마의 이법에서 안심수행으로 완성된 바탕 위에서 이루어지고 있는 형태이지 안심의 이법에서 터득하지 못한 것을 네 가지 실천으로 완성해 나아간다는 의미가 아니다. 이법의 원리는 이미 이법 그대로 완성되어 있다.

다만 이법의 원리가 네 가지 실천수행으로 일상생활 전반에 걸쳐 드러나고 있는 것이 사행의 형태로서의 전개이다. 곧 보살의 현실생활은 이입(理入)을 떠나지 않는 행입(行入)의 실천이고, 행입(行入)의 실천은 곧 이입(理入)의 자기완성이기도 하다. 곧 달마에게 있어서 안심의 이법(理法)은 벽관의 사행으로 펼쳐지고 있다. 그러나 理入은 철저하게 행위와 혼동됨이 없이 그 자체의 뚜렷한 영역을 지니면서 더불어 깨달음의 원리로서 항상 행입으로 종합적으로 확대되어 낱낱의 행위에 이입(理入)의 실상을 부여하고 있다.[239]

사실 이미 사행은 완성되어 있는 형태이기 때문에 대치관처럼 대치해야 할 어느 하나에 사행의 어느 한 가지 방식을 적용시키기보다는 두루 적용되는 특징을 지니고 있다. 그러나 굳이 사행의 용어에 나타안 성격을 오정심관에 배대해 본다면 산란심(散亂心)과 진에(瞋恚)는 보원행(報怨行)으로, 탐욕(貪欲)은 무소구행(無所求行)으로, 우치(愚癡)는 수연행(隨緣行)으로, 등분(等分)과 아견(我見)은 칭법행(稱法行)으로 다스려 이끌어갈 수가 있을 것이다.

이러한 점에서 오정심관의 방편이라는 성격이 달마에게서는 진리의 현성이라는 입장으로 등장하였다. 여기에는 달마가 말한 소위 이입(理入)과 행입(行入)의 관계를 통해

239) 김호귀, 「二入四行의 構造와 그 傳承」, (『大覺思想』 제3집. 2000년)

서 더욱 구체적으로 살펴볼 수가 있다.

달마의 사여시(四如是)는 여시안심(如是安心) · 여시발행(如是發行) · 여시순물(如是順物) · 여시방편(如是方便)의 네 가지를 말한다. 이 가운데 여시안심은 이입(理入)으로서 벽관의 실천을 말한다. 그리고 여시순물 · 여시방편은 행입으로서 사행의 보편적인 설명이다. 특히 여시발행은 위에서 지적하고 있듯이 사행의 구체적인 설명이다.

이와 같은 방식에서 대치관법의 오정심관을 보리달마의 통합적인 사행에 비교시켜 보면 다음과 같이 정리할 수 있을 것이다.

탐욕(부정관) ---------------	무소구행
진에(자비관)·산란심(수식관)----	보원행
우치(인연관) ---------------	수연행
아견·등분(계분별관) ---------	칭법행

위의 이입(理入)에서 '함생범성동일진성(含生凡聖同一眞性)'을 인간에게 내재하는 것으로서의 '불성', '진여', '자성청정심' 등과 동일하다고 보면 분명히 본각사상이 된다. 그러나 달마의 경우 행입의 사행 가운데 '넷째 칭법행이란 법의 본성은 청정하다는 진리의 터득을 행위의 규범으로 삼는 것이다. 이 진리란 모든 현상은 공이어서 더러움도 집착함도 없으며 이것과 저것이라는 대립도 없다. 경전에서는 '진실한 이법에서 말하자면 생명을 가지고 살아가는 모든 것은 실체가 없다. 그것은 생존한다는 더러움을 초월했기 때문이다. 진실의 理法에서 말하자면 아(我)라는 실체가 없다. 그것은 아(我)라는 실체의 더러움을 초월했기 때문이다.'고 말하고 있다.

이 경우 이(理)란 법(法)의 의미가 강하다. 곧 법과 딱 계합하여 인간에게 사량분별이 없는 것이 이입(理入)이고 벽관(壁觀)이다. 그것이 보살도로서 일상생활에서 구현되는 것이 사행이라는 행입의 모습이다. 따라서 이입(理入)과 행입(行入)은 각각 깨달음의 모습이면서 이입(理入)이 벽관을 통한 심신(深信)의 구현이라면 행입(行入)은 사행을 통한 보살행의 실천이다.

4. 맺음

오정심관은 『구사론』의 내용에 의하면 소위 부파불교의 삼현(三賢)에서 그 첫째에 해당하는 단계이다. 여기에서는 무엇보다도 수도위(修道位) 이전 견도위(見道位)에 있는 범부가 닦아야 할 기본적인 장애의 대치라는 성격이 강하다. 그것을 다섯 가지로 요약한 것이 곧 오정심관이다.

오정심관에 대해서도 각 경론의 설명이 일치하는 것은 아니다. 그러나 대체적으로 탐욕에 대해서는 부정관, 진에에 대해서는 자비관, 산란심에 대해서는 삭식관, 우치에 대해서는 인연관, 아견이나 등분에 대해서는 계분별관이나 염불관 등을 벗어나지 않는다. 그러나 이것이 중국에 전래되어 특히 달마에 와서는 선수행의 기본방식의 하나로서 채택되면서 방편이라는 딱지를 떼어버리고 진리의 현성 곧 일상생활에서의 깨침의 작용으로 변용되었다.

달마는 그것을 네 가지로 새롭게 보원행·수연행·무소구행·칭법행으로 제시하였다. 이 사행은 종합적인 성격의 것이지만 그것을 개별적인 오정심관에 배대해 볼 수 있다.

곧 보원행은 진에를 대치하는 자비관 및 산란심을 대치하는 수식관, 수연행은 우치를 대치하는 인연관, 무소구행은 탐욕을 대치하는 부정관, 칭법행은 아견과 등분을 대치하는 계분별관에 각각 대응된다.

그리고 그 성격으로 보자면 각 항목은 일상의 실생활에서 이루어지는 진리의 활작용(活作用)이다. 이리하여 대치방식으로서의 오정심관은 달마에게 있어서 방편을 벗어난 진리의 현성으로 나타나게 되었다. 이것은 인도에서의 선사상이 하나의 사상 내지 수행의 방식에 머물지 않고 선종으로 도입되면서 수행방식이 동시에 이타행위의 실천으로서 그 면모가 새롭게 탈바꿈된 것이라 할 수 있다.

Ⅶ. 선수행과 『금강삼매경』

1. 선법의 한국 전래

일찍이 달마를 비롯한 선종의 형성시기부터 교학의 중시는 일관된 입장이었다. 중국선종의 초조 보리달마는 모든 중생이 동일진성(同一眞性)을 지니고 있음을 믿고, 그것을 밝히기 위해서는 달리 언어문자의 가르침을 방편삼아 종지를 깨치는 것일 뿐 그것에 얽매이지 말며 벽관(壁觀)을 통해 진리에 계합해야 한다고 말했다.[240] 제이조 혜가는 출가 이전부터 세간의 전적과 『장자』·『주역』 등에 통하였고, 출가해서는 갖가지 교학을 공부하였다. 혜가는 제이조가 된 이후에도 『열반경』과 『반야경』을 중시한 것은 널리 알려져 있다.[241] 제삼조 승찬은 『보림전』 권8에 기록되어 있는 방관(房琯)의 비문(碑文)이 참조가 된다. 특히 『신심명』을 남기고 있는 점은 주목할 가치가 있다.[242] 제사조

---

240) 『少室六門』, (大正新脩大藏經48, p.369下) "夫入道多途 要而言之 不出二種 一是理入 二是行入 理入者 謂藉教悟宗 深信咸生同一眞性 俱爲客塵 妄想所覆 不能顯了 若也捨妄歸眞 凝住壁觀 無自無他 凡聖等一 堅住不移 更不隨於文教 此卽與理冥符 無有分別 寂然無爲 名之理入"

241) 『祖堂集』의 혜가장에는 辯和法師의 『열반경』의 강석과 관련된 이야기와 승천에게 전법한 일화에서는 성품이 空이라는 것에 관한 대화가 엿보인다. 『祖堂集』 卷2, (高麗大藏經45, pp.245下-246上)

242) 『宝林傳』의 본명은 『大唐韶州雙峰山曹侯溪宝林傳』이라고 하고, 10권 가운데 권7, 권9, 권10권은 缺失되었고, 권6은 京都의 青蓮院, 나머지는 山西省趙城縣廣勝寺所藏의 『金版大藏經』으로부터 발견되었다. 다만 권2는 후에 서술하는 『聖冑集』에 따라 補充된 것이다. 『宋藏遺珍』 수록본 참조.

도신(580-651)[243]의 『반야경』 중시, 및 제오조 홍인(601-674)의 『금강경』과 『열반경』의 사상은 자성청정심에 계합하는 것을 주(主)로 삼아 정심(定心)을 중시하고 즉심즉불(卽心卽佛)의 도리를 고조시켰다.

이후에 제사조 및 제오조의 선풍은 이후 대통신수(大通神秀: 606-706) - 보적(普寂)[244]으로 계승되는 소위 북종선의 계통이 경론을 중시했다는 것은 주지하는 바와 같다. 위의 기록들에 의해서 보면 신라의 신행은 홍인(弘忍) - 신수(神秀) - 보적(普寂) - 지공(志空) - 신행(神行)의 법맥으로 계승되었다. 이후 신행의 선법은 다시 준범(遵範) - 혜은(慧隱) - 지선(智詵)으로 계승되어 소위 희양산문(曦陽山門)의 일파를 이루었다.

이로써 판단하면 신행은 동산법문을 계승하였고 동시에 당시의 북종계통의 법맥까지 계승하였다. 당시에 신수를 계승한 의복(義福)과 보적(普寂) 등은 국사의 지위에 있었을 뿐만 아니라 천하의 선법은 거의 이들을 중심으로 한 동산법문의 계승자들에 의하여 전개되고 있었다. 따라서 신행은 당시로는 최고의 권위와 법맥을 계승한 것이었다.[245]

---

243) 도신의 선사상에 대한 구체적인 내용은 『楞伽師資記』와 『宗鏡錄』의 기록이 주목된다.

244) 『釋氏稽古略』 卷3. "京都唐興寺 普寂禪師 舊唐史云 寂生河東馬氏 少時徧參高僧 學經律 師事神秀 凡六年 秀奇之 盡以道授之 秀入京 因薦之於則天 得度爲僧 秀沒天下好釋氏者 咸師事之 中宗聞其高行 特下制令 代神秀 統其法衆 玄宗開元十三年 有旨移居都城 時王公士庶 爭來禮謁 寂 嚴重少言 難見其和悅之容 遠近ロ以此重之 至是開元十八年入寂 有勅賜號 大照禪師 … 師嗣秀 秀嗣五祖 嗣子 惟政一行"

245) 이에 대하여 훗날 소위 남종 계통의 선법이 정통으로 부각된 이후의 관점을 가지고 이전 신행 당시의 선법의 正統과 傍系의 문제를 적

이와 같은 신행의 선법은 바로 법랑을 통한 동산법문의 견불성(見佛性)과 수일불이(守一不移)의 계승이었으며, 지공(志空)을 통한 북종의 간심간정(看心看淨)의 계승이었다. 이것은 소위 남종 계통의 선법과는 다른 차원의 입장이었다.[246] 그 때문에 이것은 초기 한국선법의 성격을 살펴보는 중요한 단서로 간주할 수 있다.[247]

2. 『금강삼매경론』과 선법

중국 선법의 한국 전래 이전에 이미 해동에서는 원효의 『금강삼매경론』을 통하여 조사선법의 원리 및 그 수행론에

용해서는 안 된다. 게다가 신행은 이미 도신의 정통을 계승하고 있었다. 이 점은 최초기 신라에 전래된 선법과 그 계승이 정통선법이라는 점에서 조금도 벗어나지 않다는 것을 보여준다.

246) 鈴木大拙, 『禪思想史硏究』 第三, (岩波書店, 1987) p.150.

247) 소위 조사선법이 해동에 최초로 전승된 시기는 8세기 중반에 중국 선종의 제사조 大醫道信의 東山法門을 계승한 法朗에 의한다. 법랑의 귀국연대는 불분명하다. 스승이었던 도신의 생몰연대가 580-651이고, 제자였던 신행의 생몰연대가 704-779였음은 밝혀져 있다. 그리고 信行(神行)이 당에 들어가 입문한 지공대사의 스승인 보적의 생몰연대는 651-739였다. 그 때문에 이를 여러모로 감안한다면 적어도 법랑의 생몰연대는 630을 전후하여 출생하고 730년을 전후하여 입적한 것으로 추측할 수 있어야 한다. 그래도 100여 세를 살았다는 추산이 되기 때문에 이와 같은 추정도 그리 녹록하지는 않다. 그러나 崔致遠의 碑銘에 의하면, 도신의 선법을 계승했다는 사실, 선법을 신행에게 전수했다는 사실만큼은 인정할 수 있다. 信行(704-779)은 『智證大師寂照塔碑』에 의하면 법랑에게서 心印을 받았지만, 이후에 입당하여 神秀 - 普寂의 문인이었던 志空에게서 灌頂授記를 받고 귀국하여 斷俗寺에서 입적하였다.(『朝鮮金石總覽』 卷上, p.91) 이후 信行의 선법은 遵範 - 惠隱 - 智證大師 道憲으로 계승되었다. 신행은 신라 제36대 慧恭王代에 지리산에서 교화를 폈다. 그의 전기는 지리신 斷俗寺에 세운 金憲貞이 찬한 「神行碑」에 부분적으로 남아 있다. (『朝鮮金石總覽』 卷上, p.90 ; 『海東金石苑』 卷2, p.7.)

대한 깊은 천착이 있었다. 원효는 『금강삼매경론』에서 무분별을 설하는 「무상법품(無相法品)」, 망념이 없음을 설하는 「무생행품(無生行品)」, 본래성불의 도리를 드러내는 「본각리품(本覺利品)」, 허상을 버리고 실제로 나아가는 「입실제품(入實際品)」, 진성과 진공에 근거하여 일체수행을 설하는 「진성공품(眞性空品)」, 이미 무량한 수행이 성취되어 있다고 설하는 「여래장품(如來藏品)」, 모든 수행을 점검하는 「총지품(總持品)」 등으로 구성되어 있다. 그 때문에 명칭도 달리 『섭대승경(攝大乘經)』 내지 『무량의종(無量義宗)』으로 불린다.

모든 수행의 기초는 번뇌가 본래 공임을 자각하는 것으로부터 시작하여 집착과 분별을 벗어나는 것으로 진행된다. 그러나 그 궁극은 이타를 지향한다. 이타는 다름아닌 중생심의 개현이다. 그 중생심은 중생과 부처가 다르지 않는 생불일여(生佛一如)이고, 진제와 속제가 다르지 않는 진속불이(眞俗不二)이다. 그 때문에 원효는 수행의 출발점인 공의 자각과 그 궁극점인 이타의 행위가 『금강삼매경』의 대의라고 하여 “이가 아니면서[無理] 지극한 이[至理]이고, 그렇지 않으면서[不然] 바로 그러하다[大然]”[248]고 말한다.

그렇지만 법맥의 사자상승을 중시하는 선법의 기준으로 보면 원효(元曉: 617-686)의 경우 해동에 전래된 선법과는 무관하다. 그러면서도 원효가 활동하던 시기에는 이미 다양한 경론에 대한 교학적인 연구를 통하여 선사상 및 선수행과 관련된 다수의 선법이 천착되고 있었다. 그 가운데

---

248) 『金剛三昧經論』 卷上, (韓國佛教全書1, p.604中)

대표적인 경우가 곧 원효의 『금강삼매경론』이다. 이것은 직접적인 선어록과는 무관할지라도 그 가운데에는 이미 달마로부터 전수되었던 조사선법의 내용이 고스란히 담겨 있기 때문에 그 선수행론의 내용을 살펴보는 것은 이후 해동에서 전개된 선법을 이해하는데 필요한 작업이기도 하다.

따라서 여기에서는 원효의 선수행에 대하여 상구보리에 해당하는 향상문(向上門)의 입장과 하화중생에 해당하는 향하문(向下門)의 입장으로 나누고, 나아가서 그것이 직접 바라밀실천으로 전개되었던 점에 대해서 고찰하기로 한다.

3. 『금강삼매경론』의 선수행론

1) 『금강삼매경론』의 선리

『금강삼매경론』은 『금강삼매경』에 대한 주석서로서 일곱가지 품으로 나뉘어 있으면서 각각의 품이 독립된 경전의 성격을 지니고 있기 때문에 옴니버스와 같은 형식을 보이고 있다. 전체적으로는 일미관행(一味觀行) 곧 여래장으로 귀일하는 내용으로 구성되어 있다.[249] 그 일미관행이야말로 여래장을 터득하는 방식으로서 관(觀)은 공간적으로 논한 것으로 경(境)과 지(智)에 통하고, 행(行)은 시간적으로 논한 것으로 인(因)과 과(果)에 사무친다고 말한다.[250]

원효는 제목인 금강삼매에서 금강은 비유를 들어 지칭한

---

249) 원효는 『금강삼매경』의 「서품」에 해당하는 대목을 거의 생략하고 있다. 그 때문에 제이의 「무상법품」이 원효의 경우는 제일의 품목으로 설정되어 있다. 이하 동일.

250) 『金剛三昧經論』 卷上, (韓國佛教全書1, p.604下)

것으로, 견실하다는 것을 체성으로 삼고 깨뜨리는 것[穿破]을 공능으로 삼으며, 삼매는 삼마희다(三摩呬多)는 등인(等引), 삼마지(三摩地)는 등지(等持), 삼마발제(三摩鉢提)는 등지(等至), 태연나(駄演那)는 정려(靜慮), 사마타(奢摩他)는 지(止), 심일경성(心一境性)은 일심(一心), 그리고 정(定)과 정사(正思) 등 여덟 가지로 분별한다.

첫째의 「무상법품」은 분별상이 없는 관찰을 설명한 것이다. 둘째의 「무생행품」은 무생(無生)과 무생을 터득하는 행(行)을 드러낸 것이다. 셋째의 「본각리품」은 본각에 의하여 중생을 이롭게 하는 것이다. 넷째의 「입실제품」은 허상으로부터 실제에 들어가는 것이다. 다섯째의 「진성공품」은 일체행이 진성과 진공에서 나왔음을 변별한 것이다. 여섯째의 「여래장품」은 무량한 법문이 여래장에 들어있음을 드러낸 것이다.[251] 이와 같은 여섯 품은 모두 관행이다.

이것은 모두 조사선(祖師禪)의 수행 원리에 통하는 것으로 곧 무분별을 설하는 「무상법품」, 망념이 없음을 설하는 「무생행품」, 본래성불의 도리를 드러내는 「본각리품」, 허상을 버리고 실제로 나아가는 「입실제품」, 진성과 진공에 근거하여 일체수행을 설하는 「진성공품」, 이미 무량한 수행이 성취되어 있다고 설하는 「여래장품」, 모든 수행을 점검하는 「총지품」 등으로 구성되어 있다. 그 때문에 명칭도 달리 『섭대승경』 내지 『무량의종』으로 불린다.[252]

각 품의 상관관계에 대하여 말하자면 먼저 모든 분별상을 없애야 한다고 말한다. 이에 첫째로 무상법품에서는 무

251) 『金剛三昧經論』 卷上, (韓國佛敎全書1, p.604下)
252) 『金剛三昧經論』 卷上, (韓國佛敎全書1, p.604下)

상과 법의 두 가지 뜻을 드러냈기 때문에 무상법품이라 말하였다. 곧 분별상이 없는 법을 관찰할 것을 설명하였다. 무상(無相)이란 곧 무상관9無相觀)이다. 모든 분별상을 타파하기 때문이다. 비록 모든 분별상을 없앴더라도 만약 관찰하는 마음이 남아있으면 그 관찰하는 마음 때문에 오히려 본각을 모르게 되므로 관찰하는 마음이 일어나는 것도 없앤다.

이런 까닭에 둘째로 「무생행품」에서 보살은 관행이 성취될 경우 저절로 관심을 알아 순리로 수행하되 발생하는 유생의 심도 없고 무생의 심도 없으며 또한 유행도 없고 또한 무행도 없다. 그 때문에 무생과 행을 드러낸다. 이윽고 행과 무생이어야 바야흐로 본각을 알게 된다.

본각에 의하여 중생을 교화하여 본각의 이익을 터득하도록 하므로 셋째로 본각리의 법문을 설명한다. 일체의 유정은 무시이래로 무명의 장야(長夜)에 빠져있어 망상의 대몽(大夢)을 꾼다. 이에 보살은 관행을 닦아 무생법인(無生法忍)을 터득하고서 중생은 본래 적정하여 그대로 본각인 줄을 통달하고, 일미의 침상에 누워 본각의 이익으로 중생을 제도한다. 본 품에서는 이러한 도리를 드러내므로 「본각리품」이라 말한다.

만약 본각에 의하여 중생을 이롭게 하면 중생이 곧 허상으로부터 실제에 들어가는 까닭에 넷째로 입실제(入實際)에 대하여 설명한다. 여기에서 실제(實際)란 호환(虛幻)을 떠나 있음을 지칭한 것으로 구경의 뜻이고, 입(入)은 깨침으로서 실제를 터득하는 것이다. 교(敎)에 의거하여 이(理)를 닦아 이입(理入)하고 행입(行入)하므로 그 깨침의 실천으로 이입(二入)이라 말한다. 그러나 실제는 무제(無際)를 실제로 삼고, 이입은 무입(無入)을 입(入)으로 삼는다.

이와 같이 『금강삼매경』에서 설한 내용은 「무상법품」에서 말하는 무분별행, 「무생행품」에서 말하는 무집착행, 「본각리품」에서 말하는 본래성불의 자각, 「입실제품」에서 말하는 이입과 행입 곧 깨침과 깨침의 실천, 「진성공품」에서 말하는 공에 대한 실천, 「여래장품」에서 말하는 진제와 속제가 둘이 아닌 일실(一實)의 여래장으로의 귀일, 「총지품」에서 말하는 일체의 의문점에 대한 해결과 문의다라니(文義多羅尼)의 획득 등이 모두 선수행의 원리와 관련되어 있다.

바로 그 집착이 없고 분별이 없는 평등한 경지인 무소득(無所得)의 일미야말로 바로 『금강삼매경』의 종(宗)이고 요(要)이다. 제목으로 보아 알 수 있듯이 『금강삼매경』은 수행 특히 선수행과 밀접한 선경에 속한다. 그 때문에 원효는 『능가경』·『대승기신론』·『여래장경』·『법화경』·『화엄경』 기타 많은 선경을 인용하여 무집착과 무분별의 도리 및 그 행위방식에 대해서도 언급하고 있다. 따라서 이와 같은 선리에 착안하는 것은 『금강삼매경』 및 『금강삼매경론』의 선수행론을 읽어내는 안목 가운데 하나이다.

2) 향상문의 선수행론

『금강삼매경』에서 제시하는 수행론은 향상의 수행문과 향하의 수행문으로 대별된다. 향상의 수행문은 곧 내행(內

行)으로 여기에는 무상법과 무생행이 해당하고, 향하문의 수행문은 곧 외화(外化)로서 본각리와 입실제가 해당한다. 이처럼 내행과 외화의 두 가지 방식[二利]으로 만행을 갖추어 동일하게 진성을 도출하고 모두 진공을 추구한다.

이런 까닭에 다섯째로 진성과 진공을 설명한다. 진여법은 모든 공덕과 더불어 모든 수행덕을 갖추고 본성으로 작용하기 때문에 진여본성이라 말한다. 그리고 진성은 모든 명칭[名]과 형상[相]을 단절해 있으므로 진여의 본성은 본디 공하다는 의미에서 진성공이라 말한다. 이 진성은 상을 떠나 있고 성을 떠나 있는데, 상을 떠나 있다는 것은 허망한 상을 떠나 있는 것이고 성을 떠나 있다는 것은 진성을 떠나 있는 것이다. 허망한 상을 떠나 있으므로 허망한 상이 공이고 진성을 떠나 있으므로 진성도 역시 공이다.

이처럼 진성에 의하여 만행이 갖추어져야 여래장 곧 일미의 근원에 들어가는 까닭에 여섯째로 여래장을 드러낸다. 곧 진제와 속제가 둘이 아닌 일실(一實)의 법은 제불이 돌아가는 곳으로 여래장이라 말한다. 무량법과 일체행이 여래장에 귀입하지 않음이 없음을 설명한다. 이리하여 마음의 근원에 돌아가면 곧 무위가 된다. 무위이기 때문에 되지 않는 것이 없다. 그 때문에 여섯 가지 품을 설하여 대승을 섭수한다.

마지막으로 「총지품」에서는 앞의 모든 품 가운데 의문점을 해결하고 요의를 총지하여 잊지 않도록 한 것인데 이런 점에서 총지품이라 말한다. 또한 지장보살이 이미 문의다라니를 터득한 까닭에 모든 품에 들어있는 문의를 총지하고 대중이 일으킨 의심의 내용을 기억해서 질문한 차례대로 모든 의심을 잘 해결하기 때문에 능문(能問)의 입장에서 「총지품」이라 말한다.

원효는 『금강삼매경론』에서 '일체중생은 본래 일심과 본각이건만 단지 무명으로 말미암아 환상을 따라 유전할 뿐으로 모두 여래의 일미의 설법을 좇아 마침내 모두 일심의 근원으로 돌아가는 것을 설명하려는 것이다.'는 것을 기본적인 입장으로 취한다. 이것은 곧 「이종입(二種入)」을 통해서 보리달마가 말한 내용과 동일하다.[253] 여기에서 이입은 깨침에 들어가는 이론이라든가 수행의 과정이 아니다. 곧 불교의 근본적인 취지를 깨치는 것을 말한다.

그 방법은 '불법의 가르침에 의해서[藉教悟宗]'처럼 불법의 가르침에 의해서 불법의 가르침인 그 근본 취지를 깨치는 것이다. 이것은 불법으로서 불법을 깨치는 것이다. 여기에서 불법이란 깨침이다. 바꾸어 말하면 깨침으로 깨침을 얻는 것이다. 이미 불법이 깨침으로서 출발하여 깨침을 얻는 것이다. 이것이 달마 조사선의 수행방식이다.

원효의 이와 같은 일미관행의 입장은 중생이 심(心)과 아(我)를 벗어나는 방식에 대하여 정관행에 는 본래 분별상이 없음[無二相]을 설명하였다.[254] 곧 정관행으로 소취(所取)와 능취(能取)를 벗어나도록 해주기 때문이다.

소취를 벗어난다는 것은 일체의 인상과 아상을 벗어나는 것인데 그 방식으로 견리(遣離)와 민리(泯離)를 언급한다. 견리는 이전에 집착한 분별상을 지금 없애는 것이고, 민리

---

253) 『少室六門』, (大正新脩大藏經48, p.369下)

254) 人은 我를 가리키고, 法은 心을 가리킨다. 심은 제법이 의지하는 主이기 때문이다. 모든 인과 법이 본래 공한 줄을 통달할 경우에 바로 그때 이전에 집착한 분별상도 일어나지 않는다.

는 이전에 집착한 분별상이 본래 공한 것임을 자각하는 것이다. 능취를 벗어난다는 것은 일체의 능취하는 분별을 벗어나는 것으로 본리(本離)와 시리(始離)가 있다. 본리란 심과 아가 본래 공인 줄을 터득할 경우 바로 본각의 공적한 심을 터득하는 것이고, 시리란 본각의 공적심을 터득할 경우 능취하는 분별이 다시는 생겨나지 않는 것이다. 그래서 시리의 능취는 시각9始覺)의 뜻이고, 본리의 공적심은 본각(本覺)의 뜻이다. 뜻에는 비록 시리와 본리가 있지만 시리와 본리가 어울려야 일각이 성취된다. 능(能)과 소(所)를 벗어나는 것은 신(新, 始覺)과 구(舊, 本覺)를 벗어나는 것과 같다. 그래서 『기신론』에서는 "시각은 곧 본각과 같다."[255]고 말한다.[256]

「무상법품」에서 무상(無相)이란 무상관(無相觀)을 의미하는데 곧 모든 분별상을 타파하기 때문이다. 다음으로 법(法)이란 말하자면 관찰되는 법[所觀法]으로 일심법을 가리킨다. 이처럼 무상법품에서는 무상과 법의 두 가지 뜻을 드러냈기 때문에 「무상법품」이라 말하였다.

이런 까닭에 해탈보살이 부처님께 "중생의 심성은 본래 공적합니다. 공적한 심체에는 색(色)과 상(相)이 없습니다. 그러면 어떻게 수습해야 본래 공적한 심을 터득할 수 있습니까. 바라건대, 부처님의 자비로 저희에게 설해 주십시오."[257]라고 묻는다. 이것은 중생의 심성은 본래 공적하

---

255) 眞諦 譯, 『大乘起信論』, (大正新脩大藏經32, p.576中)

256) 여기에서 다시 일각에 본각과 시각의 뜻이 있다. 본각에는 본래 있는 것을 드러낸다[顯成]는 뜻이 있으므로 본래적인 수행[眞修]이라는 말이고, 시각에는 수행을 통하여 성취한다[修成]는 뜻이 있으므로 새로운 수행[新修]이라는 말이다.

257) 『金剛三昧經』 「無相法品」, (大正新脩大藏經9, p.366中)

지만 무시이래로 망념을 움직여 유전하는데 어떤 방법으로 수행해야 그 본래심을 터득할 수 있는가 하는 질문이다. 여기 중생심은 『능가경』에서 말한 "적멸이란 일심을 말한다. 일심이란 여래장을 말한다."[258]는 것에 해당한다. 그에 대한 구체적인 수행론은 다음과 같이 제시되어 있다.

> 보살이여, 일체의 심(心)과 상(相)에 본래 근본이 없고 본래 본처가 없어서 공적하고 무생이다. 이에 심을 무생케 하면 곧 공적에 들어간다. 왜냐하면 공적한 심지야말로 곧 심공(心空)이기 때문이다. 선남자여, 무상(無相)한 심에는 심도 없고 아도 없다. 일체의 법상도 또한 이와 같다.[259]

이것은 공적한 심지야말로 모든 중생이 본래부터 유전하여 항상 유상에 집착할지라도 이 공적문을 추구하고 관찰함으로써 본래의 공적한 심을 터득할 수 있기 때문이다. 그러므로 『금강삼매경』에서는 일체중생이 아(我) 및 심(心)의 결박에서 벗어나는 방법은 두 가지로 설명을 한다.

먼저 아(我)에 대해서는 "아(我)가 있는 자에게는 십이인연을 관찰토록 하라."[260]고 말한다. 그런데 여기에도 다시 무작연생(無作緣生)을 관찰하는 것으로 작자(作者)에 대한 집착을 대치하는 방식이 있다. 마치 '이것이 있으므로 저것이 있다.'고 설하는 경우와 같다. 또한 무상연생(無常緣生)을 관찰하는 것으로 상주(常住)에 대한 집착을 대치하는 방식이 있다. 마치 '이것이 생겨나므로 저것이 생겨난

---

258) 『入楞伽經』 卷1, (大正新脩大藏經16, p.519上)
259) 『金剛三昧經』 「無相法品」, (大正新脩大藏經8, p.366中) "菩薩一切心相本來無本 本無本處空寂無生 若心無生卽入空寂 空寂心地卽得心空 善男子 無相之心無心無我 一切法相亦復如是"
260) 『金剛三昧經』 「無相法品」, (大正新脩大藏經8, p.366中)

다.'고 설하는 경우와 같다. 아에 대한 집착이 남아있는 것은 작자와 상주가 근본이 된다. 그 근본이 없어지기 때문에 모든 지말도 따라 소멸한다.

다음으로 심(心)에 대해서는 "만약 마음이 발생하는 경우에는 멸성(滅性)으로 없애주고, 만약 마음이 소멸하는 것이라 한다면 생성(生性)으로 없애줘야 한다. 없애주는[滅] 것이야말로 곧 견성으로 실제에 들어가는 것이다."[261]고 말한다. 이것은 만약 마음이 발생하여 병이 되는 자에게는 위의 멸성(滅性)으로 타파해준다. 요컨대 저 멸성에 의거하여 지금 발생한다는 마음이 있기 때문이다. 만약 이후 미래에 소멸하는 것을 보고 이전 현재의 마음이 있다고 집착한다면 그것은 마음이 설령 불멸한다고 해도 토끼의 뿔과 같은 경우일 뿐이다. 그 때문에 이와 같은 견해를 타파하여 생성(生性)을 없애준다. 발생하는 것이 없다면 소멸이 있을 수 없기 때문이다.

마찬가지로 어떤 중생이 법은 생겨난다고 보는 경우에는 무견(無見)으로 없애주고, 법은 소멸한다고 보는 경우에는 유견(有見)으로 없애준다. 이에 법에 대한 생견과 멸견이 사라지면 법의 진무(眞無)를 터득하여 결정성에 들어가 결정무생이 되기 때문이다. 결정무성은 곧 여래장의 적연부동한 자성으로서 이것을 터득하는 방식에 대하여 "여래장은 생멸여지상(生滅慮知相)인데 감추어진 도리가 드러나지 않고 있다. 이것이 여래장의 적연부동한 자성이다."[262]고 말한다. 이에 대하여 원효는 다음과 같이 말한다.

'생멸여지상'이란 말은 곧 공여래장인데, 다만 이 경문에서는 능은(能

261) 『金剛三昧經』「無相法品」, (大正新脩大藏經8, p.366中-下)
262) 『金剛三昧經』「無相法品」, (大正新脩大藏經8, p.366下)

隱)의 뜻을 드러낼 뿐 그것을 여래장이라고는 말하지 않는다. '감추어진 도리가 드러나지 않고 있다. 이것이 여래장이다.'는 말은 불공여래장인데, 소은(所隱)의 뜻에 의하여 여래장이라 말한다. '적연부동한 자성이다.'는 말은 그 여래장의 자성이 비록 감추어져 있을 뿐이지 바뀌지 않는다는 도리를 드러낸다.[263]

그리고는 『무상론』을 인용하여 여래장의 자성에 다섯 가지 뜻이 있음을 설명한다.[264]

첫째는 종류(種類)의 뜻으로 자성의 뜻을 삼는다. 마치 병과 옷 등 일체의 색법이 사대의 종류를 떠나지 않고 모두 사대로써 자성을 삼는 것과 같다. 이와 같이 중생은 여래장이라는 일계를 벗어나지 않고 모두 일계를 종류로 삼기 때문이다. 『섭대승론』에서는 체류(體類)의 뜻이라 말한다.[265] 『불성론』에서는 자성(自性)의 뜻이라 말한다.[266]

둘째는 인(因)의 뜻으로 자성의 뜻을 삼는다. 마치 나무 가운데 있는 불의 자성과 같아서 불이 일어나는 인이 되므로 자성이라 말한다. 이와 같이 성인의 모든 무루법도 이것이 인이 되어 이루어진다.

셋째는 생(生)의 뜻으로 자성의 뜻을 삼는다. 마치 진금을 단련하여 장엄구를 생성할 경우 장엄구가 생성되는 것

263) 『金剛三昧經論』 卷上, (韓國佛敎全書1, p.617上) "生滅慮知相者卽是空如來藏 但此文中顯能隱義而不名此爲如來藏 言隱理不顯是如來藏者 是不空如來藏 約所隱義名如來藏 言性寂不動者 顯此藏性 雖隱不改"

264) 『無相論』은 「三無性論」·「現識論」·「轉識論」으로 구성되어 있었다고 한다. 「現識論」, (大正新脩大藏經31, pp.881下-882上) 그 다섯 가지 뜻은 自性種類·因性·生·不壞·祕密藏이다.

265) 眞諦 譯, 『攝大乘論釋』 卷1, (大正新脩大藏經31, p.156下) 그 다섯 가지는 體類義·因義·生義·眞實義·藏義 등이다.

266) 『佛性論』 卷2, (大正新脩大藏經31, p.796中) 다섯 가지는 如來藏自性·正法藏因·法身藏至得·出世藏眞實·自性淸淨藏祕密이다.

은 진금을 자성으로 삼는 것과 같다. 이 여래장계도 또한 그와 같이 과지의 오분법신을 생성한다. 법신의 생성은 여래장계를 자성으로 삼는다.

넷째는 불개(不改)의 뜻으로 자성을 뜻을 삼는다. 마치 금강보배의 성질이 일겁 동안 머물러도 증감도 없고 감소도 없는 것과 같다. 이와 같이 여래장계도 삼세에 평등하게 머물러 세간에서도 무너지지 않고 출세간에서도 끝이 없다.

다섯째는 밀장(密藏)의 뜻으로 자성의 뜻을 삼는다. 누런 돌에 들어있는 진금의 성질과 같다. 이런 까닭에 여래장의 자성은 은장(隱藏)의 뜻이다. 여래장의 자성도 또한 이와 같은 줄 알아야 한다. 그 얽혀 있는 것을 부수지 않은 경우에는 외(外)가 되고 염(染)이 되지만 얽혀 있는 것을 부수어 상응하면 내(內)가 되고 정(淨)이 된다. 그러므로 여래장의 자성이 밀장의 뜻인 줄 알아야 한다.

여기의 생멸여지상은 구체적으로 본(本)·성(性)의 모습을 관찰해보면 그 도리가 애초부터 갖추어져 있다는 것을 의미한다. 도리에는 옳고 그름이 없다. 만약 옳고 그름이 있으면 온갖 망념이 발생한다. 그 천만 가지 사려분별이 곧 생멸상이다. 그래서 만약 사려분별이 없으면 곧 생멸이 없고, 여실하여 기동(起動)이 없으며, 제식(諸識)이 안적(安寂)하고, 유주(流注)가 발생하지 않아 오법(五法)이 청정해진다. 이것을 소위 대승이라 한다.

그 대승에 들어가는 방법은 심원(心源)에 돌아가는 경우에 망념의 불각이 없어지고, 불각이 없는 경우에 곧 시각(始覺)에 해당하는 원지(圓智)의 경지에 들어가는데 이것은 곧 불각에 상대하여 시각의 충만을 드러낸 것이다. 또한 시각이 충만할 경우에는 생(生)·주(住)·이(異)·멸(滅)의 사상으로 기동되는 망념의 불각이 본래 불생임을 능지(能知)하는데 이것이야말로 곧 본래 망상이 없음을 아는 것이다.

이리하여 원효는 망상이 공적한 법을 닦는 자는 보시바라밀을 갖추어 삼계에 의지하지 않고, 지계바라밀을 갖추는 자는 계상에 집착하지 않으며, 인욕바라밀을 갖추는 자는 청정하여 무념하고, 정진바라밀을 갖추는 자는 섭수함도 없고 방기함도 없으며, 선정바라밀을 갖추는 자의 성품은 금강과 같고, 반야바라밀을 갖추는 자는 삼보를 저버리지 않는다고 말한다.267)

이와 같이 육바라밀은 곧 해탈일 뿐만 아니라 또한 열반이기도 하다. 그것은 곧 육바라밀의 수행에 전혀 기동도 없고 또 산란도 없기 때문이다. 그래서 원효는 다음과 같이 말한다.

> 이쯤에서 육바라밀과 해탈과 열반은 처음 초지로부터 시작하여 마침내 불지에 이르게 된다. 여기에서 말한 열반이란 본래자성청정열반(本來自性淸淨涅槃)·유여의열반(有餘依涅槃)·무여의열반(無餘依涅槃)·무주처열반(無住處涅槃) 등 사종열반 가운데 본래자성청정열반을 가리킨다. 바로 이것은 불가사의해탈로서 자재하여 걸림이 없다는 뜻이다.268)

이로써 보살에게 관행이 성취될 경우 저절로 관심을 알

267)『金剛三昧經論』卷上,(韓國佛敎全書1, p.620中)
268)『金剛三昧經論』卷上,(韓國佛敎全書1, p.620上-中)“此中六度解脫涅槃 始從初地乃至佛地 言涅槃者 四種之中卽是本來淸淨涅槃 正是不可思議解脫 依其自在無障礙義”

아 순리로 수행하되 발생하는 유생의 심도 없고 무생의 심도 없으며 또한 유행도 없고 또한 무행도 없다. 다만 증익변(增益邊)을 떠나기 위하여 무생이라 가설한 것으로서 유생에 대해서도 마음을 발생하지 않고 무생에 대해서도 마음을 발생하지 않는다. 그리고 손감방(損減邊)을 떠나기 위하여 또한 유생을 가설한 것으로서 비록 유행의 행은 없을지라도 무행의 행까지 없는 것은 아니다. 「무생행품」에서 말하는 무생법인은 법이 본래 무생하다는 것이다. 제행이 무생이지만 무생이라는 행이 없어야 한다. 그러므로 무생법인을 터득한다는 것도 곧 허망이다. 그래서 『법화론』에서는 다음과 같이 말한다.

> 팔생 내지 일생에 아뇩다라삼먁삼보리를 터득한다는 것은 말하자면 초지의 보리를 증득한다는 것이다. … 삼계의 분단생사를 떠나 분수에 따라서 진여불성 곧 법성을 볼 수가 있으므로 보리를 터득한다고 말하는 것이지 구경에 만족한 여래의 방편열반을 말하는 것은 아니다.[269]

이것은 진여불성 곧 법성에 의거하여 설하므로 보리라 말하는 것이고, 증득하여 보기 때문에 보리를 터득했다고

---

269)『妙法蓮華經憂波提舍』卷下, (大正新脩大藏經26, pp.9下-10上) "팔생 내지 일생에 아뇩다라삼먁삼보리를 터득한다는 것은 말하자면 초지의 보리를 증득한다는 것이다. 팔생과 일생이란 말하자면 모든 범부가 결정코 초지에서 증득할 수 있기 때문이다. 각자의 역량 내지 분수에 따라서 팔생 내지 일생에 모두 초지를 증득하기 때문이다. 여기에서 말하는 아뇩다라삼먁삼보리란 삼계의 분단생사를 떠나 분수에 따라서 진여법성을 볼 수 있으므로 보리를 터득한다고 말하는 것이지 구경에 만족한 여래의 방편열반을 말하는 것은 아니다. 八生乃至一生得阿耨多羅三藐三菩提者 謂證初地菩提法故 八生一生者 謂諸凡夫決定能證初地故 隨力隨分 八生乃至一生皆證初地故 此言阿耨多羅三藐三菩提者以離三界分段生死 隨分能見眞如法性名得菩提 非謂究竟滿足如來方便涅槃也"

말하는 것이다. 무생이란 무생행으로 능증과 능득이 없음을 말한 것이다. 이에 『금강삼매경』에서는 이 무생을 터득하기 위한 방식을 좌선으로 내세운다.

> 보살이여, 좌선은 곧 좌선을 한다고 말하면 곧 움직임[動]이 된다. 그래서 움직임[動]도 아니고 고요함[禪]도 아니어야 곧 무생선이다. 좌선의 자성은 무생으로서 유생을 떠나 있는 것이 좌선의 모습이다. 좌선의 자성은 무주로서 집착을 떠나 있는 것이 좌선의 작동이다. 좌선의 자성에는 동과 정이 없음을 아는 것이 곧 무생법인의 터득이다. 무생법인의 반야도 역시 집착에 의지하지 않고, 무생법인의 마음도 역시 움직임에 의지하지 않는다. 좌선은 바로 이러한 지혜이기 때문에 무생법인의 반야바라밀을 터득한다.[270]

곧 무생법인을 터득하는 방식으로 제시된 좌선은 다름아닌 선정을 의미한다. 그러므로 유생을 떠나 있는 것이 좌선의 모습이고, 집착을 떠나 있는 것이 좌선의 작동이다. 좌선의 자성에는 동상(動相)이 없음을 아는 것은 좌선의 자성이 무생인 줄을 아는 것이고, 좌선의 자성에는 정상(靜相)이 없음을 아는 것은 좌선의 자성이 무주인 줄을 아는 것이다. 이에 좌선의 도리가 무생인 줄을 터득하고 좌선의 수행이 무생인 줄을 터득한다. 이와 같은 좌선을 통하여 무생법인의 반야를 말미암아 피안에 도달한다. 이것은 곧 보살의 향상문의 수행론을 설명한 것이다.

---

270) 『金剛三昧經』 「無生行品」, (大正新脩大藏經9, p.368上) "菩薩禪卽是動 不動不禪是無生禪 禪性無生 離生禪相 禪性無住 離住禪動 若知禪性無有動靜 卽得無生 無生般若 亦不依住 心亦不動 以是智故 故得無生般若波羅蜜"

3) 향하문의 선수행론

원효는 이를 바탕으로 하여 향하문의 수행론, 곧 선의 실천론으로서 교화행을 설명하는데, 그것은 주로 이타의 정신에 입각한 수행으로 이루어져 있다. 일체의 유정은 무시이래로 무명의 장야(長夜)에 빠져있어 망상의 대몽(大夢)을 꾼다. 이에 보살은 관행을 닦아 무생법인을 터득하고서 중생은 본래 적정하여 그대로 본각인 줄을 통달하고, 일미의 침상에 누워 본각의 이익으로 중생을 제도한다. 이러한 이타의 도리를 드러내므로 「본각리품」이라 말한다.

그리고 입실제품의 실제(實際)란 텅 빈 허깨비[虛幻]를 떠나 있음을 지칭한 것으로 구경의 뜻이고, 입(入)은 깨침으로서 실제를 터득하는 것이다. 교(敎)에 의거하여 이(理)를 닦아 이입(理入)하고 행입(行入)하므로 그 깨침의 실천으로 이입(二入)이라 말한다. 그러나 실제는 무제(無際)를 실제로 삼고, 이입은 무입(無入)을 입(入)으로 삼기 때문에 「입실제품」이라 말한다.

무생행에 의해서 본각을 제대로 알아야 바야흐로 일체중생을 널리 교화하고 요익할 수 있다. 이에 부처님은 "그대는 어디에서 왔고, 지금 어디에 도달했는가."라고 묻자 무주보살은 "저는 본디가 없는 곳에서 왔고, 지금 본디가 없는 것에 도달했습니다."라고 답한다.[271] 이것은 예전 범부의 지위에서 처음으로 발심했을 경우는 자기의 마음이 본래 기동이 없어 기동의 본디를 불가득한 것이라고 스스로 믿었었는데 지금 성인의 지위에서 무생을 터득하고 보니

271) 『金剛三昧經』「本覺利品」, (大正新脩大藏經9, p.368中)

자기의 마음이 본래 무생하여 생기의 본디를 무소득한 것이라고 깨쳐 알았다는 것이다.

곧 처음에 본디가 없는 곳으로부터 와서 지금 도달한 곳도 또한 본디가 없는 곳임을 알아야 한다는 것이다. 이미 본디가 없다는 것을 언급하였으므로 종말도 없는 줄을 알아야 한다. 종말도 없고 본디도 없는 것은 온 곳도 없고 도달한 바도 없다. 그래서 온 곳과 도달한 곳이 이미 똑같이 본디가 없다. 본디가 없다는 점이 똑같은즉 온 것도 도달한 것도 없다. 왜냐하면 온 곳이 도달한 곳과 다르지 않기 때문에 본래 온 곳이 없고, 도달한 곳이 이미 온 곳과 똑같기 때문에 지금에야 바야흐로 도달한 곳도 없다. 이것을 교화의 측면으로 말하면 보살은 일체중생을 무여열반에 이르게 했지만 멸도된 중생은 없다는 것과 마찬가지이다. 곧 이미 터득한 본리야말로 자리이고 이타임을 말한다. 이에 관련하여 교화의 방식으로 『금강삼매경』에서는 다음과 같이 말한다.

> 부처님께서 말씀하셨다. "제불여래는 항상 일각으로 제식을 전변시켜 암마라식에 들어가게 한다. 왜냐하면 일체중생의 본각에 대하여 항상 일각으로써 모든 중생을 일깨워 저 중생으로 하여금 다 본각을 터득케 하고, 모든 정식은 공적하여 무생임을 일깨워주기 때문이다. 왜냐하면 결정본성은 본래 기동이 없기 때문이다."[272]

이것은 교화하는 사람의 일각과 교화를 받는 일체중생의 본각이 동일함을 말한다. 보살은 본각으로써 남을 일깨워

272) 『金剛三昧經論』 本覺利品第四, (大正新脩大藏經9, p.368中) "佛言 諸佛如來 常以一覺而轉諸識入唵摩羅 何以故 一切衆生本覺 常以一覺 覺諸衆生 令彼衆生 皆得本覺 覺諸情識 空寂無生 何以故 決定本性 本無有動"

주기 때문에 항상 일각으로써 모든 중생을 일깨운다는 말이 된다. 그래서 중생을 구성하고 있는 오음과 십팔계 등의 존재는 본래 자체적으로 '나는 색이다.' 등이라 말할 수가 없다. 다만 망심을 말미암아 색 등이라 말할 뿐이다. 이런 까닭에 일체의 모든 것은 다 공적하다는 것이 곧 일각이고 본각이다. 『금강삼매경』에는 이와 같은 일체의 각이 공적한 도리를 일깨우는 방식이 다음과 같이 제시되어 있다.

> 자성에는 각이 없지만 그 도리를 깨치면 각이 된다. 선남자여, 각이 없음을 깨치고 알면 제식이 그대로 공적에 들어간다. 왜냐하면 금강지의 경지[金剛智地]에서 해탈도가 초월되고[斷], 해탈도가 초월된[斷] 이후에는 무주의 경지[無住地는 妙覺의 경지]에 들어가 출입이 없고 마음의 처소가 없는데 그것은 결정자성이기 때문이다. 그 경지는 청정하여 마치 유리처럼 맑고, 자성은 항상 평등하여 마치 저 대지와 같으며, 묘관찰지의 깨침은 마치 지혜의 햇살과 같고, 이익을 성취하여 본각을 터득함은 마치 대법우(大法雨)와 같다. 이 사지(四智)의 경지에 드는 것은 불지혜의 경지에 드는 것이다. 이와 같은 지혜에 드는 것이야말로 제식의 불생이다.[273]

여기에서 금강지의 경지는 말하자면 등각위로서 원효의 견해에 따르면 시각의 인이 원만한 금강유정(金剛喩定)의 경지이다. 이로써 일심이 현현할 경우에는 팔식이 모두 전의(轉依)하기 때문에 이 경우 사지(四智)가 원만해진다. 이에 그 경지가 청정하여 마치 유리처럼 맑다는 것은 대원경지이다. 그리고 자성은 항상 평등하여 마치 저 대지와

---

273) 『金剛三昧經』「本覺利品」, (大正新脩大藏經9, p.368下) "性無有覺 覺則爲覺 善男子 覺知無覺 諸識則入 何以故 金剛智地解脫道斷 斷已入無住地 無有出入 心處無在 決定性地 其地淸淨 如淨琉璃 性常平等 如彼大地 覺妙觀察 如慧日光 利成得本 如大法雨 入是智者 是入佛智地 入智地者 諸識不生"

같다는 것은 평등성지이다.

이와 같은 일심은 관찰되지도 않기 때문에 모든 법문을 관찰하지 못함이 없다. 그리고 깨침은 마치 지혜의 햇살과 같다는 것은 묘관찰지이다. 그래서 이익을 성취하여 본각을 터득함은 마치 대법우와 같이 만물을 적셔 과실을 성숙시키는 것처럼 묘관찰지도 또한 그와 똑같이 이타행으로 본각을 터득토록 하는데, 이것은 성소작지이다. 이처럼 사지가 이미 원만한 것이 곧 시각의 원만이다. 그래서 이처럼 사지의 경지에 드는 것이 곧 불지혜의 경지에 드는 것이고, 일심의 본원에 돌아가는 것이 곧 제식의 불생이라는 것이다.

그렇지만 중생의 경우 비록 번뇌를 떠나 있는 경우일지라도 아직 법집의 분별은 남아있고, 번뇌와 함께 할 경우에는 곧 번뇌에 오염되기가 쉽다. 그 때문에 다시 지전(地前)에서 다스려야 할 번뇌장(煩惱障, 我執) 및 소지장(所知障, 法執)을 설한다. 이에 견도(見道)에서 견혹(見惑)을 다스리고 수도(修道)에서 수혹(修惑)을 다스리는 복도(伏道)를 말미암아, 견도(見道)에서 견혹(見惑)을 완전히 단제하고, 수도(修道)에서 수혹(修惑)을 완전히 단제하는 단도(斷道)의 지위에 들어가 점차 번뇌의 종자를 없애간다. 이로써 종자가 완전히 사라질 경우 사마(四魔)를 완전히 떠나서 번뇌의 속박으로부터 해탈한다.[274] 그럼에도 불구하고 해탈에 머문다면 그것은 무주(無住)가 아니다. 그 때문에 『금강삼매경』에서 다음과 같이 말한다.

---

274) 『金剛三昧經論』 卷中, (韓國佛教全書1, p.634上)

그런데 열반에 상주한다는 것은 곧 열반에 속박되는 것이다. 왜냐하면 열반은 본각리로서 본각리가 본래 열반이고, 열반의 각분은 곧 본각의 각분이며, 본각의 자성은 불이(不異)로서 열반의 자성과 무이(無異)하고, 본각은 본래 무생인데 열반도 무생이고 본각은 본래 무멸인데 열반도 무멸이기 때문이다.[275]

이것은 유주의 집착을 제대로 없애주려는 것으로 해탈에 대한 집착을 타파하는 것이다. 왜냐하면 본각의 도리는 무주인데 유주라고 간주하면 도리에 어긋나기 때문이다. 도리에 어긋나는 마음은 곧 속박이다. 그 때문에 원효는 본각 및 시각에 대하여 무주(無住)이어야 함을 설명한다.

본각의 무주에 대해서는 본리무이(本理無異)·각분무이(覺分無異)·일미무이(一味無異)·무이무이(無二無異)의 4종의 무이로 설명하고, 시각의 무주에 대해서는 생사가 본래 무생인 줄을 깨쳐 아는 것이다. 그 때문에 생사의 번뇌에 집착하는 것을 떠나고, 열반도 본래 적정이 아닌 줄을 깨쳐 알기 때문에 열반에 들어간다는 동념을 떠난다고 말한다.[276] 이리하여 본각리의 입장에서는 사상(四相)이 발생하지 않음을 다음과 같이 말한다.

일념이 불생임을 깨쳐 그 일심이 편안하고 태연한 것이야말로 곧 본각리입니다. 본각리에는 사상(四相)의 동념이 없고, 시각과 본각이 항상 존재하므로 없지도 않으며, 시각은 없지만 본각조차 없는 것은 아니고, 본각이 없는 것은 아니지만 구경각이 있는 것은 아니다. 이에 시각이 없음을 깨치고 알면 그것이 곧 본각리이고 본각입니다. 본각은 청정하고 무염이며 불변이고 불역입이다. 이처럼 결정자성인 까닭에 참으로 불가사의합니다.[277]

---

275) 『金剛三昧經』「本覺利品」, (大正新脩大藏經9, p.368下) "常住涅槃是涅槃縛 何以故 涅槃本覺利 利本涅槃 涅槃覺分 卽本覺分 覺性不異涅槃無異 覺本無生 涅槃無生 覺本無滅 涅槃無滅"
276) 『金剛三昧經論』卷中, (韓國佛敎全書1, p.634下)

본각리는 마치 어려서 집을 잃은 아이가 어른이 된 후에 자기의 집에 돌아온다는 비유와 같다. 본래 떠나 있는 모습도 없고 지금 들어간 것도 아니며, 옛적부터 미혹하다고 해서 없던 것도 아니고 지금 깨쳤다고 해서 들어간 것도 아니다. 그 사람이 시방을 떠돈 것은 원행으로 널리 계탁한 것을 비유한 것이다.

이것은 곧 일념지간에 널리 제법을 계탁한 것으로 이 일념지간에 그 아버지가 알려준 것에 계합된 것이다. 원효는 이에 대하여 알려준[告言] 바로 그때는 깨침을 터득한 것이고, 망념이 모두 사라진[究竟] 그때는 무소득을 터득한 것이라고 설명한다.[278] 마치 금전을 알아차린 것일 뿐이지

---

277) 『金剛三昧經』 「本覺利品」, (大正新脩大藏經9, p.369上) "覺念不生 其心安泰 卽本覺利 利無有動 常在不無 無有不無 不無不覺 覺知無覺 本利本覺 覺者淸淨無染不變不易 決定性故 不可思議"

278) 『金剛三昧經論』의 "告言之時卽得醒悟 念究竟時得無所得"의 대목에 대하여 두 가지 해석이 가능하다. 첫째는 "알려준[告言] 바로 그때는 깨침을 터득한 것이고, 망념이 모두 사라진[究竟] 그때는 무소득을 터득한 것이다."는 것으로 "알려준[告言] 바로 그때는 깨침을 터득한 것"은 돈오에 해당하고, "망념이 모두 사라진[究竟] 그때는 무소득을 터득한 것이다."는 것은 점수에 해당한다. 둘째는 "알려준 바로 그 때 깨침을 터득한 것이지, 후에 망념이 모두 사라진 그때에야 비로소 터득한다는 것은 소득이 아니다."는 것으로 돈오돈수의 입장에 해당한다. 둘째의 해석은 바로 뒤에 이어지는 금전의 비유 곧 "마치 금전을 알아차린 것일 뿐이지 새삼스레 획득한 바가 아닌 것과 같다."는 것에 합치된다. 금전의 비유와 관련하여 첫째에 대한 해석은 다음과 같다. "알려준 바로 그때는 깨침을 터득한 것"이란 일념지간에 알아차린 것에 해당하고, "망념이 모두 사라진[究竟] 그때는 무소득을 터득한 것이다."는 것은 오십 년 동안 떠돈 것에 해당한다. 그럼에도 불구하고 이하에서 "때문에 아버지가 알려준 것은 오십 년의 오랜 세월이 경과했다는 것이 아니라 단지 일념지간에 오십 가지 악을 모두 갖추었다는 것을 드러낸 것일 뿐이다."는 대목으로 보면 일념과 오십 년이 시간만 의미하는 것이 아니고 더불어 수행의 완성을 의미한다. 그 때문에 금전의 비유와 관련해도 첫째의 경우 하등의 모순이 아니다. 다만 일념

새삼스레 획득한 바가 아닌 것과 같다. 그러므로 아버지가 알려준 것은 오십 년의 오랜 세월이 경과했다는 것이 아니라 단지 일념지간에 오십 가지 악을 모두 갖추었다는 것을 드러낸 것일 뿐이다. 이것이야말로 본각리의 도리를 보여준 것이다.

그리고 행입에 대해서는 지전위(地前位)에 해당하는 것으로 간주하였다. 곧 도리를 증득한 수행으로 무생행에 들어가기 때문이라는 것이다. 『금강삼매경론』에서 이 이입(二入)은 모두 육행의 보살이어야 여여의 경지를 아는 단계로 설정되어 있다. 그리하여 이입은 자리행이고 행입은 이타행으로 설정하였다. 이로써 중생이 실제에 들어갈 수가 있다.

거기에는 반드시 방편이 필요하다. 왜냐하면 여여의 마음과 지혜는 변제가 없기 때문이다. 그래서 중생이 실제에 들어가는 방편의 계위는 우선 십신(十信)·십주(十住)·십행(十行)·십회향(十廻向)에서 이루어지는 이입문(理入門)의 방편관이 필요하다.[279] 이에 대하여 『금강삼매경』에서는 들떠 있는 마음을 다스리는 방편으로 존삼수일(存三守一)[280]의 방편을 언급한다.

이라는 대목과 오십 년 동안이라는 대목의 어디에 중점을 두고 해석하고, 일념과 오십 년을 수행의 과정 내지 완성의 어디에 중점을 두고 해석하는가의 문제로서 모순대립의 문제로 볼 필요는 없다. 이에 여기에서 본 역자는 첫째의 입장으로 해석을 진행한다.

279) 왜냐하면 중생의 마음이 들떠 있는 것은 안팎의 번뇌와 隨煩惱 때문인데 그 중생으로 하여금 세 가지에 통하고 하나를 유지하여[存三守一] 여래선에 들도록 해야 그 선정으로 인하여 들뜬 마음이 곧 사라지기 때문이다.

280) 存三守一은 『금강삼매경』 입실제품제오에 나오는 개념이다. 이 말은 세 가지[三解脫, 聞慧를 닦아서 얻는 虛空解脫·思慧를 닦아서 얻는 般

세 가지에 통하고 하나를 유지하여 여래선에 들어간다는 것은 무엇입니까. 부처님께서 말씀하셨다. 세 가지에 통한다는 것은 세 가지 해탈에 통한다는 것이고, 하나를 유지한다는 것은 일심의 여여를 유지하는 것이며, 여래선에 들어간다는 것은 일심의 여여를 이관(理觀)하는 것이다. 이와 같은 경지에 들어가는 것이 곧 실제에 들어가는 것이다.[281]

세 가지 해탈은 허공해탈 · 금강해탈 · 반야해탈이다. 『보살영락본업경』에 의하면 십주에서 이루어지는 팔해탈 가운데서 문혜로 내가(內假)와 외가(外假)의 두 모습은 불가득임을 터득하는 것이 첫째 해탈이고, 사혜로 안의 오법과 밖의 일체법이 불가득하게 되는 것이 둘째 해탈이며, 수혜로 주관(住觀) · 행관(行觀) · 향관(向觀) · 지관(地觀) · 무상관(無相觀) · 일체종지관(一切種智觀) 등 육관(六觀)을 구족하여 색계의 오음이 공해지는 것이 셋째 해탈이다.[282]

여기에서 첫째의 허공해탈은 안으로는 색상을 두고 밖으로는 색 등을 관찰하는 것이다. 말하자면 안에 색 · 수 · 상 · 행 · 식의 오음법상을 두고서 안으로 아공을 관찰하고, 밖에 색 · 성 · 향 · 미 · 촉 · 법을 두고 중생공을 관찰하는 것이다.

둘째의 금강해탈은 안의 색상은 없애고 밖에 색 · 성 · 향 · 미 · 촉 · 법을 관찰하는 것이다. 말하자면 안으로 색 · 수 · 상 · 행 · 식 의 오음법상을 없애고 밖으로 일체의 산

若解脫·修慧를 닦아서 얻는 金剛解脫]를 간직하고 하나[眞如心]를 지킨다는 의미이다. 김영일, 「『금강삼매경』의 존삼수일설」, (『대각사상』 제28집, 2017) 참조.

281) 『金剛三昧經』 「入實際品」, (大正新脩大藏經9, p.370上) "何謂存三守一 入如來禪 佛言 存三者 存三解脫 守一者 守一心如 入如來禪者 理觀心如 入如是地 卽入實際"

282) 『菩薩瓔珞本業經』 卷上, (大正新脩大藏經24, p.1013中)

하대지 등이 공하다고 관찰하는 것이다.

뒤의 여섯 가지 해탈은 위의 색계와 무색계의 일체법이 공하다고 관찰하므로 수혜라 말한다. 육관은 모두 수혜로서 선정에 의하여 발생되는 까닭에 여섯 가지 해탈을 모두 반야해탈이라 말한다.283)

이리하여 세 가지 해탈을 성취한 사람은 시각이 완성되어 만덕이 원만해진 과만족덕불과 일체중생이 본래 본각이라는 여래장불을 성취하여 보리심을 내고, 나아가서 대승의 삼취정계에 들어가면서도 그에 대한 상을 초월한다.284) 삼취정계의 수행에 대해서는 진성공품을 통하여 제시하고 있다.

진여법은 모든 공덕과 더불어 모든 수행덕을 갖추고 본성으로 작용하기 때문에 진여본성이다. 이와 같은 진성은 삼취정계의 상에 대해서도 그대로 적용된다.285) 곧 일본각이 기동하지 않는다는 것은 삼취정계의 근본인 일본각은 본래 적정하기 때문이고, 삼취정계의 작용이 시행되지 않기 때문이라는 것은 이미 본각에 의하여 삼취정계의 작용이 성취되었지만, 그 작용에는 위의로 행해지는[施作] 형상을 떠나 있기 때문이다.

4. 반야바라밀의 실천

이와 관련하여 원효는 사연286)에 대하여 말한다. 첫째는

283) 『菩薩瓔珞本業經』 卷上, (大正新脩大藏經24, p.1013上)
284) 『金剛三昧經論』 卷中, (韓國佛敎全書1, p.649上)
285) 『金剛三昧經』 「眞性空品」, (大正新脩大藏經9, p.370下)
286) 四緣은 말하자면 일심의 본각리 가운데 갖추어진 사대연력이 작용

택멸(擇滅) 곧 열반을 작용시키는 힘으로 별해탈계를 취하는 연인데 말하자면 섭율의계(攝律義戒)이고, 둘째는 본각리의 청정한 근본의 힘으로 모든 선법을 집기하는 연인데 말하자면 섭선법계(攝善法戒)이며, 셋째는 본각의 지혜인 대비의 힘을 일으키는 연인데 말하자면 섭중생계(攝衆生戒)이고, 넷째는 일본각으로 삼취정계(三聚淨戒)를 두루 꿰뚫어 보는 지혜력의 연인데 말하자면 진여를 따라 머무는 것이다.

이로써 원효는 일체중생이 본래 일심과 본각이건만 단지 무명으로 말미암아 환상을 따라 유전할 뿐으로 모두 여래의 일미의 설법을 좇아 마침내 모두 일심의 근원으로 돌아가는 것으로부터 삼취정계의 성취에 이르기까지 보살의 계위는 모두 본각리로부터 나온 것임을 일천제로부터 보살에 이르기까지 다섯 가지 계위의 분제가 있음을 말한다.

제일의 신위(信位)는 십신행에 해당한다. 비록 불퇴의 경지는 아니지만 대승심을 일으킨 것이다. 이것을 『본업경』에서는 신상보살(信想菩薩)이라 말한다.[287] 제이의 사위(思位)는 삼십심(三十心)에 해당하는데 제법이 유식의 도리임을 사량하지만 아직은 무분별수행을 일제히 진증(眞證)한 것은 아니다. 제삼의 수위(修位)는 십지행에 해당하는데 무분별수를 진증(眞證)하여 십장(十障)[288]의 대치를

하여 만들어내는 삼취정계의 연이다. 첫째는 滅依止緣이고, 둘째는 生依止緣이며, 셋째는 攝依止緣이고, 넷째는 離依止緣이다.

287) 『菩薩瓔珞本業經』 卷下, (大正新脩大藏經24, p.1021中)

288) 보살이 十地에서 점차 단제하는 十重障을 가리킨다. 첫째는 異生性障, 둘째는 邪行障, 셋째는 闇鈍障, 넷째는 微細煩惱現行障, 다섯째는 於下乘般涅槃障, 여섯째는 粗相現行障, 일곱째는 細相現行障, 여덟째는 無相中作加行障, 아홉째는 利他中不欲行障, 열째는 於諸法中未得

터득하는 것이다. 제사의 행위(行位)는 등각행에 해당하는데 인행은 이미 원만하지만 과지에 이르지 못한 것이다. 제오의 사위(捨位)는 묘각행에 해당하는데 적멸에도 잡착하지 않고 대비로 널리 교화하는 것이다.

이 다섯 가지 계위는 일본각(一本覺)으로 본각리를 통해 들어가는데 본래 본각의 도리라는 자성이 없기 때문에 불가득이고, 본각의 도리가 본래 없다는 그것이 없지는 않기 때문에 불가득도 아니다. 따라서 『금강삼매경』에서는 다음과 같이 말한다.

> 사리불이 여쭈었다. 존자께서 말씀하신 바와 같이 교화하기[事] 이전에 먼저 본리를 취해야 할 것입니다. 그러나 본리를 취한다는 생각도 적멸하고 적멸도 곧 여여합니다. 그래서 모든 공덕을 두루 지니고 모든 법을 빠짐없이 담고 있어서 원융하고 불이하여 불가사의합니다. 그 법이야말로 곧 마하반야바라밀로서 대신주이고 대명주이며 무상주이고 무등등주일 것입니다.[289)]

여기에서 반야바라밀은 모든 공덕을 두루 지니고 모든 법을 빠짐없이 담고 있어서 원융하고 불이하여 불가사의한 것으로 대신주이고 대명주이며 무상주이고 무등등주이다. 이에 대하여 원효는 "바라밀을 분별하면 두 가지 바라밀이 있다. 곧 등각위에서는 만행의 피안에 도달하는 바라밀이고, 묘각위에서는 만덕의 피안에 도달하는 바라밀이다."[290)]고 말한다.

自在障이다.

289) 『金剛三昧經』「眞性空品」, (大正新脩大藏經9, p.371中) "舍利弗言 如尊所說 在事之先 取以本利 是念寂滅 寂滅是如 總持諸德 該羅萬法 圓融不二 不可思議 當知 是法卽是摩訶般若波羅密 是大神咒 是大明咒 是無上明咒 是無等等咒"

290) 『金剛三昧經論』 卷下, (韓國佛敎全書1, p.656中) "別而言之有二種

바로 선정바라밀의 내용은 구체적으로는 대공(大空)의 터득이다. 대공(大空)은 소승의 편공(偏空)에 상대되는 말로서 대승구경의 공적을 말한다. 공(空)도 또한 공(空)이다는 것이 구경의 대공이다. 곧 대승의 열반을 가리킨다. 이 대공에는 대략 다섯 가지의 뜻이 있다.

첫째는 인공과 법공의 이공을 대공이라 말하는데 『잡아함경』 가운데 『대공경』의 설명과 같다.[291] 둘째는 반야바라밀이 공한 것을 대공이라 말하는데 『열반경』의 설명과 같다.[292] 또 『능가경』에서도 같은 설명을 한다.[293] 셋째는 기세계(器世界)가 공한 것을 대공이라 말하는데 『해심밀경』의 설명과 같다.[294] 넷째는 아뢰야식이 공한 것을 대공이라 말하는데 『십지론』의 설명과 같다.[295] 다섯째는 시방의 모습이 공한 것을 대공이라 말하는데 『대지도론』의 설명과 같다.[296]

이에 대공의 성취는 반야바라밀인데 반야바라밀은 열반이고 열반은 해탈로서 반야와 열반과 해탈이 서로 통하는 모습이다.[297] 이에 『금강삼매경』에는 육바라밀이 다음과 같이 설정되어 있다.

到 在等覺位到萬行之彼岸故 在妙覺時到萬德之彼岸故"

291) 『雜阿含經』 卷12, 『大空法經』, (大正新脩大藏經2, pp.84下-85上)

292) 『大般涅槃經』 卷15, (大正新脩大藏經12, p.704上-中)

293) 『入楞伽經』 卷3, (大正新脩大藏經16, p.529上)

294) 『解深密經』 卷3, (大正新脩大藏經16, p.701上)

295) 『十地經論』 卷8, (大正新脩大藏經26, p.172中)

296) 『大智度論』 卷31, (大正新脩大藏經25, p.288上)

297) 六波羅蜜은 곧 解脫이고 해탈은 곧 涅槃임을 설명하는 대목으로서 祖師禪의 가풍에서 修行과 證得과 涅槃의 세 가지가 동일함을 논한 것이기도 하다.

선남자여, 이 육바라밀이야말로 모두 본각의 이익을 획득하는 것이고 결정성에 들어가는 것이며 출세를 초연하는 것이고 걸림이 없는 해탈이다. 선남자여, 이와 같이 해탈의 법상은 전혀 상(相)도 없고 행(行)도 없으며, 또한 해(解)도 없고 불해(不解)도 없으므로 해탈이라 말한다. 왜냐하면 해탈의 모습은 무상(無相)이고 무행(無行)이며 무동(無動)하고 무란(無亂)하여 적정한 열반이지만 또한 열반의 모습에도 집착하지 않기 때문이다.[298)]

이 경우 반야바라밀은 텅 빈 마음의 공성에 집착하지 않는 증도(證道)의 지혜이고, 일체행이 본래 발생이 아님을 통달하여 무생에 집착하지 않고 항상 밖으로 교화하는 교도(敎道)의 지혜를 가리킨다. 그리고 이 경우의 열반은 사종열반 가운데 본래청정열반을 가리킨다. 이 경우의 해탈은 법신(法身)·반야(般若)·해탈(解脫)의 열반삼덕이 하나로서 해탈을 가리킨다. 육바라밀의 수행과 법신·반야·해탈의 덕은 초지에서 이미 터득되지만 이에 묘각위에 이르러 구경원만해지기 때문에 해탈이 그대로 열반이다.

이런 점에서 육바라밀은 곧 출세간의 것으로 세간의 유상·유위와 같지 않다. 그렇지만 그것이 중생세간에서 실현되기 위해서는 세간적인 유상·유위에 걸맞는 가르침으로 제시되지 않으면 안 된다. 그것이 원효의 교화방식에 있어서는 향상(向上)의 증도바라밀(證道波羅蜜)과 향하(向下)의 교도바라밀(敎道波羅蜜) 운동으로 설정되었다. 이 가운데 특히 『금강삼매경』에서는 둔근기의 사람들에 대한 교화행으로 다음과 같이 말한다.

---

298) 『金剛三昧經』「無相法品」, (大正新脩大藏經9, p.367上) “善男子 是六波羅密者 皆獲本利 入決定性 超然出世 無礙解脫 善男子 如是解脫法相 皆無相行 亦無解不解 是名解脫 何以故 解脫之相 無相無行 無動無亂 寂靜涅槃 亦不取涅槃相”

부처님께서 말씀하셨다. 저 둔근자에게 하나의 사구게를 수지하도록 하면 곧 실제에 들어간다. 왜냐하면 일체의 불법은 하나의 게송에 들어있기 때문이다. 이에 존자께서 게송을 설하여 말씀하셨다.
인연으로 발생한다는 말의 뜻은
소멸이란 뜻이지 발생은 아니다
일체의 생멸이 소멸한다는 뜻은
발생이란 뜻이지 소멸은 아니다[299]

원효는 여기에서 제시된 하나의 게송은 불법의 요체로서 모든 불법을 섭수하는 것이라 말한다.[300] 곧 일체 세제의 모든 법은 속제를 융합하여 진제로 삼는다. 말하자면 발생한다는 말의 뜻도 본래 적멸하기 때문이다. 그래서 발생의 뜻이 곧 소멸인 연유를 드러낸다. 그 발생의 뜻은 곧 발생이 아님을 말미암은 까닭에 그 발생을 추구해도 곧 성취되지 않는다. 이런 까닭에 발생의 뜻은 곧 적멸이다.

말하자면 적멸법이 연으로부터 생기한다는 것은 불생의 생이고 불멸의 멸이다. 그것을 합하여 말하면 발생이 곧 적멸이지만 적멸을 고수하지 않고, 적멸이 곧 발생이지만 발생에 집착하지 않는다. 발생과 소멸이 둘이 아니고 기동과 적멸이 다르지 않다. 이와 같은 것을 일심법이라 말한다.

그 때문에 보통의 중생에게는 본각리를 터득하고 내지 삼취정계를 실천할 것을 언급하면서 둔근기의 경우에는 게송 하나를 암송하여 발생과 소멸의 분별을 벗어남으로써 그 적멸과 발생의 반야는 자성이 공적한 지혜의 바다임을

---

299)『金剛三昧經』「眞性空品」, (大正新脩大藏經9, p.371下) “佛言 令彼鈍根 受持一四句偈 卽入實諦 一切佛法 攝在一偈中 於是尊者 而說偈言 因緣所生義 是義滅非生 滅諸生滅義 是義生非滅”
300)『金剛三昧經論』卷下, (韓國佛教全書1, p.658下)

터득한다는 것이다. 이리하여 수행을 완성함으로써 비로소 여래장에 들어가는데 그 여래장은 일체중생의 본래성불이 실현된 장이기도 하다. 곧 무량법과 일체행이 여래장에 귀입하지 않음이 없다.

5. 맺음

조사의 발원과 그 이념은 보리달마로부터 찾아볼 수 있다. 이를 바탕으로 하여 혜능 이후에 본격적으로 전개된 일군의 선풍을 조사선이라 말한다. 이와 같은 조사선의 본래성불에 기초한 일상에서의 실천적인 가르침은 오늘에 이르기까지 전승되어오고 있다.

그에 따라서 변화하는 세상에 부합되어 순수한 정법의 가르침보다는 상법 및 말법시대에 부응하는 가르침도 아울러 출현하였다. 곧 이전에 널리 설해진 경전은 정법시절의 이익이었음에 비하여 본 『금강삼매경』은 상법시절의 교화를 가리킨다. 곧 시절에 따라서 시설된 설법에 깊고 얕음에 차이가 있기 때문이다. 왜냐하면 『금강삼매경』은 상법 및 말법의 중생들을 위하여 설해진 경전이기 때문이다.[301]

곧 일체중생은 본래 일심과 본각이건만 단지 무명으로 말미암아 환상을 따라 유전할 뿐으로 모두 여래의 일미의 설법을 좇아 마침내 모두 일심의 근원으로 돌아가는 것을 설명하려는 것이다. 일심의 근원으로 돌아가는 경우에 그것이 무소득이기 때문에 일미라 말하는데 그것이 곧 일승

301) 『金剛三昧經』「無相法品」, (大正新脩大藏經9, p.366中) “尊者 若佛滅後 正法去世 像法住世 於末劫中 五濁衆生 多諸惡業輪迴三界無有出時 願佛慈悲爲後世衆生 宣說一味決定眞實 令彼衆生等同解脫”

이다. 저 『능가경』에서는 “적멸이란 일심을 가리키고, 일심이란 여래장을 가리킨다.”[302]고 말한다.

지금 부처님이 들어간 실제와 법상은 적멸의 뜻이고, 일각과 요의는 일심과 여래장의 뜻이다. 『법화론』에서는 “제불여래는 저 법이 구경과 실상임을 안다. 실상이란 여래장과 법신의 체가 불변의 뜻임을 말한다.”[303]고 말한다. 여기에서 일각은 일체의 제법은 오직 일심일 뿐이고, 일체의 중생은 곧 일심의 본각이다. 이런 뜻으로 말미암아 일각이라 말한다. 이에 부처님이 중생으로 하여금 본각의 이익을 통하여 해탈법을 터득하도록 가르쳐주기 위하여 제시한 “제불세존이 오직 일대사인연으로 세상에 출현하셨다.”[304]는 말에 대하여 세친은 네 가지로 말한다.[305]

원효는 이에 대하여 “만약 중생을 교화하려면 교화한다는 분별상이 없어야 하고 교화하지 않았다는 분별상도 없

302) 『入楞伽經』 卷1, (大正新脩大藏經16, p.519上)
303) 『妙法蓮華經憂波提舍』 卷下, (大正新脩大藏經26, p.6上)
304) 『妙法蓮華經』 卷1, (大正新脩大藏經9, p.7上)
305) 『妙法蓮華經憂波提舍』 卷下, (大正新脩大藏經26, p.7上-中) “첫째는 無上의 뜻이다. 여래의 一切智智를 제외하고 달리 그 누구에게도 없다는 것이다. 『법화경』의 ‘부처님의 지견을 열어 중생의 지견을 청정케 하려는 까닭에 세상에 출현하셨다.’는 내용을 가리킨다. 불지견이란 여래께서 증득한 여실지로써 중생의 뜻을 아는 것이다. 둘째는 같다는[同]의 뜻이다. 모든 성문과 벽지불과 부처님은 평등한 법신이다. 이것은 저 『법화경』의 ‘중생에게 불지견을 보여주려는 까닭에 세상에 출현하셨다.’는 내용을 가리킨다. 평등한 법신이란 불성과 법신이 무차별하기 때문이다. 셋째는 모른다[不知]는 뜻이다. 모든 성문과 벽지불 등은 그 진실한 도리를 모르기 때문이다. 진실한 도리를 모른다는 것은 구경에는 오직 일불승뿐인 줄을 모르는 것이다. 저 『법화경』의 ‘중생에게 불지견을 깨우쳐주려는 까닭에 세상에 출현하셨다.’는 내용을 가리킨다. 넷째는 불퇴전지를 증득케 한다는 뜻이다. 이것은 무량한 智業을 시현해 주려는 것이다.”

어야 한다. 그래야 그 교화가 훌륭하다. 그리고 저 중생들에게도 모두 심(心)과 아(我)를 벗어나도록 해야 한다."[306]고 말한다. 심(心)과 아(我)는 구체적으로 법공과 아공을 터득하는 것인데 이것은 보살이 방편관을 닦을 경우부터 모든 유상(有相)을 타파하여 교화한다는 미혹한 분별상[幻相]까지도 마음에 생겨나지 못하게 하는 것이다.

아울러 이미 교화한다는 분별상을 타파하고 이어서 교화하지 않았다는 공상(空相)마저 버리는데. 이 이유는 중생은 본래부터 마음이 분별상을 벗어나 있음을 모르고 끝없이 모든 분별상에 집착하여 망념을 일으키기 때문이다. 그러므로 먼저 모든 분별상을 타파하여 분별상에 집착하는 마음을 없애야 한다.

그리고 보살의 입장에서도 비록 이미 교화했다는 미혹한 분별상은 타파했을지라도 아직 교화하지 않았다는 공성에는 집착한다. 공성에 집착하기 때문에 공에 대하여 마음을 일으킨다. 그 때문에 다시 교화하지 않았다는 공성도 없애야 한다. 이런 경우에야 바야흐로 공에 집착하는 마음이 생겨나지 않아 반드시 무이중도(無二中道)를 터득하여 부처님과 더불어 제법실상에 들어가기 때문이다.

이 경우에 일체중생에게 아(我)와 심(心)이 있으면 우선 我가 있는 자에게는 십이인연을 관찰토록 한다.[307] 십이지인연의 관찰에서 무작연생(無作緣生)을 관찰하는 것은 작자(作者)에 대한 집착을 대치하는 것으로 마치 '이것이 있

---

306) 『金剛三昧經』 「無相法品」, (大正新脩大藏經9, p.366中) "若化衆生無生於化 不生無化其化大焉 令彼衆生皆離心我"

307) 『金剛三昧經』 「無相法品」, (大正新脩大藏經9, p.366中) "若有我者令觀十二因緣"

으므로 저것이 있다.'고 설하는 경우와 같다. 또한 무상연생(無常緣生)을 관찰하는 것은 상주(常住)에 대한 집착을 대치하는 것으로 마치 '이것이 생겨나므로 것이 생겨난다.'고 성하는 경우와 같다. 왜냐하면 아에 대한 집착이 남아 있는 것은 작자와 상주가 근본이 되는데 그 근본이 없어지기 때문에 모든 지말도 따라 멸하기 때문이다.

이로써 아에 대하여 집착하는 생멸상의 사려분별이 사라진다. 그 사려분별이 없으면 곧 생멸이 없고, 여실하여 기동이 없으며, 분별사식이 안적(安寂)하고, 번뇌가 발생하지 않아 안 · 이 · 비 · 설 · 신의 오법이 청정해진다. 오법이 청정한 경지에 들어가면 마음에 곧 망념이 없고, 망념이 없으면 여래의 자각성지의 경지에 들어가며, 자각성지의 경지에 들어가면 일체법이 본래 불생임을 제대로 알아서 망념이 사라진다.

이것은 구체적으로 마음의 근원으로 돌아가는 경우에 망념의 불각이 없고, 불각이 없는 경우에 시각의 충만이 드러나며, 시각이 충만할 경우에는 생(生) · 주(住) · 이(異) · 멸(滅)의 사상으로 일어나는 망념의 불각이 본래 불생임을 능지(能知)하는 것이다. 곧 본래 망상이 없음을 아는 것으로 이것이야말로 시각이 본각과 다르지 않음을 드러낸 것이다.[308]

이처럼 십이인연의 도리를 관찰함으로써 공적심으로 부

---

308) 眞諦 譯, 『大乘起信論』, (大正新脩大藏經32, p.576中-下) "又心起者 無有初相可知 而言知初相者 卽謂無念 是故一切衆生不名爲覺 以從本來念念相續 未曾離念故 說無始無明 若得無念者 則知心相生住異滅。以無念等故 而實無有始覺之異 以四相俱時而有 皆無自立 本來平等同一覺故"

동의 경지에 도달하면 일체중생이 지니고 있는 유일의 본각을 통하여 모든 중생으로 하여금 일각에 함께 돌아가 삼계에 의지하지 않는 보시바라밀을 갖추고, 범부와 성인의 계상(戒相)에 집착하지 않는 지계바라밀을 갖추며, 공의 도리에 안착하여 적정한 삼업으로 몸과 마음에 집착이 없어지는 청정하고 무념한 인욕바라밀을 갖추고, 명칭[名]과 법수[數]를 멀리 떠나고 공견과 유견을 단제하여 오음의 공에 깊이 들어가서 섭수함도 없고 방기함도 없는 정진바라밀을 갖추며, 공적을 모두 떠났으면서도 모든 공에 집착이 없고 성품이 금강과 같은 선정바라밀을 갖추고, 마음에 마음의 모습이 없어서 허공처럼 집착하지 않고 제행도 발생하지 않으며 적멸도 증득하지 않고 지혜에도 머물지 않는 반야바라밀을 갖추어 삼보를 저버리지 않는 반야바라밀을 갖춘다.

이로써 『금강삼매경론』에서 제시한 선수행론을 각 품의 차제에 따라 다음과 같이 요약된다.

첫째의 무상법품은 분별상이 없는 관찰을 설명한 것이다. 둘째의 무생행품은 무생과 무생을 터득하는 수행을 드러낸 것이다. 셋째의 본각리품은 본각에 의하여 중생을 이롭게 하는 것이다. 넷째의 입실제품은 허상으로부터 실제에 들어가는 것이다. 다섯째의 진성공품은 일체행이 진성과 진공에서 나왔음을 변별한 것이다. 여섯째의 여래장품은 무량한 법문이 여래장에 들어있음을 드러낸 것이다. 이와 같은 여섯 품은 모두 관행이다. 왜냐하면 무릇 무시이래로 유전하는 모든 망상은 단지 형상에 집착하고 분별하는 병폐 때문이다.

이들 각 품의 선수행론의 관계에 대하여 말하면 먼저 모든 분별상을 없애야 한다고 말한다. 그러므로 첫째로 분별상이 없는 법을 관찰할 것을 설명하였다. 비록 모든 분별상을 없앴더라도 만약 관찰하는 마음이 남아있으면 그 관찰하는 마음 때문에 오히려 본각을 모르게 되므로 관찰하는 마음이 일어나는 것도 없앤다. 이런 까닭에 둘째로 무생과 행을 드러낸다. 이윽고 행과 무생이어야 바야흐로 본각을 알게 된다. 무상(無相)과 무생(無生)은 향상(向上)의 상구보리에 해당한다.

그 본각에 의하여 중생을 교화하여 본각의 이익을 터득하도록 하므로 셋째로 본각리문을 설명한다. 만약 본각에 의하여 중생을 이롭게 하면 중생이 곧 허상으로부터 실제에 들어가는 까닭에 넷째로 입실제에 대하여 설명한다. 내행(內行)에는 곧 무상법과 무생행이 해당하고, 외화(外化)에는 곧 본각리와 입실제가 해당한다. 본각리와 입실제는 향하의 하화중생에 해당한다. 그러나 결국 향상과 향하는 모두 본래성불에 근거한 자리의 수행이고 깨침의 회향이기 때문에 결국 진성공으로 나아갈 수가 있다.

이처럼 내행이 향상과 외화의 향하라는 두 가지 방식[二利]으로 만행을 갖추어 동일하게 진성을 도출하고 모두 진공을 따른다. 이런 까닭에 다섯째로 진성과 진공을 설명한다. 이리하여 진성에 의하여 만행이 갖추어져야 여래장 곧 일미의 근원에 들어가는 까닭에 여섯째로 여래장을 드러낸다. 그래서 마음의 근원에 돌아가면 곧 무위가 된다. 무위이기 때문에 되지 않는 것이 없다.

그 때문에 여섯 가지 품을 설하여 대승을 섭수한다. 이처럼 집착이 없고 분별이 없는 평등한 경지인 무소득의 일미야말로 바로 반야바라밀의 수행론으로 향하는 『금강삼매경』의 종(宗)이고 요(要)이다. 제목으로 보아 알 수가 있듯이 『금강삼매경』은 수행 특히 선수행과 밀접한 선경에 속한다. 그리하여 원효는 『능가경』·『대승기신론』·『여래장경』·『법화경』·『화엄경』 기타 많은 선경을 인용하여 무집착과 무분별의 도리 및 그 행위방식에 대해서도 언급하고 있다.

Ⅷ. 선경으로서 『금강삼매경』

1. 담연원징

『금강삼매경』에 대해서는 여타의 경전과 비교하여 지금까지 그다지 활발하게 연구되지 못한 편이다. 경전에 대한 주석의 경우도 마찬가지이다. 세 가지 주석서 가운데 신라 원효(元曉)의 『금강삼매경론』이 있는데, 이것은 특정의 종파의 관점에서 진행된 것은 아니었다. 경전에 대하여 원효가 해박한 안목을 발휘하여 다양한 종지를 보여주고 있다. 그러나 명대 담연원징(湛然圓澄: 1561-1626)의 『금강삼매경주해』는 선종의 안목을 통하여 원효와 또 다른 관점으로부터 경전의 사상에 접근한 주석서였다. 그리고 청대 인산적진(仁山誄震: 1631-1697)의 『금강삼매경통종기』는 천태종의 관점에서 주석을 가하였다.

이들 주석서 가운데 선종의 관점에서 접근한 『금강삼매경주해』는 여러 가지 점에서 『금강삼매경』을 재고해볼 수 있는 여지를 제공해주고 있다. 본서에서는 운문원징의 『금강삼매경주해』와 관련하여 『금강삼매경』이 지니고 있는 선사상적인 근거에 대하여 이해해보고자 한다.

담연원징(湛然圓澄: 1561-1626)의 이름은 원징(圓澄)이고, 자는 담연(湛然)이며, 별호는 산목도인(散木道人)으로서 회계(會稽)의 하(夏)씨이다. 19세에 옥봉에게 출가하여 『법화경』을 읽고, 은봉을 참문하여 좌선을 배웠다. 20세에 천황상(天荒山)의 묘봉화상한테 출가하여 염불을 배우고, 이후에 운서(雲棲)에 나아가서 연지대사(蓮池大師)

로부터 구족계를 받고, 다시 남종대사(南宗大師)를 참방하여 입문하고 좌선을 익히고 어록을 읽었다. 남종으로부터 '불사선(不思善)하고 불사악(不思惡)하는 상태에서 참구해야 한다.'는 가르침을 받고 마음이 활짝 열려서 오도송(悟道頌)을 바치고는 인가를 받았다.

이후부터는 바다 밑바닥의 진흙소에 대한 화두와 그 밖의 모든 공안의 일체를 분명하게 알아서 내뱉는 말마다 모두가 분별을 벗어난 것이었고 궤칙을 벗어난 것이었다. 어느 날 밤에 조용히 좌선을 하는데, 홀연히 허공에서 벼락이 치는 소리가 들리고 대지가 진동하였다. 이에 찰나에 다시 살아나는가 싶고 온몸에서 땀이 흐르더니 마치 무거운 짐을 벗어놓은 듯이 가뿐하였다. 선사의 나이는 이미 서른 살이었다.

대선사(大善寺)에 스승인 자주선사(慈舟禪師)와 함께 있을 때였다. 황량고(黃兩高) 거사가 지풍도(止風塗)에서 설법을 청하였다. 이에 선사가 곧장 그곳으로 가니 자주(慈舟)가 물었다.

"지풍도(止風塗)는 청산 가까이에 있지만 월왕의 성이 창해 멀리 있다는 경우에는 어떤가."

선사가 말했다.

"달빛이 연못 밑바닥까지 꿰뚫어도 파도는 눈썹도 까딱하지 않습니다."[309]

자주가 다시 조동종의 종지에 대하여 물었을 때, 선사가 게송으로 군신오위(君臣五位)에 대하여 말씀드리니, 이에

---

309)『宗鑑法林』卷70, (卍新續藏經66, p.705上) "雲門因大覺說法止風塗師往參之 覺問 止風塗向青山近 越王城畔滄海遙時如何 師曰 月穿潭底破 波斯不展眉"

자주가 말했다.
"어구가 면밀하여 시종에 떨어지지 않으니 진실로 조동가풍의 종초(種草)로다."

이에 자주는 마침내 선사를 입실시키고는 인증을 하였다. 이에 다시 다음과 같이 말했다.
"그대는 이후에 두 겹의 입술을 크게 활용하여 천하 사람들의 언설을 모두 절단해버릴 것이다."

그리고는 선사에게 전법게(傳法偈)를 주었다.

조계에서 발원한 물방울 하나를	曹源一滴水
부처와 조사가 서로 분부하였네	佛祖相分付
내가 지금 그대한테 전승해주니	吾今授受時
대지가 온통 그대로 감로되리라	大地為甘露
악!!	咄!
오유봉에는 활과 화살도 없지만	五乳峰頭無鏃箭
한방으로 남방의 절반을 얻었네	射得南方半個兒[310]

원징선사는 환휴화상(幻休和尚)의 손(孫)인데, 조동종의 제27대 적사(嫡嗣)로서 사람들에게 널리 올바른 설법을 하였기 때문에 인천사(人天師)라고 불렸다. 선사는 일찍이 말법시대의 불법에서는 대승의 가르침을 들어볼 수가 없다고 한탄하였다. 이에 『능엄억설(楞嚴臆說)』·『법화의어(法華意語)』·『금상삼매경주(金剛三昧經注)』·『열반회소(涅槃會疏)』·『사익범천소문경해(思益梵天所問經解)』·『도태사청주(陶太史請注)』·『종문혹문(宗門或問, 禪宗或

310) 五乳峰은 정주와 낙양 사이의 中岳에 해당하는 嵩山의 72봉 가운데 하나로서 少室山 五乳峰 아래에는 소림사가 위치하고 있다. 『湛然圓澄禪師語錄』 卷8 「會稽雲門湛然澄禪師塔銘」; 「會稽雲門湛然澄禪師行狀」, (卍新續藏經72, p.839中; 842上)

問)』·『개고록(慨古錄)』 등을 저술하였다. 그밖에 『담연원징선사어록(湛然圓澄禪師語錄)』 8권이 세상에 유행되었다.

사법제자로는 지남명철(指南明徹) · 맥랑명회(麥浪明懷) · 석우명방(石雨明方) · 삼의명우(三宜明盂) · 이밀명복(爾密明澓) · 담무 이황엽(曇茂 李黃葉) · 구족명유(具足明有) · 서백명설(瑞白明雪) · 무학능환(無學能幻) 등이 있고, 거사(居士)로는 안전(雁田) · 유정(柳湞)이 있으며, 참학(參學)한 사람으로 천예명문(天倪明聞) · 향당명해(香幢明海) · 주석명량(柱石明梁) 등이 있고, 기타 인가받은 사람으로 임하수변(林下水邊) · 계기미애(繼起未艾) · 동상역류(洞上逆流) · 왕양무기(汪洋無旣) 등은 오랫동안 선사의 법석에서 공부하였지만 원징의 문하를 떠나서 임제종의 법을 이었기 때문에 웅피종자(雄彼宗者)라 불렸는데, 그들 역시 모두가 선사의 법유(法乳)의 은혜를 받은 까닭에 그 보답을 아는 사람들이었다. 1626년 12월 4일 입적하였다. 세수 66세이다.[311]

2. 『금강삼매경주해』

우선 『금강삼매경』의 제명에 들어있는 '금강삼매'라는 명칭의 의미에 대하여 원징은 『열반경』[312]의 내용을 인용하여 15가지의 비유를 통하여 그 공능과 속성을 보여주고 있다.

---

311) 「會稽雲門湛然澄禪師行狀」, (卍新續藏經72, pp.841上-843上)
312) 曇無讖 譯, 『大般涅槃經』 卷24, (大正新脩大藏經12, pp.509中-510上)

비유하면 금강으로 비교해보면, ① 어떤 것도 파괴하지 못하는 것이 없지만 그 금강 자체는 손상되지 않는 것과 같다. 금강삼매도 또한 그와 마찬가지로 비교해보는 법은 파괴되지 않는 것이 없지만 그 삼매는 손상되지 않는다. ② 선남자야, 모든 보배 가운데 금강이 가장 뛰어난 것처럼 보살이 터득한 금강삼매도 또한 그와 마찬가지로 모든 삼매 가운데 최고이고 제일이다. 왜냐하면 보살마하살이 금강삼매를 닦으면 일체의 삼매가 모두 찾아와서 귀속하기 때문이다. ③ 선남자야, 저 모든 소왕이 모두 찾아와서 전륜성왕에게 귀속하는 것처럼 일체의 삼매도 또한 그와 마찬가지로 모두 찾아와서 금강삼매에 귀속한다. ④ 선남자야, 비유하면 국민의 원수(怨讐)인 어떤 사람이 다른 사람들로부터 증오의 대상이 되어 있을 경우에 정의로운 어떤 사람이 그 사람을 죽인다면 일체의 세인들이 정의로운 그 사람의 공덕을 칭찬하지 않음이 없는 것과 같다. 금강삼매의 경우도 그와 마찬가지여서 보살이 수습하면 일체중생의 원적(怨敵)을 파괴하기 때문에 항상 일체삼매로부터 최고의 존경을 받는다. ⑤ 선남자야, 비유하면 기운이 장성하여 당해낼 자가 없는 어떤 사람이 있었는데 또 다른 어떤 사람이 그 사람을 굴복시킨다면 세상에서 굴복시킨 그 사람은 칭찬받게 되는 줄을 아는 것처럼 금강삼매도 또한 그와 마찬가지로 그 힘으로 굴복하기 어려운 법을 굴복시킨다. 그런 까닭에 일체의 삼매가 모두 찾아와서 귀속한다. ⑥ 선남자야, 비유하면 어떤 사람이 대해에서 목욕을 하는 경우에 그 사람은 모든 강물 · 샘물 · 연못의 물을 활용하는 것인 줄 아는 것처럼 보살마하살도 또한 그와 마찬가지로 이와 같은 금강삼매를 수습하면 이미 여타의 일체 삼매를 수습하는 것인 줄 알아야 한다. ⑦ 선남자야, 저 향산에는 아나파답다(阿那婆踏多)[313]라는 연못이 있다. 그 연못의 물은 여덟 가지의 맛을 갖추고 있어서 그 물을 마시는 사람은 모든 병고가 없어진다. 금강삼매도 또한 그와 마찬가지로 팔정도를 갖추고 있어서 보살이 수습하면 일체번뇌의 종양과 중병을 단제한다. ⑧ 선남자야, 저 어떤 사람이 마혜수라천에게 공양하면 그 사람은 이미 일체의 제천에게 공양하는 것인 줄 안다. 금강삼매도 또한 그와 마찬가지로 어떤 사람이 수습하면 이미 일체의 모든 삼매를 수습하는 것인 줄 알아야 한다. ⑨ 선남자야, 만약 어떤 보살이 이와 같은 금강삼매에 안주하면 일체법을 보는 것에 장애가 없는데 마치 손바닥에 있는 아마륵과를 보는 것과 같다. 그런데 보살은 비록 이와 같이 일체법을 분명하게 볼지라도 끝내 일체법을 본다는 생각을 내지 않는다. ⑩ 선남자야, 비유하면 어떤 사람이 네거리에 앉아 있으면 오고가는 모든 중생을 바라볼 수 있는 것처럼 금강삼매도 또한 그와 마찬가지로 일체

313) '阿那婆踏多'는 '阿耨達池'라고도 하는데 '無熱'이라 번역된다. 이 연못으로부터 동·남·서·북의 네 방향으로 강물이 흘러내려 세상을 적셔준다.

법의 생·멸·출·몰을 본다. ⑪ 선남자야, 어떤 사람이 높은 산에 올라가서 멀리 모든 방향을 보면 분명하게 다 볼 수가 있는 것처럼 금강삼매의 산도 또한 그와 마찬가지로 보살이 그 경지에 올라서 멀리 모든 법을 바라보면 명료하지 않음이 없다. ⑫ 선남자야, 비유하면 봄에 하늘에서 단비가 내리면 그 빗방울이 미세하고 가늘어서 허공에 틈이 없는 것처럼 보이지만 눈밝은 사람은 빗방울을 요요하게 본다. 보살도 또한 그와 마찬가지로 금강삼매의 청정한 안목을 터득하면 멀리 동방의 모든 세계를 보는데 그 가운데서 어떤 국토의 생성과 파괴 등 일체의 모습을 다 장애가 없이 요요하게 보며, 내지 시방세계에 대해서도 그와 마찬가지이다. ⑬ 선남자야, 저 유건타산(由乾陀山)[314]에 일곱 개의 태양이 한꺼번에 나타나면 그 산에 있는 모든 수목과 총림의 일체가 불타버린다. 보살이 금강삼매를 수습하는 것도 또한 그와 마찬가지로 존재하는 일체번뇌의 총림이 즉시에 소멸된다. ⑭ 선남자야, 비유하면 금강이 비록 일체의 유물을 최파(摧破)할지라도 끝내 금강자신이 최파한다는 생각을 일으키지 않는 것처럼 금강삼매도 또한 그와 마찬가지여서 보살이 수습하고나면 번뇌를 타파하지만 끝내 보살은 번뇌를 타파했다는 생각을 일으키지 않는다. ⑮ 선남자야, 비유하면 대지가 만물을 능지(能持)하지만 끝내 대지가 능지한다는 생각을 발생하지 않고, 불의 경우도 또한 불이 만물을 태워버린다는 생각을 일으키지 않으며, 물의 경우도 또한 물이 만물을 적신다는 생각을 일으키지 않고, 바람의 경우도 또한 바람이 만물을 요동시킨다는 생각을 일으키지 않으며, 허공의 경우도 또한 허공이 만물을 수용한다는 생각을 일으키지 않고, 열반의 경우도 또한 열반이 다시는 열반이 중생으로 하여금 멸도하게 한다는 생각을 일으키지 않는 것처럼, 금강삼매도 또한 마찬가지로 비록 일체번뇌를 소멸할지라도 애초에 금강삼매가 소멸한다고 말할 마음조차도 없다.

만약 보살이 이와 같은 금강삼매에 안주한다면 찰나에 부처님처럼 변신하여 그 수량이 무량하여 시방의 항사와 같은 불세계(佛世界)에 편만한데 보살이 비록 그와 같은 변화를 보일지라도 그 마음에는 애초부터 교만한 생각이 없다. 왜냐하면 보살은 항상 "그와 같은 변화를 일으키는 삼매에 든 자는 누구인가. 오직 보살만이 그와 같은 금강삼매에 안주한다."고 생각한다. 이에 보살마하살은 비록 그와 같은 금강삼매에 안주하여 찰나에 시방의 항하사와 같은 모든 불세계에 도달했다가 본래의 처소로 돌아오는 능력이 있다고 할지라도, 그리고 보살은 자신이 그와 같이 실천했다고 말하려는 생각조차도 없다. 왜냐하면 금강을 인연하는 능력 때문이다. 그리고 보살마하살이 이와 같은 금강삼매에 안주하여 찰나에 시방의 항사과 같은 중생세계의 모든 번뇌를 단

---

314) '由乾陀山'은 七金山 가운데 첫째의 산으로서 두 갈래의 길이 있으므로 '雙持'라 말한다.

제하여도 마음에는 애초부터 모든 중생의 번뇌를 단제한다는 생각이 없다. 왜냐하면 삼매를 인연하는 능력 때문이다. 보살이 이 금강삼매에 안주하여 일음(一音)으로 연설하더라도 일체중생은 각각의 부류에 따라서 이해하고, 일색으로 드러내더라도 일체중생은 각각 모두가 갖가지 색상으로 보며, 한 곳에 안주하여 몸이 움직이지 않으면서도 중생으로 하여금 그 방면을 따라서 각각 보게끔 하고, 계(界)나 입(入)의 어떤 일법을 연설하더라도 일체중생은 각각 이해의 능력에 따라서 그 설법을 듣는다. 비록 보살이 이와 같은 삼매에 안주하여 중생을 보더라도 마음에는 애초부터 중생이라는 相이 없고, 비록 남 · 녀를 보더라도 남 · 녀의 상(相)이 없으며, 비록 색법을 보더라도 색법이라는 상(相)이 없고, 내지 식(識)을 보더라도 식이라는 상(相)이 없으며, 비록 주 · 야를 보더라도 주 · 야라는 상(相)이 없고, 일체를 보더라도 일체라는 상(相)이 없으며, 비록 일체번뇌의 제결(諸結)을 보더라도 또한 일체번뇌라는 상(相)이 없고, 비록 팔성도(八聖道)를 보더라도 팔성도라는 상(相)이 없으며, 비록 보리를 보더라도 보리라는 상(相)이 없고, 비록 열반을 보더라도 열반이라는 상(相)이 없다. 왜냐하면 선남자야, 일체제법은 본래 무상(無相)이기 때문이다. 보살은 이 삼매의 능력으로 일체법이 본래 무상과 같음을 본다.
(묻는다:) 무슨 까닭에 금강삼매라고 말하는가.
(답한다:) ① 선남자야, 비유하면 금강이 햇빛에 노출되면 그 색상이 한 가지로 정해지지 않는 것처럼 금강삼매도 또한 그와 마찬가지로 대중 가운데 있어도 또한 한 가지로 정해지지 않는다. 이런 까닭에 금강삼매라 말한다. ② 선남자야, 비유하면 금강은 일체의 세인이 평가할 수 없는 것처럼 금강삼매도 또한 그와 마찬가지로 그에 따른 공덕을 일체의 인간 · 천상이 평가할 수가 없다. 이런 까닭에 금강삼매라 말한다. ③ 선남자야, 비유하면 가난한 사람이 금강보배를 얻으면 곧 빈궁(貧窮) · 공고(困苦) · 악귀(惡鬼) · 사독(邪毒)을 멀리 벗어나는 것처럼 보살마하살도 또한 그와 마찬가지로 이 삼매를 터득하면 곧 번뇌(煩惱) · 제고(諸苦) · 제마(諸魔) · 사독(邪毒)을 멀리 벗어난다. 이런 까닭에 또한 금강삼매라 말한다.[315]

원징의 『금강삼매경주해』는 4권 구성이다.[316] 먼저 서두에 자신이 직접 붙인 「금강삼매경주해서(金剛三昧經註解

315) 『金剛三昧經注解』 卷1, (卍新續藏經35, pp.218下-219中)
316) 현재 『金剛三昧經』에 대한 주석서는 원징의 『金剛三昧經註解』 4권을 비롯하여 원효의 『金剛三昧經論』 3권과 적진의 『金剛三昧經通宗記』 10권 등 3종이 전한다.

敍)」가 있고, 말미에는 화산명하(華山明河)의 「발문」이 붙어 있다. 제1권에는 「서품제일(序品第一)」, 「무상법품제이(無相法品第二)」, 제2권에는 「무생행품제삼(無生行品第三)」 및 「본각리품제사(本覺利品第四)」, 제3권에는 「입실제품제오(入實際品第五)」 및 「진성공품제육(真性空品第六), 제4권에는 「여래장품제칠(如來藏品第七)」 및 「총지품제팔(總持品第八)」 그리고 「跋文」 등이 수록되어 있다.[317]

원징은 「자서」에 해당하는 「금강삼매경주해서」에서 『금강삼매경주해』를 세상에 내놓는 이유를 다음과 같이 말한다.

> 아, 혼탁한 말세에는 묘전(妙典)을 만나기 어려운 법이다. 그런데 이제 무하선사(無瑕禪師)가 꿈속의 기도 끝에 신장으로부터 받았던 것을 얻었으니, 이제 내가 그것을 새겨서 오묘한 뜻과 기묘한 글을 널리 유통시키는 것은 독자들로 하여금 그것을 방불토록 하려는 것이다. 그렇지만 이를 말미암아 어리석음을 무릅쓰고 관견(管見)을 피력하였으니, 만약 옛사람이 읽어본다면 한 마디 읽고는 바로 던져버렸을 것이다. 부처님의 말씀은 한마디만 가지고도 삼천대천세계를 널리 덮는 것일진댄 어찌 나 원징이 감히 거기에다 말을 보탤 수 있겠는가. 이에 무릇 마음으로 대승을 그리워하고 귀를 기울여 찬탄의 말씀을 듣고자 한다면 어찌 부처님의 말씀을 헤아리지 못하겠는가. 그러나 무릇 부처님의 지혜는 불가사의하지만 혹시라도 여기에서 그것을 혼란스럽게 만들었다면, 바라건대 참회를 하는 바이다.[318]

---

317) 『卍新續藏經』 제35책 수록 참조.

318) 『金剛三昧經註解』 「自序」, (卍新續藏經35, p.217上-中) “惜乎澆漓末世 妙典難逢 茲得無瑕師 夢祈神授 刻此流通 旨奧文奇 讀者彷彿 繇是不揣愚庸 伸此管見 若夫昔人片言而擲地金聲 一語而大千廣被 余何敢言 但心慕大乘 鄉希贊嘆 奈聖言莫測 凡智叵思 倘或譌訛 願施懺悔” 이 「서문」은 「金剛三昧經註解序」라는 제목으로 門人 明凡 錄, 吳興 丁元公·山陰 祁駿佳 編, 『會稽雲門湛然澄禪師語錄』 卷8, (卍新續藏經72, p.826中-下)에 수록되어 있다.

그런데 원징은 『금강삼매경』에 대한 주석에 앞서 ‘실역인명부북량록(失譯人名附北凉錄)’이라는 구절을 먼저 내놓고 있다. 이 구절에 의하면 『북량록』에는 ‘실역인(失譯人)’이라는 말이 붙어 있다는 지적만 해둘 뿐이고 그에 대한 자세한 해석은 가하고 있지 않다. 그러나 이후 청대(淸代)에 인산적인(仁山詠震)은 『금강삼매경통종기(金剛三昧經通宗記)』의 「현담(懸談)」을 통해서 『금강삼매경』의 번역자를 도안(道安: 312-385, 동진시대 스님)으로 간주하고 있다.

> 일곱째는 번역된 시대이다. … 이 금강삼매경에는 실역사(失譯師)라는 명칭이 씌어있는데 북량록(北凉錄)에 들어있다. 양나라 혜교가 찬술한 도안전(道安傳)을 살펴보면 다음과 같은 말이 있다. 한(漢)·위(魏)로부터 진(晉)에 이르기까지 경전의 전래가 점점 많아졌다. 그래서 경전을 번역하는 사람 가운데는 이름이 붙어 있지 않는 경우도 있었다. 이에 후인이 번역자의 이름을 찾아보았지만 그 연대를 알 수가 없었다. 이에 도안은 모든 경전의 명목을 모아서 그 당시 사람의 이름을 가지고 표하고 품(品)의 신(新)·구(舊)를 설명하여 경전목록을 찬술하였다. 모든 경전에 전거가 있는 것은 실로 도안의 공을 말미암은 것이다.’고 말한다.[319]

여기에서 적진이 인용한 도안전은 양나라 때 출현한 『고승전』을 가리킨다.[320] 적진은 계속하여 몇 가지 근거를 다음과 같이 제시하고 있다.

> 또한 수나라의 비장방(옛날 漢나라에도 또한 費長房이라는 사람이 있었다)은 일찍이 사문이었지만 북주 무제의 법난사태를 만나서 환속하

---

319) 仁山寂震, 『金剛三昧經通宗記』「懸談」, (卍新續藏經35, p.258下) “七翻譯時代者 … 此經 書失譯師名 附北凉錄 按梁慧皎 撰道安傳 有云 自漢魏迄晉 經來實<稍?>多 而傳譯<經?>之師<人?> 不言其名<名字弗說?> 後學<人?>追究<尋?> 莫知<測?>年代 安乃總集名目 表其時人 詮品新舊 撰為經錄 眾經有據 實由其功”

320) 慧皎 撰, 『高僧傳』卷5, (大正新脩大藏經50, p.352上-中)

였다. 그러나 수나라가 일어나자 문제의 조칙을 받아서 번경학사가 되어 개황 17년에 역대삼보록(歷代三寶錄) 15권을 만들어 진상하였다. 그 역대삼보록 가운데 금강삼매경이 수록되어 있는데, 이것은 양나라 승우의 출삼장기집[321]에서는 신집안공량토이경록(新集安公凉土異經錄) 권3의 목록에 수록되어 있다. 그러나 지금에 와서 다시 양(凉)나라의 것이라고 부입(附入)된 것이다. 또한 저 삼혜경(三慧經) 등의 경우도 모두 승우가 기록한 안공량토이경록(安公凉土異經錄)에 들어있다. 지금 북양록의 말을 인용하자면 다음과 같다. '생각해보면 도안법사는 진(晉)의 효무제 태원 10년 을유년에 입멸하였다. 이듬해 병술년에 여광(呂光)이 후량이라 칭하였다. 또 이후 월나라 15년에는 저거몽손(沮渠蒙遜)이 처음으로 북량이라 칭하였다.' 지금 번역시대가 양(凉)나라 시대로 붙어 있는 것에 의하자면 그것은 마땅히 양주의 장씨가 칭했던 국가에 해당하므로 결코 북량(北凉)은 아닐 것이다. 또한 역대삼보기(歷代三寶記)에 수록되어 있는 부견의 진나라 시대의 도안(道安)도 또한 일찍이 24부를 역경하였다. 하물며 승우의 신집도안량토이경록(新集道安凉土異經錄)이라고까지 칭하였으므로 반드시 도안법사가 번역한 것으로 간주된다.[322]

이와 같은 적진의 견해에 의하면 『금강삼매경』은 도안(道安)이 번역한 경전으로 간주된다.[323] 원징은 금강의 용어에 대하여 뜻으로 말하면 견고(堅固)이고, 삼매를 뜻으로 번역하면 정견(正見)인데, 여기에는 능지(能持)·용건(勇健)·위맹(威猛)의 세 가지 뜻이 들어있다고 해석한

---

321) 『出三藏記集』 卷3, (大正新脩大藏經55, p.18下)

322) 仁山寂震, 『金剛三昧經通宗記』 「懸談」, (卍新續藏經35, pp.258下-259上) "又隋朝費長房(昔漢亦有費長房 乃地仙也) 先為沙門 周武沙汰反俗 隋興文帝詔為翻經學士 開皇十七年 進歷代三寶錄十五卷 於中載金剛三昧經 是梁僧祐 新集道安凉土異經 而目錄中 為失譯源<經?> 今還附入凉世 又如三慧經等 皆標僧祐錄安公凉土異經 今附北凉錄云 考安師入滅於晉孝武帝太元十年乙酉 明年丙戌 呂光稱後凉 又越十五年辛丑 沮渠蒙遜 始稱北凉 今據附入凉世 應作凉州張氏稱國時 必非北凉也 又三寶記 載苻秦道安 亦嘗譯經二十四部 況稱僧祐新集道安凉土異經 必為道安法師之所譯矣"

323) 그러나 『金剛三昧經』의 찬술에 대한 기존의 견해는 眞經 혹은 僞經의 문제, 그리고 위경이라는 견해에 따른 저자 및 출현된 지역의 문제 등으로 견해가 분분하다.

다.[324]

먼저 능지(能持)는 곧 기세간으로 간주한다. 이에 "명(明)이 견고하면 질애(質礙)가 성립되고 각(覺)이 견고하면 보배가 성립된다. 그 때문에 금륜으로 다져진 국토가 있다. 이런 까닭에 세계는 모두 금강제에 의지하여 유지된다."[325]는 말을 인용하여 그 증거로 삼는다.

그리고 용건(勇健)은 곧 중생의 세간으로 간주하여 인간세상에서 말하는 금강역사를 지칭한다.

그리고 위맹(威猛)은 곧 지정각세간으로 간주하여 금강장왕보살은 정심(精)心을 은밀하고 신속하게 일으켜서[精心陰速][326] 마원(魔冤)을 굴복시키고 법인(法忍)을 잘 지켜서 유지한다고도 말한다.[327]

이 경우에 금강의 의미는 중생의 본각이지만 현실적으로 범부와 부처에 차별이 있는 까닭에 대하여 다음과 같이 말한다.

> 정인불성의 입장에서는 중생과 부처가 본래 동일하다. 그러나 연인불성의 입장에서는 중생은 아직 불성을 갖추지 못하고 있다. 제보살은

---

324) 圓澄, 『金剛三昧經註解』 卷1, (卍新續藏經35, p.218上) "金剛義言堅固 三昧義翻正見 … 擧三名 一曰能持 二曰勇健 三曰威猛"

325) 이에 해당하는 『首楞嚴經』 卷4, (大正新脩大藏經19, p.120上)의 대목은 다음과 같다. "由是引起塵勞煩惱 起爲世界靜成虛空 虛空爲同世界爲異 彼無同異眞有爲法 覺明空昧相待成搖 故有風輪執持世界 因空生搖堅明立礙 彼金寶者明覺立堅 故有金輪保持國土 堅覺寶成搖明風出風金相摩 故有火光爲變化性 寶明生潤火光上蒸 故有水輪含十方界 火騰水降交發立堅 濕爲巨海乾爲洲潭 以是義故彼大海中火光常起 彼洲潭中江河常注 水勢劣火結爲高山"

326) 『首楞嚴經會解』 卷14, (永樂北藏185, p.504上) "精心陰速者 妙心陰潛速疾資發也"

327) 『首楞嚴經』 卷8, (大正新脩大藏經19, p.143中) 기타 몇 가지 대목 참조.

> 모두 십신·십주·십행·십회향·십지·등각을 말미암는다. 등각에 이르러서 바야흐로 금강심 가운데서 건혜지를 획득한다. 이와 같이 중중의 단·복으로 12단계를 말미암아서 바야흐로 묘각을 성취한다. 그러나 중생에게는 이와 같은 인연이 없으므로 동시에 성불하지 못한다.[328]

여기에서 본사 석가모니께서는 일체중생이 본래부터 구족하고 있건만 미혹하여 세간을 벗어나지 못한 줄을 깊이 알고서 갖가지 방편과 갖가지 인연으로 중생을 개도해준다. 그러므로 연인불성을 알고 의지해서 점점 수행을 쌓아야 비로소 미유(未有)의 도리에 계합하므로 시각이라 말한다. 이에 『열반경』을 통하여 금강삼매가 지니고 있는 공능에 대하여 다양한 의미를 설명한다.[329]

그리고 『금강삼매경』에 붙어 있는 삼종의 명칭은 각각 『섭대승경』의 경우는 능섭의 측면이고, 『금강삼매』의 경우는 법을 비유한 것이며, 『무량의종』의 경우는 소섭의 측면으로 해석을 가한다. 그 때문에 『금강삼매경』은 삼덕이 원융한 것으로 명칭을 삼고, 비밀장을 드러내어 열반의 선도가 되는 것에 대하여 다음과 같이 말한다.

> 법신의 무상(無相)으로 만법의 종지를 삼는데 그것이 곧 중도의 뜻이고, 해탈의 맹리(猛利)로 견고한 미혹을 타파하는데 그것이 곧 묘유의 뜻이며, 반야의 무지로 알지 못하는 것이 없어서 널리 만유를 포함하는데 그것이 곧 진공의 뜻이다.[330]

---

328) 圓澄, 『金剛三昧經註解』 卷1, (卍新續藏經35, p.218上-中) “正因佛性 生佛本同 緣因佛性 眾生未具 諸菩薩等 皆由十信十住十行十迴<廻?>向十地等覺 至等覺已是覺方獲金剛心中初乾慧地 如是重重單複十二 方盡妙覺 眾生無緣因 故不能一時成佛也”

329) 曇無讖 譯, 『大般涅槃經』 卷24, (大正新脩大藏經12, pp.509中-510上)

330) 圓澄, 『金剛三昧經註解』 卷1, (卍新續藏經35, p.219中) “法身無相 為萬法所宗 即中道義 解脫猛利 摧堅破惑 即妙有義 般若無知 無所不

이것은 금강삼매를 법신과 반야와 해탈로 간주하여 각각 중도와 묘유와 진공으로 파악한 것이다. 그러면서도 세 가지 명칭 가운데서 유독 『금강삼매』라고만 말하는 것은 미혹을 타파하는 뜻을 드러내는 까닭에 『금강삼매』라는 명칭을 붙였지만, 거기에는 다시 내용으로 보자면 본각·리행으로 본체를 삼으므로 경전의 머리에 『일미·진실·무상·무생·결정·실제·본각·리행』이라는 명칭을 붙인다[331]고 말한다.

곧 다른 경전은 의심을 타파하고 집착을 없애는 것으로서 작용을 삼는데, 이 『금강삼매경』은 가히 없애야 할 집착이 없고 타파해야 할 의심이 없어서 교화함이 없이 교화하고 수행함이 없이 수행하며 터득함이 없이 터득하는 것이야말로 이 『금강삼매경』의 묘용으로 간주한 것이다. 그 때문에 경문에서는 "만약 중생을 교화하려면 교화한다는 분별상이 없어야 하고 교화하지 않았다는 분별상도 없어야 한다. 그래야 그 교화가 훌륭하다. 운운"[332]라고 말한다.

이러한 『금강삼매경』은 반야를 최후로 삼고 법화를 선두에 내놓아 반야시와 법화시의 이시부정(二時不定)으로써 교상(敎相)을 삼는데, 그 까닭은 곧 반야가 비록 가재(家財)를 가리키는 것일지라도 아직까지 감히 일손(一湌)도 손대지 못한다는 뜻이기 때문이다.[333] 그래서 『금강삼매경』의 게송에서는 다음과 같이 말한다.

마땅히 실제에 드는 설법이라네
때문에 모두 일승법만 수순하여[334]

知 普含萬有 卽真空義"

331) 圓澄, 『金剛三昧經註解』 卷1, (卍新續藏經35, p.219中)

332) 「無相法品」의 내용에 나오는 대목이다.

333) 『添品妙法蓮華經』 卷2, (大正新脩大藏經9, p.150上) 참조.

또한 다음과 같이 말한다.

일미의 법으로 똑같이 적셔주어
빠짐없이 일체를 덮어주는 것이[335]

또한 다음과 같이 말한다.

의심과 미련을 영원히 단절하여
대승의 일승을 완전히 성취했네[336]

이로써 여기에서 원징이 파악한 『금강삼매경』의 교상은 『반야경』 – 『금강삼매경』 – 『법화·열반시』이다. 곧 『금강삼매경』은 비록 일승(一乘), 일법(一法), 일우(一雨), 일미(一味)를 보여주는 것일지라도 아직은 면수(面授)했던 겁국(劫國)과 가호(嘉號)를 받지 못했기 때문에 법화보다 전시(前時)라는 것이다.[337]

그러면서도 『금강삼매경』은 일승의 돈교에 속하는데, 다른 경전은 항포의 수행을 닦음으로써 등각의 경지에 도달한 연후에야 그 등각지에 올라 바야흐로 금강심 가운데서

---

334) 「서품」의 8게송 가운데 제5게송의 제3·제4구를 가리킨다. "當為入實說 隨順皆一乘"

335) 「서품」의 8게송 가운데 제7게송의 제2·제3구를 가리킨다. "一味之法潤 普充於一切"

336) 「서품」의 8게송 가운데 제8게송의 제1구·제2구를 가리킨다. "決定斷疑悔 一法之印成"

337) 그러나 仁山寂震, 『金剛三昧經通宗記』 「懸談」, (『卍新續藏經』 35, p.258中)에서는 『금강삼매경』의 성립설에 대하여 『반야경』 - 『법화경』 - 『금강삼매경』 - 『열반경』의 순서로 설명되어 있다. "今據此經 雖與華嚴同一奧義 且與法華 同在耆闍崛山所說 況舍利弗初在法華會上自亦未了 聞佛說法 始斷疑悔 今此會中 竟以滿地自任 則此經應在法華後矣"

견혜지를 터득한다.338) 그 까닭은 『금강삼매경』이야말로 일시에 인간과 천상의 대중 앞에 범부와 부처를 가리지 않고, 금강삼매를 돈설(頓說)하여 대중이 일념지간에 개오함을 현전함으로써 본각·리행를 터득하여 문득 불체(佛體)와 동일해진다는 도리를 말하고 있기 때문이다.

3. 선경으로서 위상

선경(禪經)이란 선수행 및 선사상을 담고 있는 일체의 경전군을 말한다. 보다 구체적으로는 선의 역사, 선사상, 선수행 내지 선문화에 대한 기록으로서 선관경전(禪觀經典)이라 부르기도 한다. 선관경전이란 계(戒)·정(定)·혜(慧)의 무루삼학(無漏三學) 가운데 특히 정학과 혜학을 수습하고 그 경지를 추구한 경전으로서 선정(禪定)·지관(止觀)·삼매(三昧) 등의 사상을 그 내용으로 한다. 이런 점에서 선관경전은 단순히 선경만을 가리키는 경우도 있지만 달리 선경류, 관경류, 삼매경류를 총칭한 말이다.

선경은 주로 아비달마의 수도론을 기저로 형성되어 있는데, 그 수행론의 범주는 범부위와 성인위에 두루 걸쳐 있다. 특히 범부위의 수도 내용인 삼현(三賢)과 사선근(四善根)의 설법이 중시된다. 따라서 관상(觀想)의 대상과 수행법의 수순과 단계에 대한 자세한 규정이 설해져 있다.

관경은 주로 대승의 불보살과 그 국토에 대한 관상을 경전의 종지로 삼은 것이 많다. 가령 여섯 관경을 대표로 하는 경전군으로서 경우에 따라서는 이것을 관념경이라 부르

338)『首楞嚴經』卷8, (大正新脩大藏經19, p.142下) 참조.

기도 한다. 그러나 이 경우 관(觀)에 해당하는 범어의 용어가 무엇인지는 아직 분명히 밝혀져 있지 않다. 그러나 관의 개념은 『관불삼매해경』에 보이는 단좌정수(端坐正受), 심상명리(心想明利), 계념일처(繫念一處), 심불산란(心不散亂), 정관(正觀) 및 『관무량수경』에 있는 정좌서향(正坐西向), 일심계념(一心繫念), 영심견주(令心堅住), 심불산란(心不散亂) 등 관심의 방법에 대한 항목의 합의로부터 도출되어 있다. 곧 관상의 대상에 대한 집중을 의미하는 계념일처는 바로 사마타이며, 이를 바탕으로 하여 성립한 관상은 위빠사나에 대응하는 것으로 위의 두 경전이 목적으로 하는 관불삼매는 지관쌍운(止觀雙運)을 본질로 하고 있다. 따라서 관경에서 관의 개념은 지관의 관과 그 쌍운으로서 삼매를 내용으로 하고 있다.

삼매경전은 『좌선삼매경』을 제외하고는 일반적으로 대승공관을 기저로 한 개개의 경전이 보살행의 원리가 되는 갖가지 삼매의 경지를 설명한 것이다. 그 과정에는 반드시 수행법의 규정과 형식이 자세하지는 않다. 가령 삼매의 경지에 있어서 타력불의 견불을 목적으로 하는 『반주삼매경』에 있어서도 삼매의 방법에 특별한 배려는 나타나 있지 않다.

그런데 이러한 선관경전 가운데 삼매경전류의 대부분이 인도에서 성립되었다고 간주되는 것에 비하여 선경과 관경은 그 대부분이 한역 밖에 전하고 있지 않다. 특히 그 가운데서도 관경은 중국, 중앙아시아, 서북인도 등에서 성립했다는 설이 지배적이다.

기타 대승경전군 가운데 선경과 밀접한 경전이 대단히

많다. 초기대승경전 가운데 『대반야경』을 비롯한 반야경전의 계통에서는 제법개공(諸法皆空)을 설한다. 제법개공이란 모든 존재의 고정적인 실체관념과 거기에 고집하는 태도를 타파하는 것으로 반야의 불가득공을 설하여 무집착 및 무분별의 가르침은 이후에 선의 수행과 깊은 관계를 지니게 되었다.339)

그러면 『금강삼매경』을 어째서 선경으로 분류할 수 있는가 하는 까닭에 대해서는 여러모로 생각해볼 수가 있다. 우선 제일 「서품」의 무언 및 묵언의 설법은 중국 선종의 초조인 보리달마의 면벽구년(面壁九年)의 이설법문(離說法門)의 성격을 보여주고 있다. 이처럼 본서에서 살펴보았듯이, 『금강삼매경』이 선경으로서 얼만큼 다양한 면모의 선사상과 선수행의 요소를 포함하고 있는지, 그리고 예로부터 선수행의 경전으로 널리 간주되어 왔는지 확인할 수가 있었을 것이다. 왜냐하면 선수행에 대한 다양한 가르침은 물론이고 선리(禪理)도 대단히 풍부하게 제시되어 있기 때문이다. 우선 「서품」의 경우에 구체적인 언설과 문자를 통한 가르침이 보이지 않음에도 불구하고, 그 내용은 무언(無言)과 침묵(沈默)이라는 삼매의 성격이 잘 노출되어 있는 까닭에 선론(禪論)으로서 좋은 주제이기도 하다.

제Ⅱ장에서는 『금강삼매경』 「서품」에 드러나 있는 무언과 침묵은 단순한 무언과 침묵이 아니라 부처님 금강삼매(金剛三昧)의 설법임을 확인할 수 있었다. 바로 그 삼매에 들어있는 내용은 아가타(阿伽陀) 비구에 의하여 부처님 설법에 대한 찬탄의 게송으로 드러나 있다. 그 게송에 의하

339) 김호귀, 『선의 어록』 (서울: 민족사. 2014) pp.17-19.

여 부처님의 묵언설법(默言說法)은 삼매이고 일미법문(一味法門)으로서 실제도리(實際道里)에 의거한 것임을 파악할 수가 있다.

그 구체적인 내용은 원효의 『금강삼매경론(金剛三昧經論)』을 비롯한 원징의 『금강삼매경주해(金剛三昧經註解)』 및 적진의 『금강삼매경통종기(金剛三昧經通宗記)』 등의 몇 가지 주석서를 통하여 살펴볼 수가 있는데, 여기에는 부처님의 설법이 무언의 침묵으로 구성되어 있다는 것을 잘 보여주고 있다. 이 침묵이야말로 가장 함축적인 설법으로서 『금강삼매경』이 왜 선경(禪經)으로 분류되는지 잘 보여 준다.

『금강삼매경』은 먼저 『일미(一味) · 진실(眞實) · 무상(無相) · 무생(無生) · 결정(決定) · 실제(實際) · 본각(本覺) · 리행(利行)』이라는 제명으로 무언의 침묵으로 설해진 것인데, 그것이 직접적인 삼매의 상태로 나타나 있다. 이것은 본 『금강삼매경』이 먼저 상근기를 위한 설법으로 설해진 것을 의미한다. 이런 점에서 「서품」은 하나의 독립된 경전의 모습으로서 무언과 침묵의 설법이라는 점에서 선론(禪論)으로 주목된다.

제Ⅲ장에서 선수행은 일반적으로 집착과 분별을 벗어나는 것으로부터 시작된다. 그것은 근원적으로는 붓다 초기의 가르침에 보이는 무루삼학(無漏三學)의 교의이기도 하다. 이와 같은 수행이 『금강삼매경』의 「무상법품」에서는 구체적으로 세 가지 측면에서 드러나 있다. 곧 몸과 마음에 집착하는 경우에는 십이지연기(十二支緣起)의 관찰을 통하여 분별상을 벗어나는 것은 무상법(無相法)으로, 여래장의 속성을 이해하는 수행을 통해서는 집착을 벗어나는 무생법(無生法)으로, 나아가서 분별과 집착을 아울러 초월하는 방식으로는 일심의 부동경지(不動境地)를 터득하여 해탈을 추구하는 무위법(無爲法)으로서 육바라밀의 실천을 통해서 드러나 있다.

이와 같은 선수행의 방식이 추구되는 까닭은 중생의 교화라는 보살행으로부터 기인한다. 보살의 입장에서 그 중생은 무량겁토록 식심(識心)으로 망연하여 온갖 애염(愛染)을 일으켜서 안팎으로 그것을 따르고 유전하면서 일체의 불선업을 지었기에 삼계에 윤회하는데, 본유한 여래장의 자성이 모두 생멸려지(生滅慮知)의 모습이 되어 여래장의 도리가 숨어 드러나지 못하기 때문이다. 이에 여래는 일미(一味) · 진실(眞實) · 결정(決定) · 요의(了義)의 가르침을 베풀어서 중생으로 하여금 온갖 사려분별의 무익한 도리에서 벗어나는 길을 보여주고 있다.

그 첫째는 십이지연기를 관찰함으로써 분별상을 초월하여 본유한 여래장의 자성을 이해하면 이제 일념에 중생업을 그치고 부처님을 향하여 참회하고 가피를 받음으로써 그 죄업장이 영원히 소멸된다는 것이다. 둘째는 여래장의 자성이 본래공적하여 적연무생인 줄을 터득하는 것이다. 셋째는 그 구체적인 방식으로서 육바라밀의 실천이다. 이 경우에 육바라밀의 실천은 무상법(無相法)으로부터 유래한다. 왜냐하면 무상법은 진여자심법인데 일체를 포함하기 때문이다.

이로써 「무상법품」에는 무상법은 몸과 마음에 집착하는 경우에는 십이지연기의 관찰을 통하여 분별상을 벗어나는 수행이고, 무생법은 여래장의 속성을 이해하는 수행을 통해서는 집착을 벗어나는 수행이며, 나아가서 무위법은 육바라밀의 실천을 통해서 일심(一心)의 부동경지를 터득한 깨침의 분별 및 중생에 대하여 교화했다는 집착마저 벗어나야 한다는 선론으로 제시되어 있다.

제Ⅳ장에서 무생법인은 번뇌의 본래공을 깨우치는 무생의 터득인데, 구체적으로는 인(忍)을 확립하는 지혜이다. 무생법인은 집착이 없는 마음으로서 견본심 및 견불성이다. 그 때문에 일체법이 무아라는 근거에서 분별을 벗어나고 집착을 벗어나는 행위가 무생행이다. 그리고 무공용은 시비분별과 조작관념이 없는 무념으로 무생의 실천이다.

무생법인에 대하여 『유마경』에서는 정위(正位)라 하였고, 『금강경』에서는 보살의 사종심(四種心)이라 하였다. 그리고 『금강삼매경』에서는 아마륵의 열매를 비유로 들어 그 속성을 자생(自生)도 아니고 타생(他生)도 아니며 공생(共生)도 아니고 인생(因生)도 아니며 무생(無生)도 아니라고 하였다.

무생법인은 일체법이 발생하지 않는 것일 뿐만 아니라 무생행의 실천으로서 삼매의 터득 및 불보살로부터 받는 수기와 관련되어 있다. 이에 원효는 무생법인의 지혜를 무생지라 하여 능소심을 벗어나서 피안에 도달하는 반야바라밀의 근거로 해석하였다.

『금강삼매경』에서는 제법의 무아를 설하는 무생법 및 무생심이 그 실천으로서 무생행 및 무생법인으로 전개되어 무생선의 구조와 그 실천방식을 잘 드러내주고 있다. 곧 쟁(諍)과 론(論)이 없는 무차별심은 성(性)과 상(相)이 본래공적한 무생행으로서 득(得)과 실(失)이 없고, 말씀과 언설이 없으며, 지(知)와 각(覺)이 없고, 환(幻)과 상(相)이 없는 모습으로 나타나 있다.

제Ⅴ장에서 『금강삼매경』은 선경으로서 금강삼매가 지니고 있는 다양하고 심오한 의미뿐만 아니라 경전을 구성하고 있는 8개 품의 낱낱이 선수행을 담보해주고 있다. 각각의 품이 독립된 경전의 성격을 지니고 있으면서 그 속에 보이는 선수행의 구조는 일련의 완성된 구조를 지니고 있다.

「본각리품」에서 무주보살은 중생이 일찍부터 본각을 갖추고 있는 까닭에 더욱더 그것을 구현하기 위한 수행을 말미암지 않으면 안 된다는 입장에서 질문한다. 질문의 핵심은 중생이 모든 정식을 굴려서 암마라식에 나아갈 수 있는지, 그 구체적인 방법은 무엇인지, 암마라식에 나아가서도 다시 거기에 주착해서는 안 된다는 점에 이르기까지 부처님의 답변을 기다리고 있다.

그러한 과정에서 보여주고 있는 용어가 본각(本覺), 무위(無爲), 열반(涅槃), 진여(眞如), 해탈(解脫), 무소득(無所得), 청정(淸淨), 평등(平等), 일본각(一本覺), 본지풍광(本地風光), 본각묘명(本覺妙明), 공여래장(空如來藏), 불공여래장(不空如來藏), 무생(無生), 암마라식(菴摩羅識) 등으로 다양하게 등장한다. 이들 용어는 성승(聖乘)의 입장에서는 모두 다르지 않지만 범승(凡乘)의 경우에는 모두 다르다. 그것은 일체의 정식을 전변시키느냐 아니냐에 따라서 금강지지(金剛智地)에 도달하여 일본각(一本覺)의 이익을 얻는 것에 달려 있다. 그것이 다름아닌 본각의 이익이고 반야바라밀이다.

제Ⅵ장에서 오정심관(五停心觀)은 『구사론』의 내용에 의하면 부파불교의 삼현(三賢)에서 그 첫째에 해당하는 단계이다. 여기에서는 수도위(修道位) 이전 경도위(見道位)에 있는 범부가 닦아야 할 기본적인 장애의 대치라는 성격을 지니고 있다. 오정심관에 대하여 각 경론의 설명이 일치하는 것은 아니지만, 대체적으로 탐욕에 대해서는 부정관(不淨觀), 진에(瞋恚)에 대해서는 자비관(慈悲觀), 산란심(散亂心)에 대해서는 수식관(數息觀), 우치(愚癡)에 대해서는 인연관(因緣觀), 아견(我見)이나 등분(等分)에 대해서는 계분별관(界分別觀)이나 염불관(念佛觀) 등을 벗어나지 않는다.

이것이 달마에 와서는 선수행의 기본방식의 하나로서 채택되면서 방편을 초월하여 진리의 현성 곧 일상생활에서의 깨침의 작용으로 변용되었다. 달마는 그것을 네 가지로 새롭게 보원행(報怨行) · 수연행(隨緣行) · 무소구행(無所求行) · 칭법행(稱法行)으로 제시하였다. 이 사행(四行)에서 보원행은 진에와 산란심을 대치하는 수식관과 자비관에, 수연행은 우치를 대치하는 인연관에, 무소구행은 탐욕을 대치하는 부정관에, 칭법행은 아견과 등분을 대치하는 계분별관에 각각 대응된다.

그 성격으로 보면 각 항목은 일상의 실생활에서 이루어지는 진리의 활작용(活作用)이다. 이리하여 대치방식으로서의 오정심관은 달마에게 있어서 방편을 초월하여 진리의 현성으로 나타났다. 이것은 인도에서의 선사상이 하나의 사상 내지 수행의 방식에 머물지 않고 선종으로 도입되면서 수행방식이 동시에 이타행위의 실천으로서 그 면모가 새롭게 탈바꿈된 것이다.

제Ⅶ장에서 『금강삼매경』 「무상법품」의 무상(無相)이란 말하자면 무상관(無相觀)이다. 모든 형상을 타파하기 때문이다. 그리고 「무상법품」의 법(法)이란 말하자면 관찰되는 법[所觀法]이다. 곧 일심법을 가리킨다. 곧 일체중생은 본래 일심과 본각이건만 단지 무명으로 말미암아 환상을 따라 유전할 뿐으로 모두 여래의 일미의 설법을 좇아 마침내 모두 일심의 근원으로 돌아가는 것을 설명하려는 것이다. 일심의 근원으로 돌아가는 경우에 그것이 무소득이기 때문에 일미라 말하는데 그것이 곧 일승이다. 지금 부처님이 들어간 실제와 법상은 적멸의 뜻이고, 일각과 요의는 일심과 여래장의 뜻이다.

여기에서 부처님이 중생으로 하여금 본각의 이익을 통하여 해탈법을 터득하도록 가르쳐주기 위하여 제시한 '제불세존이 오직 일대사인연으로 세상에 출현하셨다.'는 말에 대하여 원효는 이에 대하여 '만약 중생을 교화하려면 교화한다는 분별상이 없어야 하고 교화하지 않았다는 분별상도 없어야 한다. 그래야 그 교화가 훌륭하다. 그리고 저 중생들에게도 모두 심(心)과 아(我)를 벗어나도록 해야 한다.' 고 말한다.

심(心)과 아(我)는 구체적으로 법공과 아공을 터득하는 것인데 이것은 보살이 방편관을 닦을 경우부터 모든 유상(有相)을 타파하여 교화한다는 미혹한 분별상[幻相]까지도 마음에 생겨나지 못하게 하는 것이다. 아울러 이미 교화한다는 분별상을 타파하고 이어서 교화하지 않았다는 공상

(空相)마저 버린 것이다. 왜냐하면 중생은 본래부터 마음이 분별상을 벗어나 있음을 모르고 끝없이 모든 분별상에 집착하여 망념을 일으키기 때문이다. 그러므로 먼저 모든 분별상을 타파하여 분별상에 집착하는 마음을 없애야 한다.

이 경우에 일체중생에게 아(我)와 심(心)이 있으면 우선 아(我)가 있는 자에게는 십이인연을 관찰토록 한다. 십이지인연의 관찰에서 무작연생(無作緣生)을 관찰하는 것은 작자(作者)에 대한 집착을 대치하는 것으로 마치 '이것이 있으므로 저것이 있다.'고 설하는 경우와 같다. 또한 무작연생(無常緣生)을 관찰하는 것은 상주(常住)에 대한 집착을 대치하는 것으로 마치 '이것이 생겨나므로 것이 생겨난다.'고 설하는 경우와 같다. 왜냐하면 아에 대한 집착이 남아있는 것은 작자와 상주가 근본이 되는데 그 근본이 없어지기 때문에 모든 지말도 따라 멸하기 때문이다.

이처럼 십이인연의 도리를 관찰함으로써 공적심으로 부동의 경지에 도달하면 일체중생이 지니고 있는 유일의 본각을 통하여 모든 중생으로 하여금 일각에 함께 돌아가 삼계에 의지하지 않는 보시바라밀을 갖추고, 범부와 성인의 계상(戒相)에 집착하지 않는 지계바라밀을 갖추며, 공의 도리에 안착하여 적정한 삼업으로 몸과 마음에 집착이 없어지는 청정하고 무념한 인욕바라밀을 갖추고, 명칭[名]과 법수[數]를 멀리 떠나고 공견과 유견을 단제하며 오음의 공에 깊이 들어가서 섭수함도 없고 방기함도 없는 정진바라밀을 갖추며, 공적을 모두 떠났으면서도 모든 공에 집착이 없고 성품이 금강과 같은 선정바라밀을 갖추고, 마음에 마음의 모습이 없어서 허공처럼 집착하지 않고 제행도 발생하지 않으며 적멸도 증득하지 않고 지혜에도 머물지 않는 반야바라밀을 갖추어 삼보를 저버리지 않는 반야바라밀을 갖춘다.

이로써 『금강삼매경론』에서 제시한 선수행론을 각 품의 차제에 따라 요약하면, 「무상법품」은 분별상이 없는 관찰을 설명한 것이고, 「무생행품」은 무생과 무생을 터득하는 수행을 드러낸 것이며, 「본각리품」은 본각에 의하여 중생을 이롭게 하는 것이고, 「입실제품」은 허상으로부터 실제에 들어가는 것이며, 「진성공품」은 일체행이 진성과 진공에서 나왔음을 변별한 것이고, 「여래장품」은 무량한 법문이 여래장에 들어있음을 드러낸 것이다. 이와 같은 여섯 품은 모두 관행이다. 왜냐하면 무릇 무시이래로 유전하는 모든 망상은 단지 형상에 집착하고 분별하는 병폐 때문이다.

이들 각 품의 선수행론의 관계에 대하여 말하면 먼저 모든 분별상을 없애야 한다고 말한다. 그 때문에 첫째로 분별상이 없는 법을 관찰할 것을 설명하였다. 비록 모든 분별상을 없앴더라도 만약 관찰하는 마음이 남아있으면 그 관찰하는 마음 때문에 오히려 본각을 모르게 되므로 관찰하는 마음이 일어나는 것도 없앤다. 이런 까닭에 둘째로 무생과 행을 드러낸다. 이윽고 행과 무생이어야 바야흐로 본각을 알게 된다. 무상(無相)과 무생(無生)은 향상(向上)의 상구보리에 해당한다.

그 본각에 의하여 중생을 교화하여 본각의 이익을 터득하도록 하므로 셋째로 본각리문을 설명한다. 만약 본각에 의하여 중생을 이롭게 하면 중생이 곧 허상으로부터 실제에 들어가는 까닭에 넷째로 입실제에 대하여 설명한다. 내행(內行)에는 곧 무상법과 무생행이 해당하고, 외화(外化)에는 곧 본각리와 입실제가 해당한다. 본각리와 입실제는 향하의 하화중생에 해당한다. 그러나 결국 향상과 향하는 모두 본래성불에 근거한 자리의 수행이고 깨침의 회향이기 때문에 결국 진성공으로 나아갈 수가 있다.

이처럼 내행의 향상과 외화의 향하라는 두 가지 방식[二利]으로 만행을 갖추어 동일하게 진성을 도출하고 모두 진공을 따른다. 이런 까닭에 다섯째로 진성과 진공을 설명한다. 이처럼 진성에 의하여 만행이 갖추어져야 여래장 곧 일미의 근원에 들어가는 까닭에 여섯째로 여래장을 드러낸다. 이리하여 마음의 근원에 돌아가면 곧 무위가 된다. 무위이기 때문에 되지 않는 것이 없다. 그 때문에 여섯 가지 품을 설하여 대승을 섭수한다. 이처럼 집착이 없고 분별이 없는 평등한 경지인 무소득의 일미야말로 바로 『금강삼매경』의 종(宗)이고 요(要)이다. 제목으로 보아 알 수 있듯이 『금강삼매경』은 수행 특히 선수행과 밀접한 선경에 속한다. 따라서 원효는 『능가경』, 『대승기신론』, 『여래장경』, 『법화경』, 『화엄경』 기타 많은 선경을 인용하여 무집착과 무분별의 도리 및 그 행위방식에 대해서도 언급하고 있다.

이처럼 『금강삼매경』은 선경으로서 기본적인 성격인 삼매와 관행, 무분별과 무집착, 본래성불과 반야바라밀, 공과 여래장 기타 다양한 사상을 포함하고 있다. 대승불교 경전은 주로 삼매를 중심으로 이루어지는 선정에 대한 내용이 많다. 『반야경』의 공삼매(空三昧), 『법화경』의 무량의처삼매(無量義處三昧), 『화엄경』의 해인삼매(海印三昧), 『열반경』의 부동삼매(不動三昧) 등과 더불어 『금강삼매경』에서는 다양한 의미를 담고 있는 금강삼매를 중심으로 하는 대승의 선관으로 전개되어 관불삼매(觀佛三昧), 일행삼매(一行三昧), 제법실상관(諸法實相觀) 등과 더불어 크게 성행하였다.

<참고문헌>

원전류

『雜阿含經』, (大正新脩大藏經2)
『大空法經』, (大正新脩大藏經2)
『金剛般若波羅蜜經』, (大正新脩大藏經8)
『金剛三昧經』, (大正新脩大藏經9)
『妙法蓮華經』, (大正新脩大藏經9)
『大般涅槃經』(大正新脩大藏經12)
『入楞伽經』, (大正新脩大藏經16)
『解深密經』, (大正新脩大藏經16)
『大方廣圓覺修多羅了義經』, (大正新脩大藏經17)
『諸佛要集經』(大正新脩大藏經17)
『大佛頂如來密因修證了義諸菩薩萬行首楞嚴經』, (大正新脩大藏經19)
『首楞嚴經』, (大正新脩大藏經19)
『菩薩瓔珞本業經』, (大正新脩大藏經24)
『大智度論』, (大正新脩大藏經25)
『十地經論』, (大正新脩大藏經26)
『妙法蓮華經憂波提舍』, (大正新脩大藏經26)
『攝大乘論釋』(大正新脩大藏經31)
『佛性論』(大正新脩大藏經31)
『大乘起信論』, (大正新脩大藏經32)
『金剛三昧經論』, (大正新脩大藏經34 ; 韓國佛教全書1)
『華嚴七字經題法界觀三十門頌』, (大正新脩大藏經45)

『六祖大師法寶壇經』, (大正新脩大藏經48)
『少室六門集』, (大正新脩大藏經48)
『宏智禪師廣錄』, (大正新脩大藏經48)
『無門關』, (大正新脩大藏經48)
『釋氏稽古略』, (大正新脩大藏經49)
『高僧傳』, (大正新脩大藏經50)
『景德傳燈錄』, (大正新脩大藏經51)
『續傳燈錄』, (大正新脩大藏經51)
『出三藏記集』, (大正新脩大藏經55)
『大梵天王問佛決疑經』, (卍新續藏經1)
『大方廣佛華嚴經合論纂要』, (卍新續藏經5)
『金剛三昧經註解』, (卍新續藏經35)
『金剛三昧經通宗記』, (卍新續藏經35)
『成唯識論集解』, (卍新續藏經50)
『祖堂集』, (高麗大藏經45)
『大佛頂如來密因脩證了義諸菩薩萬行首楞嚴經會解』 (永樂北藏185)
涵虛得通, 『金剛般若波羅蜜經綸貫』, (韓國佛敎全書7)

단행본류

김호귀 번역, 『금강삼매경론』, (한국학술정보. 2010 ; 동국대학교출판부. 2019)
김호귀 번역, 『금강삼매경주해』, (중도. 2017)
김호귀 저, 『선의 어록』 (민족사. 2014)
마스다니 후미오 지음, 박경준 옮김, 『근본불교와 대승불교』,

(대원정사, 1988)
박태원, 『금강삼매경론』 상·하 (세창출판사. 2022)
鈴木大拙, 『禪思想史研究』 第三, (岩波書店, 1987)
柳田聖山, 『タルマ』, (講談社, 1998)
金岡秀友 편저, 안중철 옮김, 『대승불교총설』, (불교시대사, 1992)

논문류

고익진, 「원효사상의 실천원리-금강삼매경론의 일미관행을 중심으로-」, (『崇山朴吉眞博士華甲紀念韓國佛敎思想史』. 1975)
김병환, 「원효의 『금강삼매경론』 연구-관행을 중심으로-」, (동국대 박사학위논문. 1997)
김영일, 「도신과 원효의 수행관」, (『불교학보』84. 2018)
김영일, 「『금강삼매경』의 존삼수일설」, (『대각사상』28, 2017)
김영태, 「신라에서 이룩된 『금강삼매경』」, (『불교학보』2. 1988)
김호귀, 「달마 이종입의 이입과 행입」, (『한국불교학』29. 2001)
김호귀, 「간화선의 성립배경」, (『보조사상』19. 2003)
김호귀, 「달마 이종입의 이입과 행입」, (『한국불교학』29. 2001)
김호귀, 「무생법인의 구조와 무생선의 실천」, (『한국선학』39. 2014)
김호귀, 『금강삼매경』 과 무언 및 침묵의 선리 고찰」, (『대각

사상』21. 2014)
김호귀, 「『금강삼매경』의 「무상법품」에 나타난 선론의 고찰」, (『정토학연구』19. 2013)
김호귀, 「『금강삼매경론』의 선수행론 고찰」, (『불교학보』58. 2011)
김호귀, 「『이종입』과 『금강삼매경』의 理入과 四行의 관계」, (『한국선학』23. 2009)
김호귀, 「간화선의 성립배경」, (『보조사상』19. 2003)
김호귀, 「『금강삼매경론』의 선수행론 고찰」, (『불교학보』58. 2011)
남동신, 「신라 중대불교의 성립에 관한 연구-『금강삼매경』과 『금강삼매경론』의 분석을 중심으로-」, (『한국문화』21. 1998)
이기영, 「원효사상의 독창적 특성」·「원효의 여래장사상」, (『원효사상연구』1. 1994)
이종철, 「선종전래 이전의 신라의 선」, (『한국선학』2. 2001)
정순일, 「원효의 일미관행 연구-『금강삼매경론』을 중심으로-」, (『如山柳炳德博士華甲紀念 韓國哲學宗教思想史』. 1990)
柳田聖山, 「金剛三昧經の研究」, (『백련불교논집』3. 1993)
引田弘道, 「燃燈佛授記と無生法忍」, (『曹洞宗研究員研究生紀要』16. 1984)
水野弘元, 「菩提達摩の二入四行說と金剛三昧經」(『駒澤大學研究紀要』13)木村宣彰,「金剛三昧經の眞僞問題」(『佛教史學研究』18. 1976)

< 색 인 >

금강삼매경의 선사상 연구

1판 1쇄 인쇄 / 2023년 11월 11일
1판 1쇄 발행 / 2023년 11월 11일

지은이 / 김호귀
발행인 / 향덕성
발행처 / 인쇄출판 토파민
주 소 / 서울 중랑구 용마산로 118길 109

이메일 / gsbus2003@hanmil.net

등 록 / 제 18 - 63호

ISBN 978-89-88131-86-2

값 25,000원